国家建设型案例开发、培训与管理

罗来军　著

中国财富出版社有限公司

图书在版编目（CIP）数据

国家建设型案例开发、培训与管理／罗来军著．—北京：中国财富出版社有限公司，2021.2

ISBN 978－7－5047－7295－4

Ⅰ.①国…　Ⅱ.①罗…　Ⅲ.①国家－行政管理－案例　Ⅳ.①D035

中国版本图书馆 CIP 数据核字（2021）第 031558 号

策划编辑　李彩琴　　**责任编辑**　张红燕　王才识

责任印制　尚立业　　**责任校对**　孙丽丽　　**责任发行**　董　倩

出版发行　中国财富出版社有限公司

社　　址　北京市丰台区南四环西路 188 号 5 区 20 楼　　**邮政编码**　100070

电　　话　010－52227588 转 2098（发行部）　　010－52227588 转 321（总编室）

010－52227588 转 100（读者服务部）　　010－52227588 转 305（质检部）

网　　址　http：//www. cfpress. com. cn　　**排　　版**　宝蕾元

经　　销　新华书店　　**印　　刷**　宝蕾元仁浩（天津）印刷有限公司

书　　号　ISBN 978－7－5047－7295－4/D・0182

开　　本　710mm×1000mm　1/16　　**版　　次**　2021 年 8 月第 1 版

印　　张　17. 75　　**印　　次**　2021 年 8 月第 1 次印刷

字　　数　309 千字　　**定　　价**　69. 80 元

序　言

通过案例进行培训与教学，已经是当今国内外开展教育的重要方式，与传统教学方式相比，案例教学具备突出的优势和成效。自1870年哈佛大学法学院率先使用案例教学以来，案例教学已有100多年的历史。哈佛大学作为世界著名大学，开创了案例教学的先河，哈佛大学法学院、医学院、商学院相继使用案例教学，到了20世纪40年代中期，哈佛大学开始向外大力推广案例教学。今天，案例教学已经在全世界广泛应用，很多国家在心理学、管理学、教育学、医学、法学、公共关系学等多个学科领域都非常重视案例培训与教学。

案例培训与教学不断地发展变化。在最初，哈佛大学法学院使用的是判例教学法，哈佛医学院采用的是临床实践和临床病理学会议。哈佛商学院推行案例教学后，案例教学的方式、功能与意义不断完善，并且积极改进和丰富案例类型。目前，其工商管理案例可谓是世界上应用最为广泛的培训教学案例，而公共管理案例在世界范围内的应用也越来越普遍。如今，案例培训与教学对于国家建设越来越重要，这也反映了推进国家治理现代化的规律。为此，在借鉴工商管理、公共管理等案例的基础之上，应开创与界定国家建设型案例以适应国家建设与治理的新需求。国家建设型案例强调贯彻实施国家重大指导思想、重要战略部署、大政方针，并以此高质量实现国家建设、国家治理、经济发展、社会进步等领域的改革、发展与稳定。国家建设型案例的培训教学对象主要是国家各级领导干部以及公职人员。不同于工商管理、公共管理硕士培训项目等教学案例，也不同于领导干部管理培训的一般性案例，国家建设型案例要求更高、价值更大、影响更远。

为了保障撰写质量，本书作者除了自己撰写，还组织中国人民大学、北京大学、中央党校（国家行政学院）等机构的人员参与撰写和论证，包括张迎新、任元明、楼佳伟、肖振宇、崔雨阳、肖羡钰、张瑜瑜、孙星斗、石微巍、李振举、陈安国、赵秋运、张杰、刘鹏、代志新等。国家建设型案例处于开创期，撰写人员以后仍将持续改进和完善本书。欢迎广大读者提出意见及建议，共同推进国家建设型案例的开发、培训与管理。

罗来军

2021 年 6 月

目 录
CONTENTS

第一篇　概念与内涵

第二篇　功能与意义

第三篇　开发与撰写

第四篇　组织与实施

第五篇　国别性与世界性

第六篇　培训与学习

第七篇　效果与评估

第八篇　案例选登

第一篇

概念与内涵

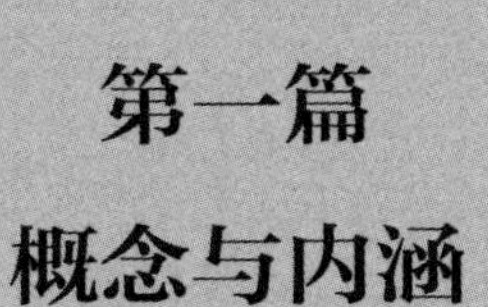

第一章　传统培训教学案例

一、培训教学案例的演化

自1870年哈佛大学法学院率先使用案例教学以来，案例教学已有100多年的历史。哈佛法学院最初使用判例教学法，用法庭判决的案件作为案例进行教学；哈佛医学院采用临床实践和临床病理学会议两种形式的案例教学，对当时传统的医学教学进行改革；哈佛商学院于1921年正式推行案例教学，并成立商业研究处进行案例的开发和研究工作。经过多年完善推广，今天案例教学已经走向了世界，并在全世界范围内产生了广泛的影响。

1870年，美国哈佛大学法学院院长克里斯托弗·哥伦姆布斯·朗德尔（Christopher Columbus Langdell）创立了判例教学法（Case Method），被誉为案例教学法的“先驱者”。朗德尔1851—1854年在哈佛大学法学院学习，他花了很多时间做研究助理和学生图书管理员，坚持阅读大量的法律判决，由此形成一种法院判决的百科全书式的知识体系。因为专注于研究和写作其律师生涯中的表现并不出色。在哈佛学习期间，朗德尔和埃利奥特（Charles William Eliot）是同校学生。在一次会议上，朗德尔给埃利奥特留下了深刻的印象。后来，埃利奥特在担任哈佛校长期间，任命朗德尔为第一任法学院院长（在此之前哈佛大学不设院长一职），从此朗德尔开始了长达25年（1870—1895年）的院长生涯。朗德尔上任伊始，就对美国法学教育进行大规模的改革，包括推行他首创的案例教学法。

当朗德尔在法学院大力推行案例教学法的同时，哈佛大学医学院也引入了案例法教学模式。这除了受法学院的成功实践影响，还和著名的《弗莱克斯纳报告》有关。亚伯拉罕·弗莱克斯纳（Abraham Flexner）被认为是美国著名教育批评家和改革家。1910 年，弗莱克斯纳受美国卡内基教学促进基金会的委托，对当时美国和加拿大的医学培训状况进行调查，并发表了名为《美国和加拿大的医学教育》的调查报告（亦称《弗莱克斯纳报告》）。全部报告贯穿“医学科学实证主义”及“从做中学”的理念，对美国的医学院校提出了非常尖锐的批评。他认为现代医学应像基础科学的教学一样，不只是看和听，把学生培养成为重复背诵者，而是要在实验室及医院病房实际操作，培养学生具有探究精神，成为具有批判能力的思考者。这样学生会知道如何获得资讯以及面对问题时如何处理。

在报告中，他向美国医学院协会（Association of American Medical Colleges）提出有关医学教学方案的建议：“对于四年制的医学教育，前两年以学习生物化学、解剖学、药理学等基础医学及理论课程为主。大部分教学应在教室里，以老师授课的方式进行。后两年以临床医学教育（Clinical Training）为主，必须在医院面对病人进行，学生要学会如何写病历、如何进行身体检查以及如何诊断等。”弗莱克斯纳提出的大部分建议后来都被采纳，从而促使美国医学培训机构的水平有了显著的提高，并确立了训练的严格标准。促进美国医学院改革是弗莱克斯纳一生中对美国高等教育的主要贡献之一，在案例教学法方面的影响就是医学院开始使用他所建议的临床医学模式的案例教学法。

哈佛大学法学院和医学院案例教学的成功实践激励了哈佛商学院。在哈佛大学的案例教学中，工商管理教学案例最为有名。1908 年，哈佛大学创设工商管理学院，由经济学家盖伊（Edwin F. Gay）担任院长。他认为企业管理教学应尽可能仿效最成功的职业学院法学院的教学法，并在就职演说中指出，“商学院的教师应尽可能地仿效法学院所用的案例教学法，要特别强调课堂讨论，这种方法可以称为‘问题方法’（Problem Method）”。在盖伊的倡导下，商学院邀请了十五位商人参加“企业政策”授课，每一位商人在上第一次课时，必须报告他们自己所遇到的问题，并解答学生所提出的问题；第二次上课时，每一个学生必须携带分析及解决这些问题的书面报告；第三次上课时，由商人和学生共同讨论这些书面报告。这些报告便是哈佛大学商学院最早的真实案例。

1919 年，多汉姆（Mallace B. Donham）出任哈佛大学商学院第二任院长，并邀请著名的营销专家奥兰德教授（Malvin T. C. Opeland）专门从事案例开发工作。奥兰德首先把他的教材改编为商业方面的案例并于 1920 年 9 月出版，这也是第一本商业方面的案例。1921 年，商学院开始正式推行案例教学。同年，经商学院教授的投票，把原来的教学方法从“问题法”（Problem Method）正式定名为“案例法”（Case Method）。更重要的是，多汉姆还专门建立了商业研究处（the Bureau of Business Research），并且雇用一批学者进入商业实践领域收集和撰写工商管理案例。该处在奥兰德的领导下，1920—1925 年开发出大量的商业案例。1925 年，商业研究处撤销，教学人员开始承担起案例的开发工作。此后，哈佛大学一直将案例开发当作案例教学的基本前提，为之投入了大量的人力、物力。

截至 1922 年，哈佛大学商学院案例方面的书籍被 85 所院校采用。到了 20 世纪 40 年代中期，哈佛大学开始向外大力推广案例教学。1954 年，编写出版了《哈佛商学院的案例教学法》一书，并出版了《哈佛案例目录总览》，建立了“校际案例交流中心”，对澄清有关概念、统一术语，案例教学的功能与意义等达成共识起到了良好的推动作用。今天哈佛大学商学院尽管也适当地使用课堂讲授、模拟、实地调查以及其他的教学形式，但超过 80% 的课程是建立在“案例法”的基础之上的。哈佛大学商学院案例教学的成功做法，现在已被世界各国大学的法学、医学、工商管理等领域教育所效仿。

二、案例的一般性解读

关于案例，有个例、实例、个案等几种提法。最初启用“案例”一词，是医学界对医案及个别病例的统称。具体讲，就是对病情诊断、处理方法的记录，以便有据可查。根据案例，我们可以对相关问题进行深入的研究分析、挖掘发现，从中寻找带有规律性、普遍性的内容，这是应用型学科较为快捷、准确的研究手段及方法之一。在心理学、管理学、教育学及医学、法学等学科中，案例分析早已成为最行之有效的研究和学习工具。而作为应用性极为广泛的公共关系学，其案例分析研究和学习同样在整个体系中占有重要位置。虽然案例应用广泛，但案例在不同的领域、不同的人们认知当中说法也不一样。总而言之，案例就是人们在生产生活当中所经历的典型的、富有多种意义的事件陈述，是人们所经历的故事当中的有意截取。案例对于人们的学习、研究、生活借鉴等具有重要意义。基于案例的教学是通过案例向人们传递有针对性的教育意义的有效载体。因此，人们常常把案例作为一种工具进行说服、思考和教育。故案例在人们的研究中形成了一定的格式和样式，为人们更好地适应案例情景提供很多便利。

案例由于是一种叙事性的追忆，它的文体也带有明显的叙事风格。因此，一个好的案例应该具备以下三大特点：一是故事性。案例之所以为人所青睐，一个重要的原因就是它本身包含了一个典型的故事情景，使人们犹如身临其境，一起与事件中的主人公思考，产生共鸣。这表明，案例本身是带有一种交融情境的事件陈述。二是戏剧性。与人们常见的戏剧性感受有所不同，案例的戏剧性是这个故事当中有事件发展高潮的突破，即故事当中有明显的冲突环节和主人公如何化解冲突的行为和思考。正是这些冲突环节和矛盾呈现以及破解细节耐人寻味，因此一个好的案例是一个好的戏剧片段。三是意义未尽性。这是指案例当中含有多种可能性，能启发人们更多地思考，使人们产生某种共同情怀和感受。所以，不是所有事件都可以成为一个好的案例。它在人们的生产生活中具有很大的偶然性，不是人为可以创造的，这也是很少有影响广泛的案例故事出现的根本原因。

人们在案例分析与挖掘中发现，无论是哪一种真实案例，都无一例外地包括以下要素：真实而复杂的情境，案例是对一个真实情境的描述；典型的事件，真正的案例描述不是记录流水账，而是只对非常典型的、具有代表性的情境进行勾画，即案例是人们关注的焦点处的陈述，要简洁明了地交代焦点产生的背景和原因；多个问题呈现，一个案例要显出冲突和高潮，必须有多个疑难问题，这是案例本身所包含的潜在亮点；典型的解决方法，很多人都关注案例故事的关键问题或矛盾是如何解决的，一般情况下，案例要有一个或者多个解决方法的记述。案例中的实际解决方法对人们可能并不是很重要，人们完全可以凭借自己的理解去猜想解决的方法，但无论如何，故事本身的解决办法是局外人无法实现的，这样一来，它是可以起到启发或者刺激出新的想法和行为的原型作用。人们在撰写一个案例时，基本上要注意突出以上四大要素，这有助于人们去更好地理解和研究案例。

三、工商管理案例

工商管理案例可谓目前世界上应用最为广泛的培训教学案例。工商管理案例教学对象主要针对工商企业管理者，以培养管理型人格要素、锻炼求异的思维习惯和掌握扎实的基本功等为主要目标。

工商管理案例教学是一项系统工程，其过程具有整体性、相关性等特点。整个过程分为准备阶段、实施阶段和总结阶段。案例教学的准备阶段，教师必须精心选择案例，并对拟选用的案例进行认真研究。选择案例主要遵循以下几个原则：理论导向原则、学员导向原则、趣味导向原则以及实战导向原则。案例分析不能抛开基本原理、方法和给定的条件与事实，不能仅凭主观想象、没有任何根据去猜想，必须采用一定的程序和方法才能做出符合实际要求的决策。第一，认真阅读案例并整理信息资料；第二，反复思考、归纳基本问题；第三，分解基本问题为系列子问题；第四，分析各子问题回到基本问题；第五，系统提出若干可供选择方案；第六，分析论证各种方案；第七，选出满意方案。

组织案例教学是全部教学的关键环节。在有了案例、了解案例分析的一般程序的基础上，怎样将案例组织好十分关键。主要分为七个步骤，即案例教学基本思想的灌输、学员分组、阅读案例、分组讨论、建立评委会、组织讨论会和案例分析总结会。

工商管理案例教学是相对于传统结构式教学而言的，传统结构式教学具体来讲就是重概念定义、轻管理实践，重理论体系、轻方法策略，重教师传授、轻学生参与。这种教学模式培养出了许多缺乏创新精神和创新能力的学生。而工商管理案例教学的特点是侧重实践及师生交互式，基本由学生自主进行。在案例教学中，教师更应该是知识的创造者，不再是知识的复述者，学员从单纯的听讲者转变为参与者，从理论接受者转变为实践的创造者，全面激发教师和学员的创新能力。

工商管理案例教学的本质在于向学员提供一个包含有待解决与决策问题的特定管理情境，让学生个人和团队去分析、诊断、解决，其主要目的在于学员解决实际问题基本能力和创新能力的培养，而不仅仅是知识理论的传授。从教学方法论上讲，是实验性的、启发式的，是学员通过亲身经验而获取知识和能力。工商管理案例要注意“三个结合”，即与人才培养目标结合，与课堂教学内容结合，与教学方法创新结合。

与传统意义上的教育不同，工商管理案例教学最重要的特点在于其实用性，注重培养决策及实用管理技能。其教学理念是将最新的研究结果、实用技能、实践经验和切实可行的解决方案结合在一起，在帮助学员建立全面的知识体系基础上，进一步通过互动的学习方法，如商业案例分析、实战观摩、分析与决策技能训练等，培训学员的实际操作技巧。因此，工商管理案例教学使学员学到知识与技能，让他们有能力分析和处理复杂的企业经营管理问题。基于此，国内外各大学的工商管理课程内容有很多共性，并不断补充与更新，以切合学员和当代企业机构的需要。工商管理案例教学的终极目标是促使学员掌握和理解相关理论，从而能够在实践中进一步分析问题，更有效地解决问题。此外，对理论的掌握也能够促进学员理解和分析案例的能力。工商管理案例教学能否使学生获益，除了教师的引导能力，更大程度是依赖于学员自身的素质。案例学习对学员的素质要求相当高，如果学员在入学之前没有任何的管理实践经验，对管理理论的掌握又不够全面和透彻，那么，他在案例理解和分析方面会有很大难度，从中获得的收益也会大打折扣。

四、公共管理案例

公共管理案例在世界范围内的培训与教学应用越来越广泛。公共管理对象是复杂的社会现象，它不像自然现象那样具有明显的可复制性或重复性，因此对于公共管理案例含义并不统一。目前较被认可的说法是，公共管理案例实质上是在公共部门管理人员实施管理行为（公共管理、服务或公共决策）的过程中发生的一件事情或者一个故事。

一个完整的公共管理案例包括以下几方面：一是事件的情节，包括事件的产生、发展和结束等过程；二是问题陈述，说明行动者所面临的问题的性质、产生的原因；三是行动者及其角色，涉及问题的行动者的数量，他们各自扮演着什么角色，承担什么责任，谁占主导地位，他们对问题的看法如何，他们的要求是什么；四是背景与限制条件，说明案例中问题产生的背景以及解决问题存在的各种约束条件；五是解决问题的过程和方法，说明行动者解决问题的步骤、决策机制以及采用的方法和手段；六是备选方案与评估。

公共管理活动内容丰富且十分广泛，遍及国家与社会生活的各个方面，这就决定了公共管理案例的类型多样。社会性与公共性是公共管理案例区别于其他案例的重要特征，因此公共管理案例的选择不仅要反映公共管理实践活动中切实存在的重要问题，包括但不限于人、事、权、领导、决策、组织、协调、执行、监督及效率等方面，还应具备社会层面的研讨价值。具备社会层面的研讨价值的案例往往内涵更为丰富，涉及的社会主体更加广泛，很多时候主体间的立场与观点分歧明显，却又难言对错。学员可从多个立场和角度进行理解分析，不至于陷入片面理解的误区。此类案例多反映的是现实生活中的热点、难点和焦点问题，其素材可从新闻、课题、培训、期刊文献、博硕论文、日常交流等线索中进行遴选。

公共管理案例具有丰富的理论内涵，主要表现为案例本身蕴含或违反了某种或某些公共管理精神、原则、价值观；能够为与之相契合的公共管理相关理论提供积极有益的参考价值。公共管理案例教学，应至少对个体层面或者社会层面起到推动作用。个体层面上，要能够引起学员的共鸣，给人以思想上的启迪，使其对自身的思维方式、行为举止进行反思；社会层面上，能够对公共管理实践活动中出现的典型事件或重大问题作出回应，经过分析和研究提出切实有效的对策建议，甚至促使部分不合理的制度设计得到改进和优化，推动同一性质的社会问题的解决进程。

公共管理案例教学用到的理论主要包括公共行政学、公共政策学、政治学、管理学、伦理学等相关学科的理论、原理或概念。具体而言，公共管理的理论主要分为公共产品理论、新公共管理理论、新公共服务理论和治理理论四种。公共产品理论，是正确处理政府和市场关系、政府职能转变、构建公共财政收支、公共服务市场化的基础理论。新公共管理理论将公共管理看成公共产品与公共服务供给过程中由公共部门、准公共部门以及部分参与公共服务提供的私人部门等多元化主体组成的复杂网络治理。新公共服务理论提出了一种更加关注民主价值与公共利益，更加适合现代公共社会和公共治理实践需要的新的理论选择。20 世纪 90 年代以来，“治理”以及“善治”概念日益成为公共管理的核心概念。治理理论是在西方学术界日渐崛起的“显学”，在其发展过程，形成了“政府管理”“公民社会”和“合作网络”三种研究途径。

公共管理案例由主题、事件或问题、时间与地点、背景材料、各方主体、主体间关系、争议焦点等组成。

（一）主题

主题是任何一个案例都应具备的，是案例和理论结合的关键所在。公共管理案例的主题应在政府治理与领导、公共政策、管理科学与决策、公共安全与应急管理、土地利用与城乡发展、教育政策与管理、管理科学与决策、公共财产与税收管理、组织和人力资源管理、社会保障与公共管理密切相关领域之内。

（二）事件或问题

公共管理案例是以客观事实或者社会存在的现实问题为基础加工而成的。当案例所要分析的对象是某个事件时，事件的产生、发展和终结，事件的处理方法、处理结果和造成的社会影响都应反映在案例中。案例也可以由社会存在的现实问题引发思考，并收集资料加工而成，如怎样解决城中村的拆迁与改造中的钉子户问题。

（三）时间与地点

案例需要交代清楚事件或问题发生的特定时间与特定地点，这是完整描述一个故事的必备元素，也是用来理解故事情境、推测相关信息的重要条件之一。

（四）背景材料

任何事件都有其特定的发生背景。背景材料在宏观层面上通常涉及国内外的经济、政治、社会文化等时局或宏观政策，微观层面上则需要提供事件发生的起因、导火索等，有时还需要提供相似事件的概况介绍。背景材料是帮助学习者更好地进入情境、理解情境、在情境中进行角色模拟的重要参考。因此，编写者在案例写作中需补充足够的背景材料。

（五）各方主体

公共管理实践活动的主体是多元的，多元主体在社会大背景下的一系列选择和行为，共同构成了公共管理实践活动的内容。案例需要确定具体的公共管理实践活动中所涉及的多元主体，并确定核心主体和一般主体。于公共管理而言，其案例中的主体主要包括政府（党政机关）、乡村街道办事处、非营利性公共组织机构、民众、企业等。最常见的是政府、民众和企业在内的三方主体。

（六）主体间关系

公共管理教学案例经常涉及的主体间关系主要包括政民关系、政社关系、政企关系、企民关系等。

（1）政府与民众的关系：公共权力是核心，主要表现为公共服务的提供，多见于有关政府部门的不作为、行政效率低、信访事件、群体性事件等案例。

（2）政府与社会的关系：多见于行政改革等较为宏观的案例。

（3）政府与企业的关系：主要表现为政府与企业在各自社会资源配置中所处的地位高低以及企业的相对独立性等方面，多见于与环境治理、节能减排、行政审批、土地管理、公共服务外包等案例。

（4）企业与民众的关系：随着市场经济的发展，企业的功能渗透到社会生活的各个方面，企业与民众的关系变得更加密切，多见于公共服务的外包、城中村的拆迁与改造、社区的物业管理等案例。需要注意的是，一个公共管理案例往往会包含多个主体间关系，编写案例时需分清主次，有所侧重。

（七）争议焦点

案例的议题一般具有复杂、冲突的元素以及等待解决的问题，而且这些问题并没有简单的答案或解决方案。各方主体因为所处的角色位置、价值观、分析的角度不同，容易对同一个问题产生争议，这便是案例的争议焦点，也是需要学习者根据掌握的理论知识和实践经验，进行批判性思考和充分讨论甚至是争论的地方。

工商管理案例在工商管理硕士学位的教学中大量使用。而公共管理硕士的培养则需要大量使用公共管理案例教学，是建立在公共管理及政府研究领域（学科）基础上的硕士研究生教育项目，公共管理硕士培养项目专门为公共部门尤其是政府机构培养公共服务的高级人才，同时为私人部门培养具有优秀分析、管理能力的高级人才，这与工商管理硕士项目为私人部门尤其是公司企业培养管理人才相对应。

公共管理学是一门运用管理学、政治学、经济学等多学科理论与方法，专门研究公共组织尤其是政府组织的管理活动及其规律的学科体系。

公共管理硕士是为适应社会公共管理现代化、科学化和专业化的要求而设立的，其目标是为政府部门及公共机构培养德才兼备、适应现代化建设需要的高层次、应用型、复合型的管理人才。要求毕业生成为掌握先进分析方法及技术，熟悉具体公共管理或政策领域的领导者、管理者以及其他公共服务人才。在国外一些发达国家，公共管理硕士，工商管理硕士以及法律硕士教育已成为文科高层次职业研究生教育的三大支柱。

公共管理硕士的案例教学为学生构建了一个虚拟的公共管理时空场景以及以公共管理者角色实施公共管理活动的平台，从而培养学员的现实情怀和社会视野。政策价值是决定和影响公共政策活动的一个关键因素，是理解政策过程的一条重要线索，因此构成公共政策学授课的一项重点内容。但价值问题一般是比较抽象和晦涩的，尤其是公共政策价值，几乎涉及公共生活所有重要的方面，如正义、效率、自由等宏观价值取向，既浓缩了历史和现实，又充斥着逻辑思辨。因此，如果采用传统的课堂讲授法按部就班地讲解，很难引起学员的共鸣。

第二章 国家建设型案例

一、国家建设型案例的概念

关于国家建设型案例的概念，采用罗来军（2019）的提法①，即国家建设型案例是贯彻实施国家重大指导思想、国家重要战略部署、国家大政方针，高质量实现改革、发展、稳定等方面的先进实例，具有推广典型经验的作用。

为此，国家建设型案例既不同于课堂上的教学案例，也不同于领导干部一般性的培训案例，国家建设型案例要求更高、价值更大、影响更远。

国家建设型案例的培训教学对象主要是国家各级领导干部及一般公职人员，强化其对国家重大指导思想、国家重要战略部署、国家大政方针的贯彻执行、实施落实，高质量推进改革、发展、稳定等重要事项的同时，提高其科学决策能力，培养攻坚克难的本领，提升工作能力，使其掌握和运用工作开展的理论、规律、思路、方法、工具。对各级领导干部以及公职人员开展国家建设型案例的培训，是国家建设的重要事项，对推进国家治理体系和治理能力现代化意义非凡。

国家建设型案例与过去的传统培训教学案例相比，在案例开发、培训教学、评估评价方面有着自身的内在逻辑与要求。比如，传统培训教学案例“四性”可以归纳为典型性、冲突性、真实性和趣味性，而国家建设型案例“四性”归纳为典型性、决策性、真实性和趣味性更为稳妥，也更凸显该类案例的价值。罗来军（2019）指出“决策性是国家建设型案例的灵魂”“国家

---

① 引自中国人民大学罗来军教授2019年《国家建设型案例技能培训》（PPT）中给出的关于国家建设型案例的概念。

建设型案例的最关键功能与目的是帮助各级领导干部学会、用好科学决策”①。传统培训教学案例也重视决策性，但国家建设型案例的决策性更为重要，从决策困境中实现科学决策是国家建设的关键能力。为了实现和保障国家建设型案例的高度决策性，罗来军（2019）提出国家建设型案例“决策性构建四维度模型”，即具体明确的决策主体、多维冲突的决策困境、经得起检验的科学决策、举一反三的理论方法。② 国家建设型案例的高度决策性使其与传统培训教学案例相比，更加凸显了自身的要求、价值和影响。

二、国家建设型案例的典型特征

目前，案例培训与教学在世界范围内具有非常广泛的应用，许多国家在心理学、管理学、教育学、医学、法学、公共关系学等多个学科领域都非常重视案例培训与教学。

人们通过案例可以挖掘带有规律性、普遍性的理论知识与实践经验，对人们的学习、研究、生活、工作等具有重要意义。国家建设型案例除了具有以上功能和意义，还着重为人们在如何更好地贯彻实施国家重大指导思想、重要战略部署、大政方针，高质量实现改革、发展、稳定等方面提供理论知识、实践经验、发展规律、决策方法等，对培育国家建设所需要的人才具有重要的教育功能和价值。

一般来说，案例在叙事风格上具备故事性、戏剧性与意义未尽性，国家建设型案例亦是如此。国家建设型案例强调故事性，强调案例陈述的趣味性和生动性，强调自然而然地把人们带入情境当中。一些国家建设型案例的撰写团队吸纳新闻媒体人员参与的主要目的，就是增加和保障案例叙事的故事性和趣味性。国家建设型案例也同样强调戏剧性，甚至和其他案例相比，更为重视事件发展的高潮、冲突和矛盾的呈现，因为这是培育培养国家建设人才的重要需求，有利于培养培训对象的决策能力与处理问题的能力等。在本书中，把传统培训教学案例的戏剧性界定为国家建设型案例的决策性，并提出决策性是国家建设型案例的灵魂。在意义未尽性方面国家建设型案例，可

---

① 引自中国人民大学罗来军教授2019年《国家建设型案例技能培训》（PPT）。

② 引自中国人民大学罗来军教授2019年《国家建设型案例技能培训》（PPT）。

能也比其他案例要求更高一些，这是因为国家建设事项的决策、执行与处理，往往存在更加复杂的影响因素，也往往具有更为多样化的选择和方案，这就要求国家建设型案例能启发人们对更多的可能性进行思考，具有较强的意义未尽性。

案例在撰写上基本包括四大要素，即真实而复杂的情境、典型的事件、多个问题呈现和典型的解决方法，国家建设型案例亦是如此。国家建设型案例高度重视真实而复杂的情境，如果案例不是来源于真实情境，那么这样的案例就失去了培养国家各级领导干部的功能和意义；而且，情境要是复杂的，国家各级领导干部本身就具备了较为优秀的素养和能力，那么对他们进行培训的案例就需要有高度、有深度，这样才能更好地起到培训效果。国家建设型案例选取国家建设实践当中的典型事件，毫无疑问地具有非常高的典型性。由于国家建设型案例高度强调决策性，案例中就会呈现多处问题彰显冲突性、高潮性，这些问题交织在一起增加了原有问题的难度，以此淬炼领导干部面对复杂问题的处理能力。对于问题的解决，国家建设型案例也将提供典型的解决方法，有时是多个决策方案，注重启发领导干部进一步的思考和感悟。

三、国家建设型案例和传统培训教学案例的区别

首先，国家建设型案例的导向和目标与传统案例是不同的。在学科领域的传统案例培训与教学中，其导向和目标是解决好案例中出现的问题，解决这些问题的规律和方法往往与案例领域、地区、人群相关的理论知识、实践经验相关联。而国家建设型案例解决问题的出发点和落脚点是贯彻实施国家重大指导思想、重要战略部署及大政方针，目的是高质量实现国家建设、经济发展、社会进步方面的改革、发展、稳定，即国家建设型案例是围绕国家的建设去思考问题、分析问题、解决问题。

其次，国家建设型案例的培训对象和传统案例是不同的。国家建设型案例主要对各级领导干部以及公职人员开展培训。这是因为，各级领导干部以及公职人员是贯彻实施国家重大指导思想、重要战略部署及大政方针，高质量实现改革、发展、稳定的行动主体，对行动主体进行培训，可以更好地达到国家建设型案例的目的。而传统案例的培训对象则不同。比如，工商管理案例，培训对象主要为工商企业管理者，培养企业管理人才。再比如，公共

管理案例，是为公共部门尤其是政府机构培养提供公共服务的人才。公共管理案例培训的人才和国家建设型案例所培训的人才有所重合，都培训政府机构人才，但二者在培训的导向和目标上有差异。举个例子，一个生态资源丰富而经济发展不足的地方，上马经济发展项目对当地的财力壮大、经济福利有好处，在公共管理案例中，如果考量的标准是如何对当地做出最优决策，那么就可能得出当地需要上马经济发展项目的决策；如果在国家建设型案例中，考量的标准是国家整体的生态建设战略思想与部署，那么就可能得出当地不要上马经济发展项目，而是要推进生态建设，维护和提升生态系统。这个例子表明，公共管理案例培训的人才和国家建设型案例所培训的人才即使是同样的群体，但培训的导向和目标是有差异的。

最后，国家建设型案例的培训内容和方式与传统案例教学是不同的。国家建设型案例的培训内容和方式、所引导培育的科学决策能力、实际工作能力等，以及所启发的理论、规律、思路、方法、工具都是从国家层面出发的，并以此进行思考和定位。传统案例则是围绕案例所在的领域、地区、人群等因素思考和定位如何决策、如何处理问题等。上面所举的是否上马经济发展项目的例子，清晰地反映了国家建设型案例和传统案例在培训内容和方式上的不同。

第二篇

功能与意义

第三章　国家建设型案例教育的功能

一、国家建设型案例教育主要功能

国家建设型案例旨在以国家重大指导思想为指引，遵循国家大政方针，落实战略部署，能较好地调和改革、发展、稳定等方面关系，总结推广高质量发展的生动实践和先进实例，从而更好地指导实践。那么它又有何功能呢？

国家建设型案例主要面向的是各级领导干部。领导干部是国家治理的中流砥柱，培育高素质的干部队伍对于实现国家治理体系和治理能力的现代化具有重要的意义。因此，各级领导干部应该时刻清晰地认识自己并怀有危机感，要不断在工作中加强自身的能力。根据2019年修订的《党政领导干部选拔任用工作条例》的要求，培训和选拔领导干部应该以“信念坚定、为民服务、勤政务实、敢于担当、清正廉洁”① 为标准，要明确和发展“素质培养、知事识人、选拔任用、从严管理、正向激励体系”②。其中，“素质培养体系”是指在干部职业生涯的初期，做好“源头培养”，在源头上提高干部队伍的能力，并在干部的个人发展过程中做到跟踪培养与全程培养。教育领导干部“在其位，谋其政”，要在复杂任务中磨炼和考验党的干部，逐渐解决能力弱项、补齐知识短板和查明工作盲区，为国家建设持续输送拥有坚定不移的信仰、百折不挠的信念、公正廉明的操守、迎难而上的担当的高素质干部。

① 《党政领导干部选拔任用工作条例（2019年印发）》。

② 《党政领导干部选拔任用工作条例（2019年印发）》。

二、国家建设型案例教育具体功能

对于各级领导干部，国家建设型案例教育具有如下具体功能（见图 3－1）。

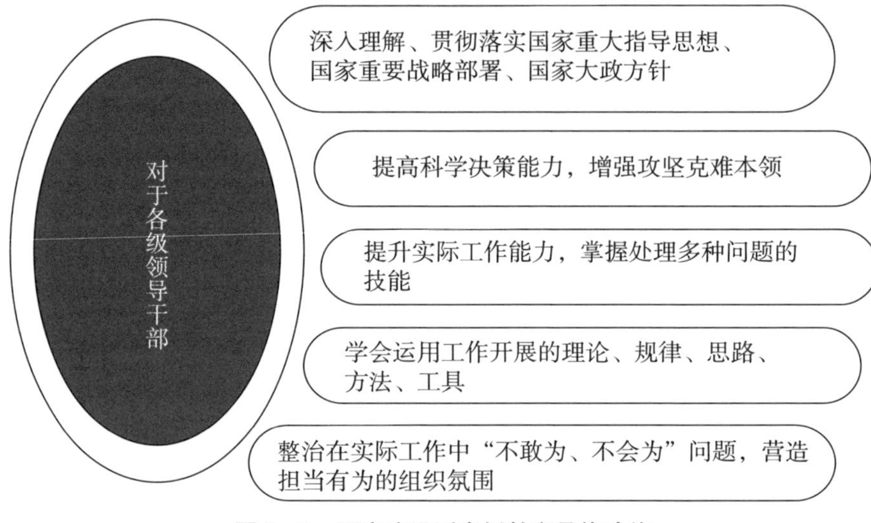

图 3－1　国家建设型案例教育具体功能

（1）国家建设型案例教育有助于各级领导干部深入理解、贯彻落实国家重大指导思想、重要战略部署及大政方针。

政治能力的重要性在领导干部的所有能力中排在第一位。要具备出色的政治能力，不仅要有矢志不渝的信念和理想，更要有与时俱进的思想路线。党和国家的各级领导干部观察、分析形势必须要把握政治因素，筹划、推动工作必须要落实政治要求，处理、解决问题必须要防范政治风险，真正做到信念过硬、政治过硬、责任过硬、能力过硬和作风过硬。领导干部在宏观层面分析形势、中观层面统筹工作和微观层面处理问题时，都要讲求政治立场，遵守政治原则。特别是在分析形势的宏观层面，要高屋建瓴、提纲挈领、高瞻远瞩、把握全局。

因此，国家建设型案例在资料选用、方案设计和案例调研等开发阶段，应尽可能地从宏观层面（如国际背景）、中观层面（如国家背景）和微观层面（如案例具体背景）着手准备，同时立足于国家建设的宏伟目标，站位更高，眼光更远，可以指导领导干部贯彻国家重大指导思想、重要战略部署及大政方针。

(2) 国家建设型案例教育有助于各级领导干部提高科学决策能力，增强攻坚克难本领。

随着改革进程不断推进，必须加强顶层设计和总体规划，于是提高改革决策科学性就愈发重要了。科学决策不仅是全面深化改革的重中之重，也是领导干部能力的试金石。当前干部队伍能力不足、“本领恐慌”问题是比较突出的，各级领导干部既要把握形势，提高分析与判断复杂形势的能力，也要与时俱进，贯彻落实好新发展理念，紧跟信息化发展的潮流。因为无论在任何时代，科学决策的内涵都不是一成不变的，不仅要因时制宜，在历史前进的逻辑中前进，在时代发展的潮流中发展，还要终身学习，不断扩容。司马光说过：“凡用人之道，采之欲博，辨之欲精，使之欲适，任之欲专。”各级领导干部应以本职工作为导向，学习和掌握相关能力和解决问题的方法，努力提高科学决策能力。

国家建设型案例教育最重要的功能与目的，就是帮助各级领导干部学会、用好科学决策。为了提高领导干部的科学决策能力与攻坚克难的本领，国家建设型案例特别强调“决策性”。“决策性”是国家建设型案例的灵魂。

决策性包括四个维度：具体明确的决策主体、多维冲突的决策困境、经得起检验的科学决策和举一反三的理论方法。具体明确的决策主体使学员设身处地地考虑案例中亟待解决的问题，极大地激发学员的主动性，让学员得以从开放性的视角来考虑问题，摆脱传统教学中机械记忆标准答案的模式；多维冲突的决策困境鼓励学员在多重利益冲突中寻找合理的平衡，对学员思维能力提出了挑战，挖掘学员的学习潜力；经得起检验的科学决策使学员可以从多种备选方案中总结出最佳方案，通过比较来揣摩科学决策的特征；举一反三的理论方法使学员可以独立自主地思考，总结出一套解决现实问题的方法和思路。通过构建决策性的四个维度，领导干部可以在案例学习中锤炼和提高科学决策能力，培养攻坚克难的本领。

(3) 国家建设型案例教育有助于各级领导干部提升其实际工作能力，掌握处理多种问题的技能。

俗话说，软肩膀挑不起硬担子，开创伟大事业，不仅需要宽的肩膀，也需要铁的臂膊；不仅需要先进的政治觉悟，也需要扎实的工作能力。扎实的工作能力必须从实践中一点一点积累。韩非子云："宰相必起于州部，猛将必发于卒伍。"领导干部在日常工作中应该做到一切从实际出发，努力解决前进过程中遇到的矛盾和困难。只有在工作中有意识地增强处理复杂问题的能力，才能不断提高工作的预见性、科学性、主动性和创造性。

为了更好地帮助领导干部增强工作能力，掌握处理多种问题的技能，国家建设型案例的撰写需要高水平的案例开发团队。根据既有的经验，案例开发团队可由当地部门人员、媒体记者和大学教师组成。大学教师发挥专业优势，科学推进案例开发进程，有助于提高各级领导干部的专业素养；当地部门人员负责提供详细的资料并做好部门对接，有助于领导干部对案例有直接和详细的了解；媒体记者对案例进行润色，有利于促使领导干部对案例产生浓厚的兴趣及深挖和追踪案例的动力。这三类人员各有所长，既讲究理论背景，也考虑现实要求和社会影响，使领导干部能够从多个维度（如案例的各个方面以及决策的各个环节）来思考案例，提高自身解决问题的能力，培养通盘评估政策实施各个阶段的影响和效果，对各方面利益进行统筹，提升实际工作能力，掌握解决各种问题的技巧。

（4）国家建设型案例教育有助于各级领导干部学会运用工作开展的理论、规律、思路、方法、工具。

国家建设并不是一件容易的事，而是一项要求极高的综合性挑战。比如，我国是一个有 14 亿多人口的世界大国，我们党在这样一个大国执政，势必要面临错综复杂的国内外环境，肩负繁重的执政使命。如果没有理论思维的坚定支撑，没有掌握国家治理的正确思路和客观规律，就无法评估各种风险，战胜各种困难，更无法不断前进。理论学习对于领导干部的工作开展不可或缺，各级领导干部要学习和掌握社会基本矛盾分析工具，从而依据国家社会基本矛盾运动的规律，来总结和发展深化改革的思路，推进社会发展和全面深化改革。只有理论联系实际，将客观规律与主观能动性结合起来，科学地选择工作开展的思路、方法和工具，才能做好本职工作。

为了帮助各级领导干部学会运用工作开展的理论、规律、思路、方法和工具，在案例调研的过程中要特别注重解决问题和挖掘事实的方法。在案例中对关键人物、关键问题和多方利益相关者进行重点关注，通过对关键人物的剖析，把握关键问题，找到问题解决的一般规律，进而可以总结归纳出切实可行的解决问题的思路。在条件允许的情况下，通过细心观察、充分访谈来厘清逻辑、突出主题。在逻辑脉络基本清晰的前提下，运用辩证唯物主义和历史唯物主义的理论方法，来高度地抽象概括出问题得到本质，提高对国家建设的认识。国家建设型案例在案例选取中非常注重案例的典型性，通过启发式的教学模式，使学员能够举一反三，掌握解决实际问题的政策工具和理论工具。这样，学员在对案例的分析和学习过程中，不仅能够从理论的高度来领会工作开展的方法，还能够找到解决问题的思路和一般规律，并学会根据实际需要使用不同的工具来解决问题。

（5）国家建设型案例教育有助于整治各级领导干部在工作中“不敢为、不会为”问题，营造担当有为的组织氛围。

打仗就是打将，干部就是干字当头，担当有为是领导干部的英雄本色。《党政领导干部选拔任用工作条例》要求建立正向激励的干部培育体系，以敢于担当、攻坚克难为用人导向。对于埋头苦干、担当有为的干部，应予以重点提拔；对于为官不为、能力不足的干部，要坚决予以调整。领导干部要有能力才能担大任，要“会为”，才能“敢为”。党和国家的领导干部队伍只有学会条分缕析，追本溯源，才能担当有为，善于作为，才能始终保持强大的创造力、凝聚力、战斗力。

为了提高领导干部分析形势、解决问题的能力，让干部既“敢为”，又“会为”，在案例撰写中不仅强调案例的真实性，也强调案例的趣味性。真实性是指以客观事实示范经验，这保证案例具有一定复杂性，有助于解决具体问题；趣味性是指用新闻报道演绎情节，以便加深领导干部的印象，扩展理解问题的视角。案例不仅让领导干部在生动具体的案例中学习分析问题，培养和训练科学决策能力，做到“能力过硬”，同时也可以在此过程中感受到国家干部肩负的责任和承担的使命，锻造出“责任过硬”的优良品质，让干部“会为”“敢为”，从而营造出担当有为的良好氛围。

第四章　国家建设型案例训练能力体系

一、训练“3 +9”能力体系

“为政之要，唯在得人”，我国自古以来就非常重视官员的培训和选拔工作。领导干部的能力和素质，关系到全面深化改革的发展进程，关系到新时代中国特色社会主义建设，也关系到“两个一百年”奋斗目标的实现。古人云：“德薄而位尊，知小而谋大，力小而任重，鲜不及矣。”只有加快领导干部的知识更新、技能培训和实践锻炼，才能赢得伟大斗争胜利，建设伟大工程，开创伟大事业，实现伟大梦想。那么，为了实现国家治理体系和治理能力的现代化，全面加强执政本领，各级领导干部应该重点培养哪方面的能力呢?

基于各级领导干部的基本素养和重要能力，国家建设型案例训练构建了“3 +9”能力体系，科学系统地阐释了领导干部所必备的综合素质和各项能力。其中，“3”是指全面提高领导干部三个方面的核心能力：对国家建设事项的决策能力、对国家大政方针的执行能力、对国家治理事务的管理能力。“9”是指提高领导干部九个方面的相关能力：沟通能力、倾听能力、开拓能力、团队能力、领导能力、议事能力、分析能力、应用能力、表达能力，如图 4 –1 所示。

二、核心能力

（一）对国家建设事项的决策能力

党的十九届四中全会提出，为了加强决策机制在执行、监督和评估三个

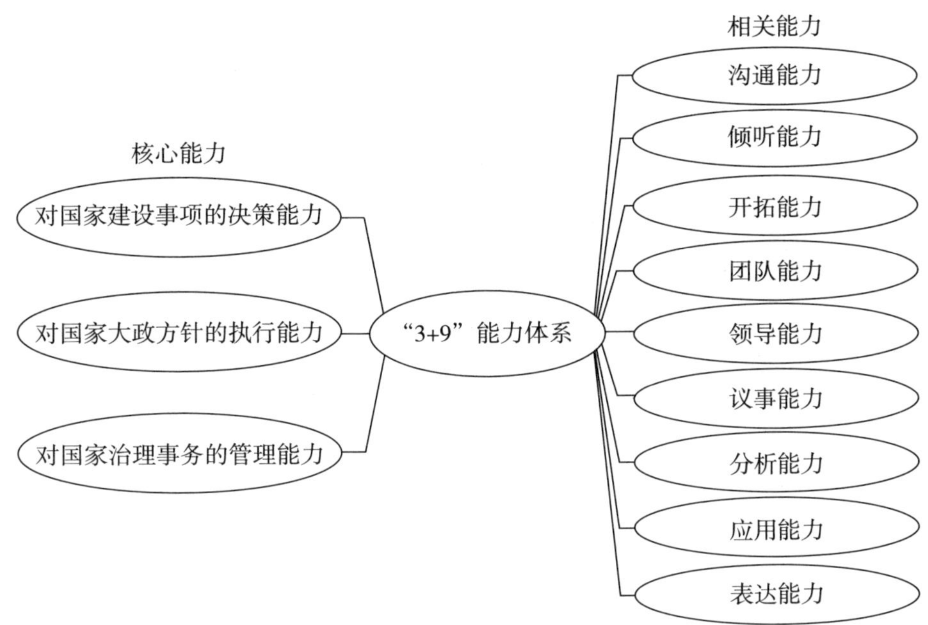

图 4－1　国家建设型案例训练“3＋9”能力体系

方面的科学性和系统性，应该在重大事项的决策之前，对于相关的问题和各方利益应进行广泛调查，对于重点领域应进行科学的探讨和论证，对于可能因此产生的风险应作出全面的评估和有效的防范。各级领导干部既然掌握各类事项的决策权，就应该做到科学决策、民主决策、依法决策。所谓科学决策，就是在决策的过程中充分调研，合理运用辩证法。毛泽东同志指出：“没有调查，没有发言权”。调查了解事实是科学决策的必要条件，只有在充分了解事实，分析问题的主要矛盾、产生原因、解决方法、解决效果之后才能做出决策。民主决策，就是指充分听取群众意见，采纳专家看法，平衡各方的重要利益再做出决策，对人民负责，也受人民监督，不搞“一言堂”。依法决策，就是依法进行民主协商、科学论证、民主监督，自觉参与和配合党内法规和制度体系的建设，在党的领导和党的建设各个方面都要遵守法律和规章制度，实现科学决策。

（二）对国家大政方针的执行能力

要建设群众放心、人民满意的服务型政府，仅仅依靠科学合理的决策是不够的，各级领导干部还应该加强执行能力，坚决执行、有效落实党和国家的大政方针。党的十九大报告提出，领导干部应该有效执行党和国家的大政方针，忠实地遵循国家的政策导向，从而落实党的改革任务。要想有力执行国家的大政方针，就要学懂、弄通、做实。学懂就是对国家重大指导思想、重要战略部署及大政方针的精髓要义要牢牢把握，既要全面系统，也要及时跟进，既要“知其然”，也要“知其所以然”；弄通就是举一反三，见微知著，发挥主动性和创造性，将大政方针同自身工作结合起来，将全面系统的理念同工作的各个方面结合起来；做实就是学以致用，主动尝试大政方针所提倡的内容，推动其发展，而大政方针所摒弃的，就应该思考如何改变和调整。

（三）对国家治理事务的管理能力

除了控方向、明大势，领导干部还必须具有出色的管理能力。在党的十八届三中全会中，推进国家治理体系和国家治理能力现代化被确定为全面深化改革的总目标。其中，国家治理体系是指在中国共产党的领导下，通过一系列的制度体系来对国家进行综合管理，这就包括政治、经济、文化、社会、生态文明和党的建设方面的综合管理；国家治理能力则是依照国家制度管理社会各方面事务的能力，包括改革发展稳定、内政外交国防、治党治国治军等多个方面。国家治理体系和国家治理能力的两个方面都突出了管理的重要性，领导干部的管理能力主要包括政策制定、指挥调度、计划拟订、基层治理、绩效管理和应急队伍建设六个方面。政策制定要注重整体，与国家的大政方针相契合；指挥调度要准确高效，为国家治理事务提供有力支撑；计划拟定要统筹推进、重点突破，保证计划切实可行；基层治理要互联互动，加强基层党组织的功能；绩效管理要客观规范，加强模块化管理；应急队伍建设要联防联控，加强信息化和产业化建设。

三、九项相关能力

除了以上三项核心能力，“3 +9”能力体系还需九项相关能力来支撑。

1. 沟通能力

沟通能力是指有效地与他人进行信息交换的能力。马克思、恩格斯指出：“一个人的发展取决于和他直接或间接进行交往的其他一切人的发展。”沟通能力是每个人不可或缺的能力，对于领导干部而言，沟通能力更加重要，因为领导干部的日常工作包括大量的工作交接、上传下达、群众工作等，这都需要良好的沟通能力。领导干部要特别善于和群众沟通，疏通群众反馈意见、提供建议的渠道。基层干部、一线领导干部要不断加强自身的沟通能力以做好群众工作，充分利用工会、共青团、妇联等组织作为沟通和联系群众的桥梁和纽带。

2. 倾听能力

倾听能力是指听取对方的信息、理解对方的情感、思考和解决对方的问题。倾听出自《礼记·曲礼上》："立必正方，不倾听。"领导干部往往需要与各个方面、各个行业的人打交道，在布置和传达工作时需要听从上级领导的安排、听取下级同事的意见，陈云同志指出："对下面干部任何不安心问题，都要想法子去解决。"倾听能够排除误会，提高沟通的准确性和效率。倾听专家意见，重在虚心求教，理解问题的本质和复杂性；倾听群众意见，不仅要听取群众的意见，也要理解群众的情绪和心理，帮助群众解决问题的同时，也要缓解群众的情绪。

3. 开拓能力

开拓能力是指人创造性地运用已有的资源和信息以达到既定目的，创造相应价值的能力。开拓能力最重要的内涵和思想方法，就是解放思想和实事求是。社会主义事业从来都是在开拓中不断完善，在开拓中不断发展的。现在的领导干部所面临的工作环境与之前相比有很大的变化，要从实际出发，用合适的方法来解决眼前的问题。党的十九届四中全会公报倡导全党和全国各族人民"坚定信心，保持定力，锐意进取，开拓创新"①，领导干部应该加强荣誉感和使命感，敢于负责，善于作为，通过创造性的办法来谋民生之利，解民生之忧。领导干部增强开拓能力，应该另辟蹊径、不拘一格，将理论与实践结合起来，灵活地运用互联网技术，采取信息化手段来完成工作。

4. 团队能力

团队能力是指在团队共同工作的基础上发挥团队精神，优势互补，取长补短的能力。领导干部应该懂得运用团队合作，在日常工作中相互配合，资

① 《中共中央关于坚持和完善中国特色社会主义制度，推进国家治理体系和治理能力现代化若干重大问题的决定》。

源互补，在人才选用中德才兼备，任人唯贤，陈云同志指出：“用人就是用他的长处，使他的长处得到发展。”只有耐心培养团队，支持团队成员的发展，团队才能和谐，工作才能顺利。

5. 领导能力

领导能力是指把握一个组织的使命和目的，并引导组织成员为这个使命和目的而努力奋斗的能力。一个好的领导要有容人之量，党的十九大报告指出，要以识才的慧眼来发现人才、以爱才的诚意来招纳人才、以聚才的良方来号召人才、以用才的胆识来任用人才、以容才的雅量来留住人才，要让党内和党外、国内和国外各方面的杰出人才如雨骈集，共同建设社会主义事业。领导干部应善于团结人，用优秀的领导能力来巩固和增强组织的凝聚力和战斗力；善于任用人，使人尽其才，物尽其用，让有能力的人能够发挥自身的特长；善于激励人，赏罚分明、功过分明，使人热情饱满地投入工作；善于爱护人，对于犯了错误的同志予以劝勉，对于影响他人职业生涯的决定要慎重；善于培养人，使人经受锻炼，承担责任，接受挑战和考验，不断成长。

6. 议事能力

议事能力是指商讨官方事务，衡量事情轻重缓急的能力。《尚书·周书》：“学古入官，议事以制，政乃不迷。”能直接体现领导干部议事的环节是协商民主环节。协商民主是我国民主的一项重要特色，党的十九届四中全会公报指出，“坚持社会主义协商民主的独特优势，统筹推进政党协商、人大协商、政府协商、政协协商、人民团体协商、基层协商以及社会组织协商”①，协商议事是领导干部的必修课，议事能力反映了领导干部抓住问题、解决问题的能力，是需要在实践和学习中不断扩容、不断提高的。在议事的过程中，大家的事情由大家一起商量，确保决策议事的科学性和针对性。

7. 分析能力

分析能力是指在思维中将客观对象分解为若干部分，然后分别对不同部分、层次和规定性进行研究，以加深对客观对象的了解的能力。领导干部在工作中难免遇到复杂的问题，有时会面临急难险重的任务，这个时候分析问题，将问题的来龙去脉、影响因素、利益关系梳理清楚是非常重要的。为了

① 《中共中央关于坚持和完善中国特色社会主义制度，推进国家治理体系和治理能力现代化若干重大问题的决定》。

提高处理复杂问题、驾驭复杂局面的能力，领导干部要学习和运用唯物辩证法这一根本方法，不断提高辩证思维能力。在处理问题的时候首先应该“把思想方法搞对头”，做到“两点论”和“重点论”的统一。既要抓住工作重点，找准解决问题的关键；也要处理好重点问题和非重点问题、局部问题和全局问题、当前问题和长远问题之间的关系，不能片面化、极端化。

8. 应用能力

应用能力是指将原理用于解决新问题的能力，它包括问题归类、例外情况识别和未来预测等方面。领导干部在解决实际问题的时候，不仅要善于运用科学的理论和方法，还要将理论和实践有机地结合起来。要根据理论和实践的结合情况，综合地制定和形成正确的路线方针政策，并据此来指导实践的发展。真理就是在实践的不断检验和应用之中逐渐发展完善起来，并更好地应用于现实问题的。这个不断检验和发展的过程就是应用真理和规律的过程。应用能力就是管中窥豹、举一反三、闻一知十，将理论原理与实践目的相结合，有目标、有计划地完成任务。毛泽东同志曾经批评说：“马克思主义好比箭镞，有的同志不停地把箭放在手里搓来搓去，反复地观摩和评价：好箭！好箭！但就是不把箭射出去。”领导干部应该做到有的放矢，树立明确的目标，然后运用学到的理论和方法实现目标。

9. 表达能力

表达能力是指通过自己的语言、文字等方式，清晰地表明自己的思想、感情或意图的能力。德国科学家莱布尼茨说过：“语言是人心智的最好的镜子。”表达能力在一定程度上反映了人的综合思维能力。有时候表达得巧妙，就可以事半功倍、马到成功；表达得不好，就可能功亏一篑、功败垂成。领导干部要讲究说话的技巧，把话说到点子上。应该直奔主题、切中要害的时候，决不能打马虎眼，搪塞推诿；掌握说话的艺术，把话说进心坎里，说话讲分寸，照顾到听者的感情。领导干部应该以诚待人、言而有信，答应下来的事，一定要克服困难，努力办到。如果确实无法完成，就应该谦虚谨慎，不能夸下海口，出尔反尔。

第五章　国家建设型案例教育的历史性意义

“育才造士，为国之本。”领导干部队伍建设对于国家治理体系和治理能力现代化具有至关重要的影响。一支忠诚干净、担当有为的高素质干部队伍，是兴国之基、强国之要。中央组织部组织和编选《贯彻落实习近平新时代中国特色社会主义思想、在改革发展稳定中攻坚克难案例》丛书，是一项国家建设型案例开发和设计的重大工程。为了这一工程，我国第一次组建了跨部门、跨领域的案例开发团队，其规模之大、价值之高、影响之远，在党政领导干部培训历史上具有独一无二的意义。

一、中国领导干部教育历史上的里程碑

国家建设型案例的开发，是中国领导干部教育历史上的里程碑，是突破性的重大开拓与创新。国家建设型案例不同于其他教学与培训案例。国家建设型案例是全面贯彻国家重大指导思想、重要战略部署、大政方针，高质量实现改革、发展、稳定等方面的先进实例，总结和推广了国家在实践中国特色社会主义过程中攻坚克难的典型经验。中央组织部对国家建设型案例的部署，在国内外的案例培训教学历史上，是具有重大突破的里程碑。

“疑今者，察之古；不知来者，视之往。”公元前2000多年，古埃及产生了考试选拔官员的制度以及宰相、大臣等职责范围的规定。随着人类对人事管理规律的探索，在19世纪末，人事管理学开始成为一门独立的学科。

我国古代官吏制度是从夏朝建立后，逐步形成和发展的。到了隋唐时期，中国的官吏制度趋于完备。我国现行的干部人事制度起源于新民主主义革命时期。中华人民共和国成立以后，我国在此基础上借鉴苏联的经验，建立了中华人民共和国成立后的第一套干部人事制度。改革开放以后，随着“解放

思想，实事求是”思想路线的确立，干部人事制度也从“问题—方法—程序—制度”四个阶段逐渐改革，在中央组织部的领导下，开始了干部工作新方法的探讨，并采取了统一组织、分级管理的形式。

党的十八届三中全会召开以来，随着改革的全面深化，实现全面小康进入攻坚期，“两个一百年”的奋斗目标进入历史交汇期，党和国家对于领导干部队伍培训提出了更高的要求。让各级领导干部从系统性、协同性的角度来理解国家大政方针显得越来越重要。政策的系统性、整体性和协同性不仅是推进改革的重要方法，同时也是全面深化改革的内在要求。在新的形势下，由中共中央组织部部署和领导的，可以更好地贯彻国家重大指导思想、重要战略部署、大政方针的国家建设型案例开发工程应运而生。这一新的案例部署为“两个一百年”奋斗目标对领导干部培训所提出的新要求量体裁衣，探索领导干部培养的新标准。国家建设型案例这一开创性部署，突出中国特色，顺应新时代的潮流，堪称国内外案例培训教学的里程碑。

二、中国领导干部素质提升的高端工程

国家建设型案例开发是中国领导干部素质提升的高端工程。案例教学起源于美国，其使用范围从医学、法学领域不断扩展，后来成为西方公务员培训的主流教学形式。由于案例教学具有较强的真实性、清晰的导向性、思想的启示性、决策的主体性、政策的实践性、事件的动态性、问题的概括性和结果的开放性，其教学效果大大超过了传统教学形式，能够充分地调动学员的积极性，促进教学双向交流和提高学员分析问题的能力。

目前我国针对领导干部案例的开发情况还不甚理想。因为各地领导干部培训案例缺乏交流、案例质量良莠不齐，很多陈旧过时的案例仍在使用。有的案例具有显著的地方性特色，在其他省市和地区不具备实现的条件，或者案例的适用类型不广泛；有的案例太过浅显，适合领导干部自学自研，却不适合集体研讨学习；有的案例没有教员培训手册，难以系统性地开展教学活动。绝大部分案例没有平衡好专业性、真实性和语言的生动性，有的片面夸大政绩，甚至弄虚作假；有的缺乏决策性，像新闻报道；有的刻板无聊，缺乏可读性。

在这样的情况下，国家建设型案例借鉴已有的案例，去芜存菁、推陈出新，力图建设具有普适性和典型性的中国领导干部培训案例库。这样的案例

库将具备多种优势：时效性强，重点反映国家重大指导思想和新形势下的国家大政方针、战略部署；操作性强，不仅有适合领导干部自学自研的案例和适合集体讨论学习的案例，还有配套的培训教学手册；平衡性好，由大学教师、新闻记者和相关部门通力合作，共同编写，可以兼顾专业性、真实性和语言的生动性。因此，国家建设型案例将极大地促进领导干部培训事业的创新发展，重点提高领导干部的决策能力和攻坚克难的本领，是中国领导干部素质提升的高端工程。

三、中国领导干部教育培训机制的创新

跨部门、跨领域组建案例联合开发团队，发动部委、党校、高校、新闻机构精干人员共同开发案例；发现、选拔优秀师资资源，打造领导干部教育师资团队；构建国家层面的案例开发、领导干部教育培训机制。

我国的领导干部培训和选拔机制改革由来已久。早在20世纪80年代，中共中央组织部就已经认识到，领导干部培训和人事制度改革是一个只能前进、不能倒退的过程，不然就会产生很多历史遗留问题。中共中央组织部从1984年开始，逐渐在全国各省市推行一系列干部管理机制改革，如“德才测评”的干部选拔、岗位轮换机制、面向社会招考的机制、民主推荐环节的加入和干部能力素质测试的引进等。这些改革机制有的来自国外官员培养的经验，有的源自我国国内的实践经验，总体上遵循了竞争、公平、公开、择优等原则。

1989年以来的干部人事制度改革的过程中，跨地区合作的范围不断扩大，中共中央组织部有计划地领导各省市、自治区、直辖市和中央国家机关各部委来研究领导干部工作的方法，在配套改革方面逐步地把党的组织工作与现代科学联系起来，把组织人事部门与理论科研部门联系起来；把领导干部工作业务与理论科研课题联系起来。国家建设型案例的联合开发，不仅发动了部委、党校、高校、新闻机构等多个部门的精干人员参与，而且内容涵盖多个领域，挖掘和培养履历丰富的领导干部教育师资团队，在合作的规模和开发的深度上都是前所未有的。国家建设型案例开发高屋建瓴，着眼于国家层面来构建案例开发方法，设计领导干部教育培训机制，是对我国现有领导干部培训机制的重要创新。

第三篇
开发与撰写

第六章　国家建设型案例的类型

当前，我国正处于经济转轨、社会转型阶段，各方利益面临重大调整，社会矛盾日益激化，突发事件不断，极大地考验了各级领导干部的智慧与能力。因此，为了更好地处理我国在新形势下面临的各种问题，各级党政领导干部迫切需要及时更新知识储备，从而提高综合执政能力和执政水平。进行国家建设型案例作为新时期我国提升领导干部工作能力的一种方法，它的开发对深入学习贯彻国家重大指导思想、重要战略部署、大政方针、总结推广改革发展的典型经验以及以案例教学的方式推动各地方和各部门在改革发展稳定中攻坚克难方面都具有重要意义。

国家建设型案例的开发与教学是提升我国国家建设型案例开发整体水平的关键部分，虽然现在我国的案例开发已经取得了较大进步，但是在国家建设型案例的开发质量与案例教学水平方面，我国与发达国家相比仍旧存在较大差距。由于开发的国家建设型案例是我国领导干部案例教学培训的主要素材，其主题与风格的趣味性、教学知识点的匹配性、内容编排的技巧性、对学员思考的启发性以及教员使用时的便利性等一系列代表开发质量的指标会直接影响国家建设型案例的教学培训质量。因此，只有将国家建设型案例开发与案例教学协同发展，通过案例教学实践明确案例开发需求，提供案例开发成果作为案例教学素材，借助案例开发过程提升案例教学能力，在两者的协同发展中切实提升国家建设型案例开发质量和案例教学水平。

一般来说，国家建设型案例的类型主要包括三种，即主题教育案例、培训教学案例和案例教学手册（见图6－1）。这三类案例类型各具特色，差异较大。它们不仅结构不同，内容不同，而且在学员认知重构过程中的作用也不相同。不同类型的国家建设型案例服务于不同的培训教学目的，了解国家建设型案例的分类，有助于提升案例开发的针对性以及案例教学的有效性。

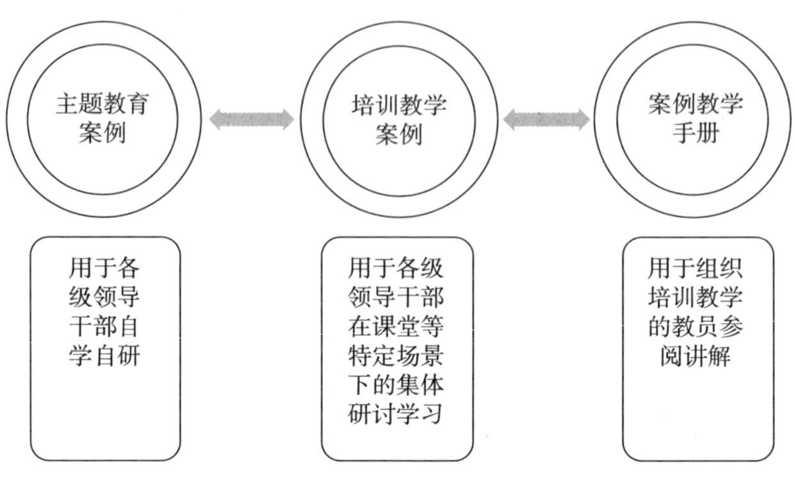

图 6－1　国家建设型案例的开发类型

一、主题教育案例

主题教育案例是围绕一定主题而展开的典型实例，通常为展现地方政府在贯彻实施国家重大指导思想、重要战略部署、大政方针时，决策者针对当时所发生的事件而采取的可供各地借鉴的典型经验做法的实例。主题教育案例政治站位高远，是展现国家重大指导思想等在社会实践中所起的巨大指导作用的先进范本，是帮助党员干部学习领会国家重大指导思想等的鲜活素材，也是破解改革发展稳定重点、难点的重要参考。通常而言，主题教育案例主要用于各级领导干部在主题教育和工作中自学自研，极大地考验了领导干部的个人学习能力。广大领导干部在学习和使用主题教育案例的过程中，可以在很短的时间内接触到来自全国各地丰富多样类型的案例素材，这些案例不仅有助于他们将思想、部署、方针与实践结合起来，从而更好地执行党的命令，还可以帮助他们学习全国乃至世界各地的先进经验与做法，提高其科学决策能力，从而更好地破解改革发展过程中所面临的难题。

主题教育案例的内容涵盖范围较广，一般包括经济建设、政治建设、文化建设、社会建设、生态文明建设、党的建设、防范化解重大风险七大领域，领导干部在学习这类案例的过程中个人能力可以得到较为全面的提升。通常情况下，主题教育案例主要具有如下几个特点：

第一，政治性、导向性。主题教育案例的开发，一方面要以国家重大指导思想、重要战略部署、大政方针为统领，树立大局意识和强烈的政治观念，立意正确、高远。另一方面，还要以人民为中心，根据国家社会主要矛盾的变化来阐述一些事关人民群众切身利益的现实问题。因此，主题教育案例通过以案阐理、以案释论的方式，鲜明地展现了其政治性、导向性的特点。

第二，典型性、真实性。在开发主题教育案例时，要选取具有代表性的、真实的、能反映事物发展规律的事件。通过对其进行全景式、立体式、动态化的描述，从而生动全面地反映当前国家经济社会发展状况和普遍存在的一些问题。因此，主题教育案例在撰写的过程中应保证案例内容完整、经验典型、事件真实的特点。

第三，理论性、实用性。主题教育案例主要以国家重大指导思想、重要战略部署、大政方针背后的思想理论为基础。另外，主题教育案例通过对案例背景、主要做法、经验启示的梳理和总结，有助于推广典型经验，有较强的实用性。

二、培训教学案例

培训教学案例是指在领导干部教育培训中运用的，可以促进领导干部提升分析问题和解决问题能力的，包含一个或多个疑难问题或疑难情境的真实发生的事件阐释。培训教学案例的开发应紧紧围绕国家重大指导思想、重要战略部署、大政方针，以提高领导干部队伍的素质和能力为目标，同时还要符合干部培训教学的需求。培训教学案例不是一种关于成功经验介绍或失败教训总结的案例，而是通过再现或者模拟一种决策情境，具有较强的现实针对性。

与主题教育案例不同，培训教学案例主要用于各级领导干部在课堂等特定场景下的集体研讨学习。广大学员在教员的指导下对案例进行深入探讨，发表各自对案例事件的看法。例如，假设自己身处当时的决策环境时会做出何种决策，是否有比案例中的决策方案更优的做法等。学员们在互相交流中学习丰富的理论知识，从而提升他们在现实工作中的能力。培训教学案例除了跟主题教育案例一样具有真实性、典型性的特点，还要具有：第一，客观性，即对案例的介绍和描述要客观、中立，避免带有偏见和感情倾向；第二，启发性，即案例所提供的决策方案对处理类似问题有参考、借鉴和启发作用；第三，完整性，即案例的编写必须包括所有必要的信息，如事件、问题、背景、解决方案等；第四，时效性，即案例所涉及的事件发生时间不能太长，一般以 2 ~4 年为限。

同时，培训教学案例也是案例教学法的关键素材。所谓案例教学法是指通过模拟一种真实的管理情境，以某个组织实际发生的故事为背景，将学员置身于当时的决策环境之中，在了解事件发生的全过程之后，面对同样的困难和复杂局面，学员会如何进行分析和决策。案例教学法作为高度发达的市场经济与教育教学方法相结合的产物，能将宝贵的实践经验在案例课堂进行充分讨论和分享。案例教学中涉及的决策方案和所训练的批判性思维、分析性思维和创造性思维，成为许多学员未来决策的参考依据和基石。因此，一个优秀的培训教学案例，不仅要引起学员的共鸣，提高学员的创新意识和创新能力，还要调动学员学习的积极性，增强学员培训学习的效果，从而最大限度发挥案例教学法在领导干部培训教学中的重要作用。

三、案例教学手册

案例教学手册是教员根据主题教育案例和培训教学案例的内容，从理论、理念、方法、工具上深入指导教员的一种手册。案例教学手册的开发者与使用者一般是组织培训教学的教员，他们在编写案例教学手册时会明确告诉使用该手册的其他教员与其所讲授案例相配套的软硬件设施是什么，同时揭示主题教育案例和培训教学案例中的逻辑框架，列出课堂教学时应探讨的重点，从而更好地帮助教员掌握与该案例相关的理论、可借鉴的经验等关键知识点。

与前面两类案例的内容和风格截然不同，案例教学手册相当于是从整体上对主题教育案例和培训教学案例进行把握，它一般包括教员以何种方式展开案例情境、什么时候发放课件、采取什么形式进行课堂热身、如何巧妙安排研讨、怎样促成观点的争论、教员怎样对学员的观点进行总结提升以及如何形成最终的对策建议等内容。案例教学手册不仅要描述案例事实和过程，列举课堂中可能出现的问题以及提供案例发生之后的信息，而且重点是要得出具有分析性和归纳性的结论，提供可供参考的答案，或建立理论模型，做出深层次的理论分析。一般而言，衡量一个案例教学手册的优劣，主要看其教学目标设定与课堂计划是否合理，思考题或研讨题与教学目标是否紧密以及对案例背后所蕴含的理论分析是否深刻清晰等。因此，一个优质的案例教学手册不仅可以从全局上调控整个案例培训过程，成为教员的好帮手，还可以帮助理顺案例所蕴含的逻辑框架，成为学员的学习宝典。

第七章　国家建设型案例开发阶段

一、国家建设型案例开发现状

在案例开发的过程中，有关干部教育培训的案例开发起步较晚，其中针对各级领导干部开发的国家建设型案例更是从未有过。

从国内实践来看，尽管我国已相继引入了哈佛案例库、毅伟案例库等，但是由于我国与西方国家在政治环境、文化环境、语言环境以及思维方式等方面存在较大差异，这些案例并不完全适合于我国领导干部的培训。但是近年来，随着我国对案例开发的重视程度不断加强及经常采取各种措施鼓励专业人员开发优质案例，干部培训案例教学中“无好米下锅”的窘境得到了一定程度的缓解。同时，教员参与案例教学的积极性和热情也在不断提高，并掌握了基本的案例教学实施方法和技巧。总的来说，我国国家建设型案例开发处于初期探索阶段，相关案例开发质量参差不齐，距离利用其全面提升我国领导干部工作能力的教学目标相去较远。造成这一现象主要有几个方面的原因。

一是案例开发主体单一，彼此之间缺乏协作。一般而言，主题教育案例是由案例开发地的政府部门人员负责撰写的，因此存在故意夸大政绩的可能性。一些培训教学案例是由媒体记者负责编写，内容丰富有趣但不够严谨，对一些专业性问题通常没办法很好地把握。另外，由于他们对教学实际以及案例发生地的情况缺乏深入了解，因此不能准确反映案例中的实际问题，导致所撰写的案例较难引起学员共鸣。案例教学手册通常是由参与培训教学的教员编写的，由于教员长期从事教学工作，很容易把案例教学手册变成一本课堂教材。不难发现，正是因为各方人员在编写国家建设型案例时缺乏有效合作，从而限制了高水平案例的开发。

二是案例开发程序不规范，存在偷工减料行为。科学规范的案例开发程序有助于开发出高质量、针对性强的案例，是国家建设型案例开发的关键因素。但是目前许多案例的开发程序还不够完善，开发人员对案例开发程序不够重视，在开发案例时没有严格按照规范程序进行操作。经常存在资料收集不仔细或不全面、选题典型性和实用性不强、对案例实地调研敷衍了事等问题。

三是案例开发时间较长，时效性较差。虽然国内的领导干部培训案例教材越来越丰富，但这些案例教材的时效性不强。一般而言，从事件的发生到案例素材的采集与编写，再到案例教材的编辑与出版通常需要两至三年的时间。如果再将这些案例运用到课堂教学，则需要更长的时间，因此其时效性与鲜活性会大打折扣。正是由于现已出版的一些案例可能存在上述问题，无法满足干部培训教学的要求，因此，亟须组织教员在大量调研、访谈、资料收集与分析的基础上进行案例编写，开发出更高质量且符合我国领导干部培训现状的优秀国家建设型案例。

二、提高国家建设型案例质量措施

从国家建设型案例开发的规范性角度来看，选题、结构、表述及理论维度是四大主要关注点。其中，选题、结构、表述主要体现在主题教育案例和培训教学案例的正文之中，而理论维度则主要体现在案例教学手册当中。因此，为了提高案例开发的质量，可以从以下四个方面着手：第一，选题的典型性。我们在选题时要尽量选取热点且具有一定的典型性和代表性的问题，同时，要注意考虑选题的实效性。第二，谋篇布局的合理性。对案例进行谋篇布局时要综合考虑案例的决策主题和素材，基本原则是主线清晰明了，素材要与主线相匹配。第三，决策点的恰当性。决策点是案例的关键，要与案例教学手册中的课程教学目标与教学知识点相一致。因此，个别时候可以在不影响案例主要事件真实性的基础上对案例细节进行适当修饰。第四，相关材料的翔实和客观程度。国家建设型案例必须以真实的事件为素材，通过对访谈记录、观察记录、文件、档案以及调研资料等素材进行加工和选择后再进行撰写。

要想真正使国家建设型案例的开发成为一项长期、优质工程，其中应提高部委、党校、高校、新闻媒体等机构精干人员等所组成的跨部门跨领域的联合开发团队的关注度，即中共中央组织部从案例的开发过程中发现问题，解决问题；大学教师从案例的开发过程中了解基层，提出问题及建议；作为案例素材提供者的当地领导干部通过案例分析得到启示，获取帮助；学员的能力通过案例分析得到提高，这样才能使案例的开发处于双赢甚至多赢的良性循环之中，从而确保案例开发的质量。因此，我们应做到如下几个方面。

第一，提供专项经费。开发一个国家建设型案例，开发人员必须查阅大量资料，收集大量素材，花费相当长的时间进行加工创作，而后还有一系列的讨论与修改等，是一项费时、费力的工作。在工作初始阶段，开发人员能凭借高昂的工作热情进行开发活动，但持久的培训教学，仅凭开发人员的热情是无法维持的，所以需要给予一定的补贴。另外，开发过程中进行的案例实地调查以及与一线人员沟通联系等都需要有经费的支持。第二，设计制度，保障开发队伍。建立一支稳定的国家建设型案例开发队伍能进一步增强开发人员的责任感与积极性，使案例开发工作走向制度化。还可以考虑设立国家建设型案例开发机构，承担收集案例、验证案例、评审案例、加工案例、反馈信息等职能。案例开发机构可确定一个固定时间来收集案例，并对其中一些有价值的案例进行访谈，三角互证以保证案例的真实性和可借鉴性。并对案例进行评审以激励广大开发人员的热情。案例开发机构还应根据培训需求进行加工、撰写，为培训提供适用的案例。案例分析结束后，应将有关讨论要点反馈给案例提供者，使案例的开发与实际问题的解决紧密结合起来。第三，提供技术，保障案例质量。案例的质量是案例教学成功的重要保障。相应的技术支持是保障案例质量的前提条件。案例开发的技术含硬件与软件两方面。硬件包括录音设备、录像设备、图书、报纸杂志等。软件则是指开发人员的素质。开发人员应当是精通国家重大指导思想、重要战略部署、大政方针，对某一学科领域有真知灼见，文笔较好，能胜任案例开发工作的专业人员。硬件的达成不难，而软件的要求却不是一朝一夕能实现的，必须经过长期的锻炼和积累。这是一项庞大的工程，也是一项事半功倍的工程，若一个案例开发机构能有十几位这样的开发人员，则案例开发的质量必然会更上一层楼。总之，国家建设型案例的开发之路是光明而曲折的，它指向成功，指向希望，指向未来。尽管当前的案例开发还有许多尚待解决的问题，但它终究会使我国的领导干部培训工作走向一个新的高度。

实践表明，对于国家建设型案例而言，如果没有一套规范的开发方法作指导，不仅会耗资、耗时、耗力，而且收效甚微，案例教学的优势也无法发挥。国家建设型案例的开发虽然并不要求，也不可能要求按统一标准模式进行，但不等同于不需要遵循基本规则，应对案例开发方法、程序和步骤等予以原则性规范。因此，借鉴国内外教学案例开发经验，依据领导干部培训所需教学案例的特点制定质量标准，明确案例开发规范，设计一套具有可操作性的案例开发方法体系，对提升我国领导干部培训案例教学的质量具有重要的现实意义。

三、案例开发阶段

优质的国家建设型案例通常建立在系统开发的基础上，需要开发者投入巨大的时间和精力。它一般包括五个阶段：资料占有、方案设计、案例调研、文本撰写、试用完善（见图 7 - 1）。以上五个阶段，环环相扣，循序渐进，并且涉及一系列的开发方法和手段。

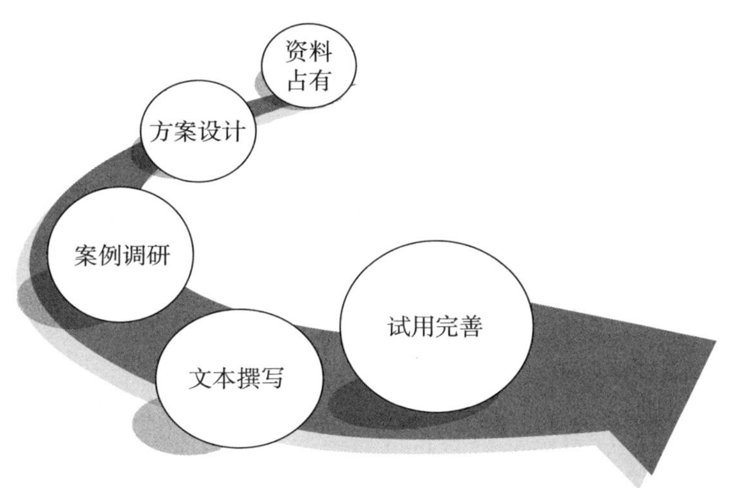

图 7 - 1　国家建设型案例开发的五个阶段

第一阶段，根据案例主题对相关资料进行占有。在确定国家建设型案例的主题之后，案例开发者就要开始收集资料了。在此过程中，需要有精通一定理论知识的专业教师作指导，这样才可以对收集到的资料进行遴选与分析，从而确定最符合案例主题的资料。一般来说，资料的入选有四个要求，即典型性、真实性、时代性和针对性。找到符合要求的资料之后，需要再对其进行分类、取舍、相互验证，以确保资料的条理性和真实性。

第二阶段，对国家建设型案例进行方案设计。任何一个案例的完成，首先需要从整体上对其进行规划设计。案例的方案设计确定了国家建设型案例的整体框架，不仅明确了完成一个案例在每个阶段所需要做的各项工作，也为后续工作的开展指明了方向。如果把撰写国家建设型案例比作装修房子的话，那么案例的方案设计就相当于设计图纸，最终开发完成的案例就是装修完成后的房子。由于案例的方案设计在整个案例开发过程中起着举足轻重的作用，所以对于设计方案应该进行反复讨论，力争设计合理、规划全面。

第三阶段，开展案例实地调研工作。事实上，由于每个人看待事情的角度是不一样的，侧重点也不同，因此每个人对待同一件事情的观点肯定会存在差异，甚至在收集资料的过程中还可能遗漏掉至关重要的信息。正是由于这些客观和主观原因的存在，很可能导致我们获得的资料是不全面的，但通过案例调研，我们不仅可以对已掌握的资料信息进行求证，还可以根据案例开发要求对案例的主要当事人等进行询问，了解更多的信息内容。所以，案例调研在整个案例开发过程中具有不可替代的作用。

第四阶段，撰写国家建设型案例。在完成上述基础性的前期准备工作之后，我们就可以开始正式撰写国家建设型案例了。由于主题教育案例、培训教学案例和案例教学手册在受众对象、主要功能、撰写结构等方面均存在较大差异，所以应根据不同案例类型的特点来进行撰写，并时刻牢记案例撰写时的注意事项。事实上，在这个过程中，各个部门人员的分工合作是非常重要的，因为案例撰写的主要人员包括当地政府部门人员、媒体记者、大学教师，他们所擅长的领域是不一样的，所以要协调好这些专业人员，使他们各自发挥出最大的优势。

第五阶段，对开发出的国家建设型案例进行试用完善及培训学习反馈。在案例的文本撰写完成之后，需要不断地对其进行修改完善，其中，通过在实际教学过程中学员间或者教员与学员间的深度探讨对案例进行进一步的修改与完善是非常必要的。开展案例学习和案例培训等实践活动是发现案例文本中存在问题的一种重要方式。另外要注意的是，即使撰写完成后的案例通过了技术性评审和真实性评审，也不能省略适用性评审这个环节。也就是说，只有三个评审环节都通过的国家建设型案例，才能更好地符合国家建设型案例的开发要求。

第八章　资料收集

在确定了国家建设型案例的研究对象之后，就需要针对该案例主题进行相关资料的收集，即资料占有。资料占有在国家建设型案例开发过程中是比较难的一个环节，也是非常重要的一个环节。正所谓“巧妇难为无米之炊”，如果没有对案例资料进行大量占有，那么撰写国家建设型案例也就无从谈起。因此，想要写出优质的国家建设型案例，不仅要掌握案例撰写的方法，更重要的是拓宽案例资料来源渠道，收集大量案例资料，夯实研究基础。只有通过大量资料占有并对其进行分析，才有可能发现问题和提出问题，探寻出事物内部联系，找到解决问题的思路，从而在分析比较与判断的过程中形成自己独特的见解，树立案例典型。

案例资料收集这一环节主要包括以下四个步骤：首先，收集信息，即把所有主要信息都筛选出来，尽量做到完整详细，这也是资料占有的基础；其次，梳理信息，由于收集到的资料质量良莠不齐，因此需要对所掌握的信息进行分类、加工，去粗取精，使信息变得更加有条理；再次，评价信息，通过辨别信息的真伪、正误以及轻重，去掉不真实、不准确、不重要的信息，并对缺少的必要信息进行补充；最后，根据上述整理好的资料信息，对所要撰写的案例主题进行环境背景分析、案例事件发展规律分析以及国内外已有案例的借鉴意义分析。

一、案例资料分类

事实上，收集的资料可分为一手资料和二手资料。

所谓一手资料就是案例开发者通过实地调研获取的原始资料，可以让学员更了解案例的细节，在具体使用中较为主动。目前收集一手资料主要有两种方式，第一，访谈法。访谈法作为收集初级资料的方式之一，可以通过访问者与被访问者面对面的交流来弄清楚案例的一些细节问题或者有较大争议的问题。比如，可以直接访问案例发生地的主管部门或当地有关部门，请他们在提供与案例有关的二手资料的同时，回答我们对案例的一些疑问。第二，问卷调查法。问卷调查法是根据一定的调查目的，以严格设计的问卷为工具，向研究对象收集研究资料和数据的一种调查方法。通过向特定对象分发调查问卷，有助于调研人员及时掌握他们对待该事件的看法。

二手资料是案例开发者使用他人已经通过调研获得的资料，获取成本低，效率高，可以收集到在本国乃至全世界有影响的案例。案例资料的有效性和可靠性取决于其多源性，但必须对其可靠性进行检验，然后再使用。

一般来说，案例资料来源可以是访谈资料或文档资料，这些二手资料有时候可能比实地调研等一手资料更加真实有效，所以应引起研究人员的重视，并基于其专业权衡把握。同时，在资料的收集过程中应运用开放式思维，多渠道、多来源地进行案例资料收集。另外，在运用多种方法收集资料时，需注意说明收集的方法、时间、地点和条件，对资料进行系统整理、分类，建立共享数据库，从而便于有关人员提取、分析和考证。

国家建设型案例包含三种不同的案例类型，彼此之间既有联系又有区别。因此，应针对不同的案例类型的特点确定合适的二手资料来源渠道。对于主题教育案例，其资料主要通过文献法获得，即通过各种记录在案的影像、文献资料以及网络资料来获取，如案例事件组织的官网、官方微博、公众号等自运营媒体账号的相关内容，案例事件组织的内部文件、会议记录、内部报刊以及保存的音频和视频材料，相关媒体组织的报道等，特别是那些在社会上、理论界引起关注和争议的报道。这些都可以作为案例资料收集的重要来源。对于培训教学案例和案例教学手册，所需的案例素材是与领导干部培训内容相一致的生动故事、真实事件，因此，除了上述方法，还可以根据具体的撰写需要收集二手资料。

二、环境背景分析

在收集资料的过程中不仅要占有二手资料，还要针对案例主题进行一个较为全面的环境背景分析，其目的是试图找到导致案例事件发生的一些客观原因，从而把案例发生的环境背景交代清楚，为读者提供一个比较适当的案例讨论和分析的背景资料。因为生产经营活动离不开现实环境，其发生也受一定环境的影响。而且，即使是同样的问题，由于环境背景的差异，解决办法也会有所不同。开发完案例之后，学员或者读者在分析案例时，也需要参照背景对解决问题的方法做出评论。所以，必须交代清楚案例中事件发生时的背景以及所面临的内外部环境。只有深入了解案例发生的时代背景，即决策时的外部环境，才更能明白决策者当时做出这种决策的原因。这不仅对撰写国家建设型案例起到一个背景铺垫的作用，还有助于对案例中问题的解决方法进行较为科学的分析和评判。一般来说，可从案例发生时该案例所处的宏观、中观和微观三个背景进行分析。

首先是案例发生时的国际背景，即本案例事件发生时世界经济、政治等处于一个什么样的状态，这有利于我们从宏观层面更好地把握案例主题。随着全球化进程的发展，我们不可避免地与世界其他国家产生了一定的联系，各国在相互影响中不断发展进步，只有拥有国际化的视野，才能更好地对案例事件发生时的一个大的时代背景进行全局把握。

其次是案例发生时的国家背景，包括国家当时出台的与所撰写的案例主题相关的一系列政策，以及国家当时的政治、经济环境等，这有利于我们从中观层面深刻了解案例发生的原因。虽然国际背景确实会对案例产生一定的影响，但由于案例终究是立足于本国市场的，所以国内环境对它产生的影响更加直接。因此，国内的政治、经济环境对案例的影响不容小觑。

最后是案例本身所处的背景，即找出案例事件发生时该案例本身所处的环境背景。比如，通过所占有的资料找出该案例的变迁、状况等，从而明白该案例当时之所以会面临某种困境的必然性。事实上，考虑案例发生时所处的国际背景和国家背景其实都是该案例的社会背景，而案例本身所处的背景则是构成案例正文背景材料的重要部分。因此，分析案例本身所处的环境背景，有利于我们从微观层面理解案例事件发生的客观原因以及评估该案例当事人做出决策的必要性、合理性等。

三、案例事件发展规律分析

在大量占有反映案例事件发展规律的资料后，需要根据占有的资料按照原因、经过、结果、影响等方面进行分类归纳，然后再进行深入剖析，把握案例事件的本质，由此及彼，由表及里，由点及面，找到案例事件所代表的系列现象的共同点以及差异之处，从而分析并总结案例事件发展的特定规律。

之所以要对案例事件的发展规律进行分析，就是希望从案例的做法中得到一些经验启示或者解决类似问题的设想，升级和优化该案例的一些成功做法，从而使我们再次碰到类似事件时能有一个清晰的处理方案。

四、国内外案例借鉴

在收集案例二手资料的过程中，可以着重从已开发完成的国内外案例中找出与所要开发的案例主题同类型的案例。即使每个案例的侧重点不一样，对我们依旧有很重要的借鉴意义。一般来说，应该选择一些距离现在年份较近的案例，或者虽然年份较为久远，却是这类案例主题中的经典案例。

对于国内同类型的案例要善于归纳总结。虽然这些案例里的时代背景、人物关系等客观条件和主观条件与现在相比可能发生了较大的改变，但是万变不离其宗。我们只要找到其精髓，再对其进行加工处理，同样具有较大的借鉴意义。要善于借鉴一些成功的做法，因地制宜，结合新的时代背景进行优化升级。对于一些案例的失败做法不能视而不见或者避而不谈，应引以为戒，着重分析其失败的原因，包括客观原因和主观原因等。事实上，对失败做法进行归纳总结所带来的好处有时甚至比成功做法带来的好处要更多。因为失败的事实具有极强的说服力，可以避免重蹈覆辙，减少损失。

除了可以借鉴国内同类型的案例，还可以借鉴国外的案例。虽然我国与其他国家在政治体制、风俗习惯、历史传统、民族个性、国民的思维方式以及社会交往过程中存在诸多不同，但是随着我国加入 WTO（世界贸易组织）以及全球经济一体化的发展，我国与世界的联系越来越紧密，已经形成了你中有我、我中有你的世界政治经济格局。因此，适当借鉴国外优秀的同类型案例，找到其成功或者失败做法，分析其原因，对学习案例的编写及使用均具有一定的积极意义，对开拓领导干部视野尤其是培养涉外部门领导干部处理涉外事务的能力方面亦有积极的意义。不仅如此，通过借鉴国外的案例，还可以培养领导干部“全球思考，本土行动”的能力。

第九章　方案设计

在对案例资料进行占有的基础上，我们下一步要做的就是对国家建设型案例进行方案设计。方案设计是从整体上考虑整个案例的构成情况，它直接决定了案例后续开发工作的方向与重点。因此，方案设计要尽可能做到详尽，最好涵盖案例编写的各个方面。为了让大家更好地感受案例设计的整个环节，本章就以培训教学案例为样板设计推进方案（主题教育案例、案例教学手册皆在此基础上完成完善）。

哈佛大学商学院的培训理念认为，作为未来的领导人，学员的学习能力、创新能力和在不可预见的情况发生时灵活处理问题的能力至关重要。领导干部的案例教学培训的主要作用便是在教员的指导下，通过使用培训教学案例来培育学员的学习能力、创新能力以及战略决策能力。因此，在设计培训教学案例时就要充分考虑到这类案例的适用性与功能性。一般来说，一个完整的培训教学案例的方案设计主要包括以下五部分内容：案例题目；培训教学对象；培训教学目标；案例具体内容以及待查内容，如图 9－1 所示。

一、案例题目

案例题目是概括整个案例核心内容和主题思想的语句，我们一般会借助题目反映出事件的主体、主题或形貌。主体一般是案例涉及的组织，主题即案例所反映的问题或焦点。一个好的案例题目，既能让读者对该案例有一个方向性的了解，又能吸引他们对该案例产生阅读的兴趣。因此案例题目要鲜明、尽量简短，最好能充分激发读者兴趣，切记不要把案例的题目写得像论文的标题一样。另外，案例题目一般是中性的，不带任何感情色彩和结论性的暗示。

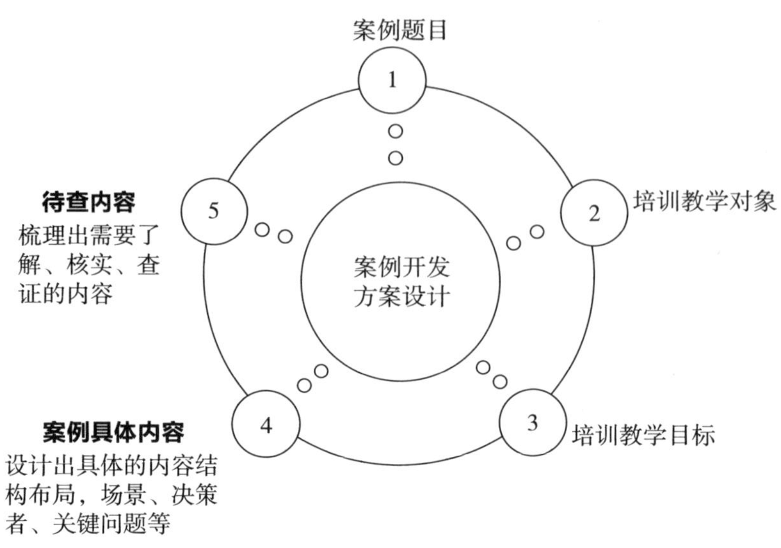

图 9－1　方案设计的内容

具体到培训教学案例，一般来说，我们主要通过两种方式来确定它的标题。一是用事件定标题，即把培训教学案例中的突出事件作为案例题目。二是用案例主题定标题，即把事件中包含的主题析离出来作为案例的题目。这两种方式各有千秋，前者展示事件，吸引读者进一步了解相关的信息；后者反映主题，能使读者快速抓住事件所要表达的中心思想。当然，还可以根据实际情况确定是否设立副标题。

二、培训教学对象

在对培训教学案例进行方案设计时，案例的培训教学对象是需要重点关注的地方，因为案例必须与培训教学对象密切相关才能真正发挥出它的教学作用。所谓培训教学对象是指培训教学案例所针对的受众群体，通常情况下主要是各级领导干部。因此，在设计培训教学案例时，要充分考虑这一群体的特点，并根据他们职业的现实需要进行方案设计。这不仅会极大增加培训教学案例的实用性，还可以切实提升领导干部处理问题的能力。

之所以要针对不同的受众群体设计出不同的案例方案，是因为一个案例并不是在所有场景下都适用的。在实践过程当中，需要根据案例适用的对象，适用的课程，案例中的关键点以及案例教学的课堂计划等内容使用不同的案例。当然，如果同一个案例需要用于不同主题的培训课程或者针对不同的培训教学对象，为了确保案例使用的有效性，也可以对案例进行二次开发，以符合新的培训课程及培训教学对象的需求。

三、培训教学目标

在设计培训教学案例时要明确具体的案例培训教学目标。培训教学目标指的是教员通过引导学员对培训教学案例进行深入研讨与分析后，期望通过案例培训教学解决学员什么问题、提升学员哪些能力、使学员形成什么理念或者价值观。

通常情况下，培训教学目标的设定需要围绕以下内容展开：第一，以案例主体当下的发展战略为中心；第二，对学员的初始情况有一个大概的了解；第三，明确课程学习中需要解决哪些问题；第四，明确阐述在案例使用过程中要提升哪些能力，以及提升到何种程度；第五，培训教学目标要细化到案例的每个模块，设计出每个模块想要达到的教学效果，从而支撑整体培训教学目标的要求。

一般来说，培训教学目标的设定要综合考虑案例的知识覆盖面和对学员分析问题、解决问题能力的训练。所以，可以从以下两个方面对培训教学目标的设定是否合理进行衡量和判断。一方面是知识线设定是否严谨，即总体知识框架是否科学严谨，学员能否通过对案例的阅读了解其中的某一理论，进而在头脑中形成有关此次课程的知识脉络，从而达到案例教学的效果。另一方面是情节线设定是否合理，即培训教学案例中所呈现的素材和信息如何对知识点进行解释说明，是否做到了有理有据。在这一过程中，学员能否清晰地抓住案例情节发展的脉络，在学习案例后将各个知识点连成知识线，从而进一步理解理论知识至关重要。在具体的设计过程中，开发人员要始终把握住这一点，让知识点围绕着培训教学目标走，案例通过具体的实践经验对知识点进行讲解，分析思路，阐述案例与知识点的关联性，理论依据则是在本案例背景下对知识点的论证，使之形成一个首尾相接的环状结构。另外，开发人员还需要根据教员和学员课堂阅读、讨论、回答问题的效果以及课后的反馈对案例的培训教学目标做出相应的调整和改进。

四、案例具体内容

案例具体内容是整个方案设计环节的主体部分，它要求开发人员剥开事件繁杂的表层现象，深入寻求实质性的内容。可以说，案例具体内容的质量直接决定了整个案例的好坏。在这一部分，需要设计出关于案例具体的内容结构布局、场景、决策者、关键问题等。

一是案例背景信息的设计。案例背景信息一般包括间接背景和直接背景两种，间接背景是与事件相关但关联程度并不明显的背景，直接背景则是直接导致事件发生并与事件具有密切联系的背景，需要涵盖对主要人物、事件等相关背景信息的介绍。除此之外，还有待研究问题的背景、所选案例的背景、问题研究的理论依据以及选择此案例的依据，背景信息的介绍要翔实充分，要发挥辅助案例课堂讨论的作用。

二是案例正文的设计。案例正文是为了实现培训学习目标而必备的内容信息，它既要源于实际又要高于实际。根据获取到的资料和数据对问题进行详尽论证，分为需求讨论、情境分析、过程描述、结果呈现四个方面，包括在需求讨论过程中如何确定选择该案例研究对象以及以什么样的方式将整个案例呈现给教学对象等内容。一般来说，在设计案例正文时，编写格式可以遵循 STAR 原则。Situation 即情境，指的是案例发生的时间、地点、起因、涉及的人物和事件；Task 即任务，指的是案例当事人的任务和目标，所面临的困境，所采取的态度以及措施；Action 即行动，指的是案例当事人在事件发生后所采取的行动步骤，以及这样做的原因，可以分步进行描述，找到每一步的行动及原因等；Result 即结果，指的是该决策所带来的直接后果以及所带来的后续影响。

三是案例关键问题的设计。培训教学案例与一般事例区别最大的地方在于它是有明确的问题意识的，案例是根据关键问题展开的，尤其是用于教学培训的案例。所以，开发人员要围绕所选定的主题，初步确定与其相关的一些关键问题。关键问题一般不超过 3 个，因为问题太多会导致学员关注点分散，讨论得不够深刻。这些问题将构成案例的核心，成为需要通过有关信息和资料描述清楚的管理情景的内容。同时，也要明确这些问题所对应的决策层次。案例关键问题的设计主要是根据疑问求解、方案选择、策略选择、启发引导等设计不同的问题来进行培训教学互动工作，或者根据收集到的资料识别和遴选出案例事件的关键问题并进行分析讨论。培训教学案例必须具有明确的问题意识，必须围绕问题来展开。问题可以在案例的叙述中提出，让案例的使用对象直接获得有关问题发生的各种信息，也可以将问题与其他事实材料交织在一起，通过案例使用者的分析再确定问题所在。

四是找出解决关键问题的对策。这一部分不仅要展现出问题解决的过程、步骤以及解决过程中可能出现的一些反复现象或者决策者面临的一些挫折等，还要包含对问题解决成效的一些描述，使学员尽可能地对这种解决问题的方式有一个更加直观的评估。但是，要切忌把问题解决简单化、表面化。如果遇到一些尚未解决的问题，可以把解决问题的种种设想或计划罗列出来，供案例使用者参考、评论。除此之外，还要对事件的行动结果进行阐述，比如采取一些措施后，该事件中的组织实现了什么、达到了什么、完成了什么，可以通过将解决前和解决后的情况对比展示，体现改善的方面。最后，还需要对整个案例的构建过程进行总结以求进一步的完善。

五、待查内容

在对所收集到的资料做出初步分析之后，最好能撰写一份案例资料分析报告。这样就可以清楚地知道，关于待开发的案例已经掌握的内容是什么，还需要进一步了解、核实、查证的内容又是什么。把这些内容整理出来，可以避免重复调研一些已经有确凿证据的内容，节约调研时间，提升整体的工作效率。

梳理出待查内容是方案设计中非常重要的一个环节，它直接关系到国家建设型案例的真实程度，因为收集到的资料是不可能面面俱到，这些需要了解、核实、查证的内容正是对案例事件至关重要但是根据现有资料又无法得到肯定答复的内容。因此，这也是为后面的案例调研做好准备工作。

第十章　案例调研

一、案例调研的作用

案例调研是指运用科学的方法，系统地收集被调研单位的资料，详细了解被调研单位在案例事件产生、发展及运作过程中所发生的事件，努力探寻事件背后的原因。案例调研是一种一手资料的获取方式，我们可以利用案例调研得到的新的资料获取渠道重新对二手资料进行收集，从而更好地完成国家建设型案例的撰写。

进行案例调研主要有两个目的。其一，运用科学的方法寻求、发现、核查事实，在事实的基础上挖掘案例素材，设计案例展开情节。虽然也可以通过各种渠道收集到较为丰富的二手资料，但这些资料中关键情节的真实性需要进一步验证核实。而且二手资料的侧重点往往不一样，与实际需要的案例素材资料可能存在较大出入，因此，通过案例调研，不仅可以验证二手资料的真实性，还可以得到符合案例撰写要求的案例素材。其二，案例调研可以为现有的理论研究或政策研究提供事实依据。案例调研可以将理论与实际结合起来，帮助领导干部从事实中检验理论或者政策的有效性，从而为案例中被调研单位所遵循的理论或者所实行的政策提供依据。

二、案例调研计划

在进行案例调研之前，首先应确定目标单位，与其沟通，并向他们详细介绍国家建设型案例的性质以及作用。当目标单位同意接受调研后，需要确认对方的联络人，并明确提出在撰写国家建设型案例过程中希望被调研单位提供哪些层次、哪些级别、哪些深度的帮助。然后再与对方的联络人确认具体的访谈事宜，同时准备被调研单位的相关资料。当前期准备工作完成之后就需要制订案例调研计划，并根据已收集的详细资料和本次的案例主题拟定具体的调研提纲。一般来说，案例调研计划的制订通常包括如下内容。

（1）确定并提前联系被调研单位

开发国家建设型案例通常需要先确定主题，然后针对该主题收集资料，最后确定被调研单位。一般来说，可以根据案例的内容直接确定需要被调研的单位。此外，还可以根据其他信息来确定一些有必要的被调研单位，这种信息主要来源于三个方面：第一，媒体报道。可以从媒体报道上获知一些与案例主题相关的单位，并对这些单位进行遴选，然后与其取得联系。第二，其他课题。如果开发人员在之前的课题中接触过与案例主题较为相似的单位，那么这些单位可以优先考虑。第三，同行。在参加大型会议或者进行学术交流的过程中，各单位负责人之间可以通过沟通确定调研意向。

另外，在确定被调研单位之后，为了提升工作效率，需要提前联系被调研单位，给他们充分时间准备。

（2）成立调研组并进行明确的分工

在联系好被调研单位之后应立即成立调研组，根据课题经费、人员数量等实际情况确定调研人员，设立调研组组长，并对他们进行明确的分工。例如，调研组组长可以与被调研单位的核心人物或主要领导人提前进行一次访谈，这有助于快速了解被调研单位的整体情况。同时，为了丰富案例内容，还可以围绕案例主题适当扩大调研范围。

（3）制订和分发案例调研指导手册

案例调研指导手册是一本关于规范案例调研步骤的资料，非常适合用来指导不同机构的人员进行联合调研，可以起到说明、指导、规范和备忘录的作用。因此，在进行案例调研之前，可以向调研人员分发案例调研指导手册，使他们对案例调研过程的规范性有一个更客观、更全面的认识。

（4）确定调研日程

在拟订案例调研方案的过程中，需要提前规划好调研日程，努力协调各方人员的时间。一般地，对于一个完整的案例调研活动而言，从收集资料、确定调研单位到最后的实地调研，通常需要 20 天左右的时间。

（5）提前收集被调研单位的资料并拟定访谈提纲

在进行实地调研之前，应全面收集被调研单位的相关背景资料，并根据案例主题提出具体的访谈提纲。访谈提纲中列出的问题，应简明扼要，突出重点，同时明确调研人员各自对应的访谈对象、访谈方式和对访谈的记录方式。另外，在实地调研过程中，调研人员与被调研单位之间可能存在跨专业、跨学科的问题。因此，为了提升案例调研的质量，调研人员还需认真学习与案例调研内容相关的基础知识。

（6）准备调研工具

为了详细记录调研结果，需要准备好记录本、笔、笔记本电脑、录音笔、相机等工具。同时，还可以准备小组成员的名片送给被调研人员，这样有助于增进彼此了解，从而在整个调研过程中建立较为融洽的关系。

（7）开展实地调研

在实地调研时，为了使访谈顺利进行一般需要两名成员，一个负责向被访问者提问，另一个则负责记录和补充相关问题。在进行访谈的过程中，有四点需要特别注意。第一，注意倾听和引导。要注意倾听和引导被访者，切忌对其进行说教，当回答的信息比较重要时，可以停下来向被访者复述一遍，以便更好地确认他们的回答。第二，巧妙提问。对于一些比较敏感的问题可以采取旁敲侧击的方式巧妙地进行提问，争取让被访者心情愉悦的同时又得到调研需要的答案。第三，委婉提问。对于涉及被访者隐私的一些问题，可以委婉地向他们提问，切记不要问得太过仔细，以免引起对方的不适。第四，充分尊重被访者。调研人员向被访者提问时应全神贯注要与被访者有充分的眼神接触，充分表达对他们的尊重。同时，当需要在访谈过程中进行录音或拍照时，应提前征得被访者的同意。另外，关于访谈的时间和地点，最好由被访问者的上级领导来安排。

（8）实地调研完成

实地调研结束后，最好在返回后的 24 小时之内向被调研单位发出感谢信。一周内要组织参加调研的全体人员围绕案例举行座谈会，充分讨论并消化所获得的访谈资料，从而确定案例的基本主线和故事情节。一个月内完成案例调研报告和案例初稿的撰写。写好的案例调研报告要发给被访问者和被调研单位，并询问报告中是否存在情节表述不当或者数据不实的地方，向他们再次确认案例调研信息并征求意见，再根据反馈意见进行讨论修改。为了保证案例初稿的客观性，最好请调研组以外的人员阅读并根据他们提出的修改意见进行完善。当然，对于培训教学案例和案例教学手册，我们可以根据在课堂上的使用情况及学员的反馈意见多次进行修改后再成稿。

（9）撰写案例调研报告

案例调研报告是对此次调研任务的一个总结，主要内容应包含如下几个部分。

第一，简述调研过程。应在案例调研报告的开始部分就把此次调研所会见的主要人物以及案例调研的开展过程做一个简单介绍，突出案例调研安排的科学性、合理性。第二，介绍被调研单位。对被调研单位的背景、发展历程及核心人物的特殊经历进行介绍，从而有助于读者迅速了解本次案例主题的研究背景。第三，对调研主题进行介绍和分析。对构成案例故事的主要事件进行介绍，分析事件当事人、利益相关者、决策者或旁观者的问题、困境、机遇与挑战，从不同侧面分析事件发生的背景、过程、结果及产生的各种影响。第四，提出政策建议。运用理论分析框架对案例调研主题进行分析，得出结论，并在此基础上对被调研单位提出政策建议。

三、案例调研关键事项

由于案例调研通常需要花费较大的人力和物力，同时与多个部门和人员进行沟通协调，因此，在案例调研过程中，为了使调研成本最小化、调研效果最大化，应重点把握以下关键事项。

（1）关键人物、关键问题、多方利益相关者

通常而言，调研人员是根据案例的主题来确定案例中的关键人物、关键问题以及多方利益相关者的。对于案例中的关键人物一般通过两种方式进行识别。一是根据前期资料的占有情况，告诉被调研单位需要采访的关键人物是哪个层次的，直接请被调研单位提供受访人员名单；二是与被调研单位的联络人进行沟通后再确认受访对象，这种方式可以充分考虑被调研单位的实际情况，从而把对案例主题不知情、不相关的人员剔除在访谈对象之外。

（2）撰写访谈提纲，提前发给对方

对于关键部门及关键人物，要根据素材收集和案例主题的需要细致深入地撰写访谈提纲，并提前发给对方，以便对方思考和准备。访谈提纲可以帮

助受访者厘清思路，使我们能更有针对性地进行信息收集。所以，撰写访谈提纲时应尽量做到严密、细致、全面，以便在撰写案例时拥有更加充分的一手资料。

（3）细心观察、充分访谈

访谈作为案例实地调研的核心部分，对收集到的一手资料质量的好坏起到了决定性的作用。因此，在正式访谈过程中，我们不仅要细心观察受访者，还要注意倾听和引导受访者。当涉及一些较为敏感和隐私的问题时，不要单刀直入，应采取旁敲侧击的提问方式，要充分照顾受访者的情绪，换位思考，理解受访者所处的位置，努力让受访者在一个比较轻松愉快的环境下完成访谈。同时，为保证案例的真实性、客观性、科学性以及后期撰写案例的方便，应尽量争取受访对象和被调研单位的同意，在访谈时进行录音、录像。

（4）逻辑清晰、突出主题

在撰写访谈提纲以及实地访谈的过程中，要做到逻辑清晰、突出主题，时刻谨记自己的调研目标，突出调研主题，保持客观中立的态度，向受访者清晰地阐述调研问题，不能受受访者情绪或观点的影响。

（5）发现新问题或新线索，要摸清查实

案例实地调研过程中，可能出现之前忽视的一些问题，而且这些问题可能十分重要。因此，这些在实地调研过程中发现的新问题或者新线索应摸清查实。通过对被调研单位进行实地考察，充分收集被调研单位的客观的、真实的资料，这样才能够保证所获得资料的真实性。

四、案例调研目标

案例调研问题以及案例调研计划要为案例调研目标服务。之所以要开展案例调研，就是为了既能找到事先需要的事实内容，又能客观、清晰、完整地展现事实。首先，在案例调研以前阶段的准备过程中，已经知晓有哪些内容是通过二手资料无法了解的，需要通过调研才能获得，那么，在案例调研中，就要针对这方面的内容需要采取合适的调研方式方法，从而获得相应的资料信息；其次，通过案例调研，要把事实所缺乏的内容和信息（以是否客观、清晰、完整为标准）补充完整。在案例的前期准备阶段，通过二手资料占有、问题梳理与分析等工作，对案例事实已经有了一定的了解和掌握。通常情况下，仅通过二手资料和相关分析，是不太可能客观、清晰、完整地展现案例事实的——如果做到了，那就不需要案例调研了。通过二手资料和相关分析，我们已经大致知道还需要补充哪些方面的内容，这就需要在案例调研环节获得相关信息。此外，调研过程中也会发现新的问题和新的线索，这时仅完善以前所确定的需要信息是不够的，还需要对新的问题和线索继续进行挖掘，这样才能做到客观、清晰、完整地展现案例事实。总之，进行案例调研的一个重要目标就是客观、清晰、完整地展现案例事实，如果缺乏一些信息无法达成这个目标，案例调研就没有完成，就需要继续调研，直到达成目标。

第十一章　文本撰写

一、案例“四性”

在案例教学中，文本撰写是非常重要的一个环节，毕竟撰写质量直接影响了案例教学目标的实现。同时，文本撰写也是案例教学中最花费时间和精力的环节，这是因为教学用途不同、适用对象不同，案例的形式、内容、侧重点也不尽相同。但是，各类型的案例都有一些共性，这些共性在文本撰写中可以作为共同的纲要与原则。因此，了解案例的特点和性质是为了掌握案例撰写与教学的基本规律，扬长避短地加以运用，提高实际撰写能力与教学效果。

国家建设型案例在文本撰写过程中要具备“四性”，即决策性、典型性、真实性和趣味性，如图 11－1 所示。

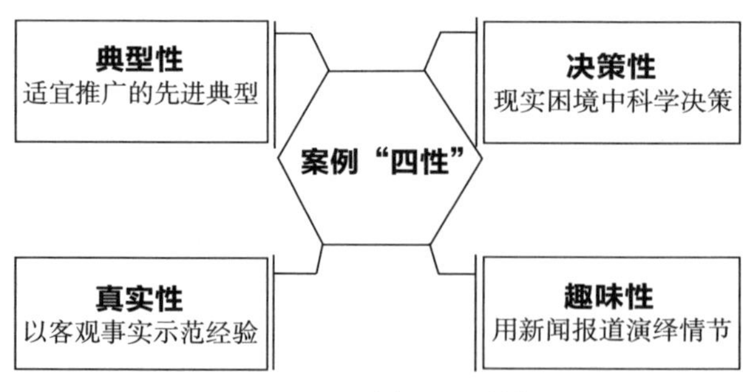

图 11－1　案例“四性”

（一）决策性

1. 含义

国家建设型案例最关键的功能和目的是帮助各级领导干部学会、用好科学决策方法。因此，案例文本撰写必须突出其决策性，即要通过案例在持续深入学习贯彻国家重大指导思想、国家重要战略部署、国家大政方针、提高领导干部攻坚克难本领、增强领导干部工作决策能力、激励领导干部责任担当等方面发挥重要作用。

2. 意义

一方面，案例的决策性有助于增强各级领导干部工作决策能力。随着我国全面改革的深入推进，必须对已有实践中的探索与经验及时总结，以案例的形式培训领导干部，提高其能力。正是这样的时代使命要求我们聚焦实际问题中对决策的探索与权衡的过程，进而拓宽领导干部解决问题的思路，全面提升领导干部适应新时代、实现新目标、落实新部署的能力。

另一方面，案例的决策性有助于增强各级领导干部主动作为的底气。案例中富有决策指导意义的背景情况、决策权衡、主要做法、解决方案、实施过程和经验启示，将为面临类似复杂情况的领导干部提供重要的现实借鉴，决策能力与工作信心的提升必将大大增强其在实际工作中主动作为的底气。

3. 撰写要求

在文本撰写过程中，决策性应当主要体现在“四个方面”：具体明确的决策主体；多维冲突的决策困境；经得起检验的科学决策；举一反三的理论方法。

同时，在案例决策性思考的逻辑主线中要紧紧围绕“四大问题”：党委和政府面临的问题或挑战是什么；出现该问题或挑战的原因是什么；针对问题或挑战，采取的解决方案是什么以及成效怎么样；对于问题或挑战的解决，习近平新时代中国特色社会主义思想的指引作用是什么。

关于决策性的重要性及具体运用会在本章第二部分进行更为详尽的阐述。

（二）典型性

1. 含义

一则具备实用性与启发性的好案例，应当具有典型性和代表性。案例最好涵盖学员关注的热点问题，能够反映当下现实的要求，并且通过案例可以给学员带来思考，使其在未来遇到类似问题时能够学以致用。因此要求所选择的案例不仅涵盖一类案例的整体特点和主要矛盾，而且需要突出其在特殊情境下的教学意义，能从具体问题上升至一定的理论高度，提炼出深刻的理论意义。

2. 意义

案例的典型性能够帮助学员通过讨论、分析、总结具有代表性的问题，从而更好地掌握国家建设决策的一般理论，更易于形成精练实用的理论框架，实现触类旁通、举一反三的学习效果，进而将典型经验更有效地应用于实际工作中。

3. 撰写要求

典型案例是围绕国家建设过程中某一重要的、具有代表性的问题进行客观的描述。因此在案例的编写过程中需要注意以下三点。

首先，案例需要具备有代表性的背景情况说明。事件发生的背景、面临的主要问题、反映的主要矛盾应当具备较好的可借鉴性，能够对现实问题的解决提供参考思路。

其次，案例需要具备可推广的解决方案与实施过程。案例中对问题和矛盾的原因分析、解决方案、实施过程等应当具有代表意义。可对典型问题从最有收获、最具启发性的角度切入，探索有推广价值的解决思路，引发对实施过程等的讨论分析，从而将案例的价值实现最大化。

最后，案例需要具备值得分享的经验与启迪。案例应当在贯彻落实国家重大指导思想、重要战略部署、大政方针，以及在改革发展稳定中攻坚克难方面总结出值得分享的经验与启迪。

（三）真实性

1. 含义

国家建设型案例培训是用案例的形式，把所选取的热点问题的相关情况介绍给学员，使学员能够以教师或案例当事人的角色身份，深入到案例的具体情境中去思考问题、做出决策。因此案例文本的撰写必须尊重事实，不能虚构。

案例必须是真实发生的事件，内容应符合客观实际，引用数据应准确真实，基于客观事实得出示范经验。为了保密，所涉及的人名、地名等可以假名取代，但是其他内容情节不允许自行虚构编造。爱德华·伯克教授曾指出："用编造的事实进行案例教学有很大的风险。就像医生用一个假想的病例进行医治活动一样，是没有用的。总之，案例必须来自现实生活。"①

---

① 国家行政学院教务办公室：《案例教学法资料汇编》，1994。

案例文本撰写的真实性是以获取资料的真实性为基础的。但有不少事件的公开披露程度有限，因此第一手资料往往获取难度较大。在这种情况下，更要注重保持案例资料的真实性，可以通过查看文献、档案、记录、访谈及实物资料，直接观察等多种方式来获取真实的资料。

2. 意义

缺乏真实性的案例容易扭曲事件中各要素间的基本联系，导致分析得出的结论缺少事实的支撑，这将直接影响案例教学的效果。因此，在案例文本撰写中必须高度重视真实性对于整个案例教学过程的意义。

案例的真实性是客观反映事物本来面目的基础。只有保证了案例的真实性，才能发挥学员分析讨论的重要价值，保障教学导向。真实性是实现教学现实导向的基本前提，建立在虚假案例基础上的教学过程不仅不能起到正确引导学员的作用，反而容易因为误导而造成工作决策中的失误。

3. 撰写要求

案例文本撰写应当围绕选取的热点问题，对有关情况做出真实的描述。撰写人员必须保持客观、中立的态度并基于客观事实对事件进行描述和介绍，不要在文本中加入个人主观想法。实事求是地表达，不得按主观意图随意删改。尽管案例文本撰写需要具备一定的目的性，但也不可事先画框设限，让事实去迎合预定的主题。

案例要保证真实性，并非意味着只对有关问题作纯粹的描述。案例通常要避免存在撰写人的分析和观点，但并不是说撰写人员心中不能有明确的观点。因为写什么案例、怎么写、写成什么样，都是由撰写目的决定的，这就使相同或相近的事件可以通过不同的案例文本撰写来满足不同教学目的的需要。

此外，案例文本在撰写过程中，也应当遵循适当加工、突出矛盾焦点的原则。通过交代清楚案例中人物、事件之间的关系，强化问题的主要矛盾，通常更容易激发学员的兴趣，收获更好的教学效果。最后，个别时候为了增强案例的可读性或保证内容的保密性，撰写人员也可以在篇幅、叙述方式、人名地名等方面做出调整或修饰，但是基本情节绝不能虚构编造。

（四）趣味性

1. 含义

案例文本撰写过程中也要注重案例对学员的吸引力，要通过较为生动的语言和精彩的故事帮助学员更好地理解与思考。在实际工作中时常能够看到一些事件在编写成案例的过程中由于受到某些因素的干扰，最终以严肃的工作报告的形式呈现出来，背离了案例撰写的初衷，失去了培训的价值。因此必须注重案例的趣味性，在真实的基础上增强可读性，激发学员积极性和创造力。

2. 意义

由于传统培训教学的开展主要是以教师为主导进行单纯的知识传递，过分注重理论知识，忽略了实践的重要性，课程内容大多枯燥抽象，缺乏生动性与趣味性，因此教学的实施在很大程度上存在枯燥无味、效率低下等问题，学员难以在实际工作决策中将所学知识加以灵活地应用。注重趣味性的案例教学则对这些问题进行了很大的改善，生动的文本形式和活泼的语言表述能够激发学员对于案例学习的新鲜感，增强学员参与讨论的主动性，易于学员更高效地吸收并运用所学方法，从而改善教学效果。

3. 撰写要求

值得注意的是，并非所有的案例都适用趣味性的撰写方式。在培训教学案例的撰写中，为了保障课堂教学的活跃气氛和实际效果，可以通过运用新闻语言增强案例的趣味性，进而提高学员课堂的参与度和主动学习的热情；在主题教育案例的撰写中，由于该案例是旨在学员自学自研，因此需要在保证严谨的前提下尽量生动描述，使学员在阅读时既能够根据材料进行严谨分析，也能够借助生动的文本活跃思路；而在案例教学手册的撰写中则不需要趣味性，其需要用严谨的理论和方法进行阐述，这是因为案例教学手册是针对教员进行的教学指引，需要教员认真负责地研究教学方法，选择最有效的教学模式。

二、决策性的重要性及运用

（一）决策性的重要性

在国家建设型案例的“四性”当中，决策性是最为重要的方面。虽然不同类型的案例具有不同的功能，但是如果一个国家建设型案例失去了决策性，其价值就大打折扣，甚至失去了案例价值。对于国家建设型案例的决策性，罗来军（2019）给予了高度评判，指出“决策性是国家建设型案例的灵魂”“国家建设型案例的最关键功能与目的是帮助各级领导干部学会、用好科学决策”。

“决策”一词的英语表述为 Decision Making，意思就是作出决定或选择。目前对决策概念的界定有上百种，但仍未形成统一的看法。诸多界定归纳起来，基本有以下三种理解：一是把决策看作一个包括提出问题、确立目标、设计和选择方案的过程，这是广义的理解；二是把决策看作从几种备选的行动方案中作出最终抉择，是决策者的拍板定案，这是狭义的理解；三是认为决策是对不确定条件下的偶发事件所作的处理决定，偶发事件既无先例，又没有可遵循的规律，做出选择要承担一定的风险，也就是说，存在一定风险的选择才是决策，这是对决策最狭义的理解。根据一般性理解，决策就是作出决定的意思，即对需要解决的事情作出决定。决策的应用非常广泛，它与人类活动是密切相关的，不仅包括高层领导作出决定，也包括人们对日常问题作出决定。如某企业要开发一个新产品、引进一条生产线，某人选购一种商品或选择一种职业，这些都带有决策的性质。

一项好的决策需要决策性思维的支撑。决策性思维的主要特征是未来性，它的另外两个特征是辩证性和实践性。决策性思维首先是对尚未付诸实践的若干可能实践目标和方案进行比较、选择和确定的思维活动；其次，它又是对现存的、确定条件的思维；最后，方案一旦开始落实，决策者又要根据实践中反馈的信息进行方案甚至目标的修正和调整。由此可见，决策性思维的内容是确定与变化的对立统一，具有显著的辩证性，是辩证思维的一种重要形式。从功能看，决策性思维是直接指导人类实践的思维，因此，实践性是决策性思维的又一显著特征。决策思维已在国内外受到思维科学、心理学、管理学等学科越来越多的重视，因为决策的对象通常是战略性问题，影响全局。对于学生来说，当解一个习题时，确定解题思路是决策思维，若思路错了，则具体计算过程及答案准确与否均失去了意义；当工程师设计一台机器时，确定设计方案是决策思维，若方案错了，则大量的设计工作如结构设计、施工设计等都失去了意义，甚至会造成重大损失。

一个好的案例开发需要具备高度的决策性，提供训练决策能力的条件，从精心制定的研究设计和调查研究中开发出复杂的、开放多元的决策研判氛围，引发多层次、深入地讨论。在这种讨论中没有标准答案，实际上几个讨论小组的结论可能大相径庭，任何一项决策都有利弊得失。通过案例讨论能够提高学员分析和解决问题的能力，还能够提供从多角度思考问题的方法论和决策性思维。国家建设型案例的开发和培训，需要高度重视决策性，培养受众的决策能力和决策性思维。

（二）决策性构建四维度模型

为了促进和保障国家建设型案例具有高度的决策性，无论是开发环节还是培训环节，都要体现和发挥决策性的重要作用，罗来军（2019）提出了“决策性构建四维度模型”①，案例的开发和培训可以从四个维度构建以实现高度的决策性，即具体明确的决策主体、多维冲突的决策困境、经得起检验的科学决策、举一反三的理论方法。该模型的具体内容，如图 11 －2 所示。

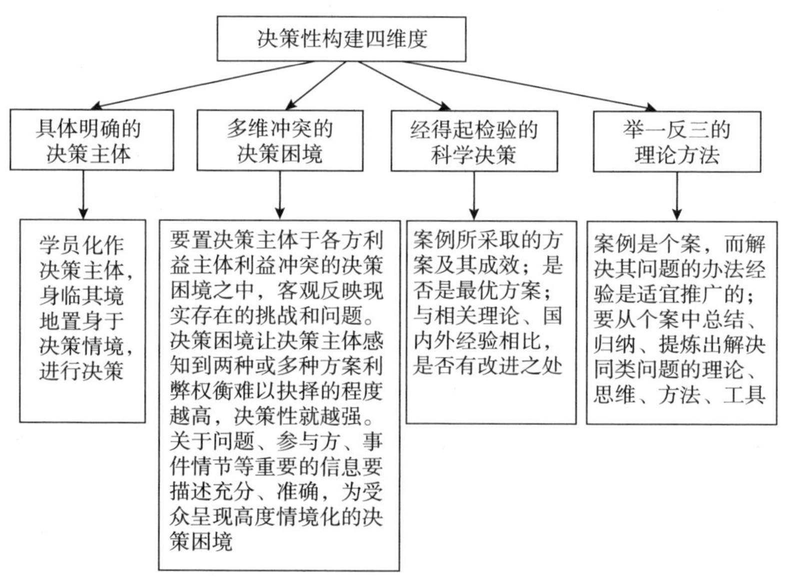

图 11 －2　决策性构建四维度模型

案例决策性构建的第一个维度是具体明确的决策主体。一个案例的决策主体一定是具体明确的，即学员要清楚案例事件和事项是谁来作决策。而后学员才可以把自己当作决策主体，从决策者的角度进行决策。具体明确的决

① 中国人民大学罗来军教授 2019 年《国家建设型案例技能培训》（PPT）。

策主体在案例的开发与培训中很重要，案例文本撰写时就需要把决策主体交代得具体明确，不能决策主体角色模模糊糊或无明确的决策者；在使用案例进行培训的环节，教员要把握好决策主体角色，引导学员从决策者的角色去分析和思考，学员也要把握好决策主体角色，将自己置身于决策情境之中去作出决策。

案例决策性构建的第二个维度是多维冲突的决策困境。多维冲突的决策困境即是说决策困境中有多种冲突，且各种利益主体之间的冲突“剪不断理还乱”，增加了作出科学决策的复杂程度。一般情况下，冲突的复杂程度越高，决策就越困难，案例的决策性就越好。具备或者设置了多维冲突的决策困境后，要把决策主体置于各方主体利益冲突的决策困境之中，让决策者身临其境地思考与分析，在多维冲突中作出决策。这里需要说明一点，决策困境要客观反映现实存在的挑战和问题，不能虚构和捏造，也不能对现实因素“添油加醋”。此外，案例需提供必要的、充分的相关信息，关于问题、参与方、事件情节等重要信息要充分和准确，为学员呈现高度情境化的决策困境。

案例决策性构建的第三个维度是经得起检验的科学决策。通过案例讨论和分析，学员作出决策后，就需要考量所作出的决策的水平如何，这是反映学员的能力以及案例教学效果的重要指标。如果学员的决策水平低，甚至决策是错误的，说明他们的决策能力弱。之后，如果在教员的引导下，学员可以作出高水平的、正确的决策，或者能够理解高水平的、正确的决策以及得出这样决策的依据和方法，就表明案例培训取得了非常好的效果。在案例的最后阶段，要得出经得起检验的科学决策。

那么，什么是高水平的、正确的、科学的决策呢？可能没有固定的标准，罗来军（2019）提出“决策衡量 6 层次思维”①，即从六个层次的思维判断一项决策是好还是坏。具体如下：

①学员等决策主体作出的决策、采取的方案，效果是否显著。

②是否已经呈现最大效果。如果一个决策和方案有成效但效果不是最大的，这样的决策和方案也是有问题的。在现实中，认为一个决策和方案只要有效果就是好的决策和方案的认知是存在弊端的，不利于作出最优决策。

---

① 中国人民大学罗来军教授 2019 年《国家建设型案例技能培训》（PPT）。

③决策效果是否产生负面影响或者后遗症。如果产生负面影响和后遗症，即使是效果最大的决策和方案，也不一定是最优选择。

④综合考虑效果和负面影响后，重新审度决策、方案和效果。

⑤确定是最优选择后，再考虑该案例与国内外经验相比是否有改进之处。如果有，该案例就做出了突破性或者创新性贡献了。

⑥进一步思考该案例与现有的理论研究相比是否有突破。如果能够得出理论创新，这样的案例就具备了更为突出的价值和意义了。

上述六个方面可谓是层层递进地判断案例决策好坏的科学思维和方式，而且，这六个方面也是判断和衡量很多工作做得好坏的重要方式方法。有成效的方案不一定是最优方案；没有成效的方案不一定是坏的方案，权衡利弊后，这个方案有可能就是最优方案，因为换作其他方案或者会造成更大的危害和损失。这种衡量决策和方案的方式和标准应该引起人们的重视，有利于人们识别“真好”与“真坏”，从而做出最优选择。

案例决策性构建的第四个维度是举一反三的理论方法。案例是个案，而其解决问题的办法经验应适宜推广，要从个案中总结、归纳、提炼出解决同类问题的理论、思维、方法和工具。案例事件是客观的具体事实，所得出的决策和思考也基于此。但是，决策办法或者解决问题的方案除了适用于本案例，还应适宜推广，这正是开发和学习案例的原因。如此一来，在案例培训的最后就需要进行总结、归纳、提炼，尽量提出解决同类问题的理论、思维、方法和工具，以便在应用层面触类旁通、举一反三，更多、更好地解决同类问题和难题。

（三）“攻坚克难案例”的决策性构建运用

2019 年，中共中央组织部组织了“贯彻落实习近平新时代中国特色社会主义思想、在改革发展稳定中攻坚克难案例”的开发。接下来运用“决策性构建四维度模型”对这次的“攻坚克难案例”的决策性进行构建与分析，如图 11 –3 所示。

按照“决策性构建四维度模型”，“攻坚克难案例”可以从四个维度构建和实现高度的决策性，即具体明确的决策主体、多维冲突的决策困境、经得起检验的科学决策、举一反三的理论方法。“攻坚克难案例”的具体决策主体是我国各级党委政府；多维冲突的决策困境是党委政府需要解决的问题或挑

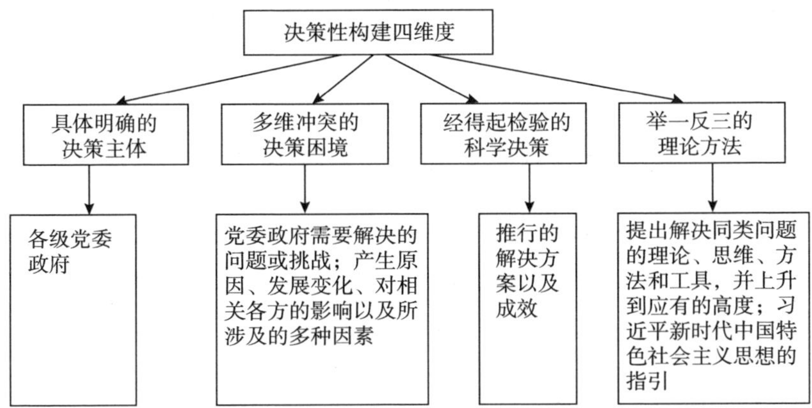

图 11－3　“决策性构建四维度模型”对“攻坚克难案例”决策性的构建运用

战：产生原因、发展变化、对相关各方的影响以及所涉及的多种因素；经得起检验的科学决策是推行解决方案以及成效的考量，可运用“决策衡量 6 层次思维”去判断和分析；举一反三的理论方法是提出解决同类问题的理论、思维、方法和工具，并上升到应有高度：习近平新时代中国特色社会主义思想的指引。运用“决策性构建四维度模型”，对“贯彻落实习近平新时代中国特色社会主义思想、在改革发展稳定中攻坚克难案例”的开发以及培训进行思考以及开展实际的撰写与教学，非常有助于案例开发质量以及案例培训效果的提升。

运用“决策性构建四维度模型”对“贯彻落实习近平新时代中国特色社会主义思想、在改革发展稳定中攻坚克难案例”的决策性进行构建和分析，有助于构建出高水平的决策困境供案例培训学员进行讨论、分析，而在决策环节以及案例应用环节，也有助于引导学员抓住思维的逻辑主线和决策的关键要点，这体现在四个问题上：一是党委政府面临的问题或挑战是什么？二是产生的原因是什么？三是针对问题或挑战所采取的解决方案是什么、成效如何？四是对于问题或挑战的解决，习近平新时代中国特色社会主义思想的指引作用是什么？通过“决策性构建四维度模型”的引导，“贯彻落实习近平新时代中国特色社会主义思想、在改革发展稳定中攻坚克难案例”的决策主体就容易在多维冲突的决策困境中厘清头绪，得出经得起检验的科学决策，继而获得举一反三的理论方法，即习近平新时代中国特色社会主义思想的运用。

三、撰写结构

（一）主题教育案例与培训教学案例撰写结构（见表11－1）

表11－1　　主题教育案例、培训教学案例撰写结构

项目	主题教育案例	培训教学案例
标题	一般由主、副标题组成。主标题反映案例中心思想，特别是国家领导人关于这一方面的重要观点、核心词，不超过20字。副标题一般由事件发生地、主要做法、事件关键词组成	标题要突出问题导向，简明扼要、鲜活生动、引人入胜，不做定性判断，不超过20字。如果有必要，可设副标题
引言	国家领导人对本案例领域的重要讲话与论述。字数在200字以内。要准确简练，只引用一次国家领导人的相关讲话，不要多次引用，更不要大篇幅论述。凡是国家领导人内部讲话和指示批示，只要没有公开发表都不要引用，要注意保密	
摘要	一般要高度概括案例发生的背景、面临的问题和矛盾、主要做法及成效、经验与启示等，重点要说清楚需要攻坚克难的问题与矛盾。字数在500字以内	一般要高度概括案例发生的背景、面临的问题和矛盾、主要做法及产生的影响等，重点要说清楚需要攻坚克难的问题与矛盾。字数在500字以内
关键词	与案例主题及核心内容相关的词语，一般选取3～5个	
正文	要清晰、客观、完整描述事件背景和发生经过、主要做法及成效，应深入描写面临的主要问题、决策主体、利益相关者、他们之间的关系和矛盾等。要素齐全、资料翔实、观点鲜明、逻辑清晰、语言流畅、通俗易懂。一般在8000字以内。 正文结构： ①背景情况：介绍案例发生地和事件背景，提出面临的主要问题、矛盾和风险等，特别是要深入描写矛盾和问题，把事件说清楚、讲透彻。	参照新闻报道写法，采用讲故事方式介绍事件，突出研究问题、解决矛盾，充分反映案例当中主人公、各方利益主体存在的决策困境和利益冲突。要素齐全、逻辑清晰，提炼出简明生动的大小标题，段落层次分明，语言流畅，通俗易懂。一般在8000字以内。 正文结构： ①背景情况：介绍案例发生地和案例事件背景。

续表

项目	主题教育案例	培训教学案例
正文	②主要做法：包括问题和矛盾产生的原因分析、解决方案、实施过程、实际成效。对问题和矛盾的分析及决策过程、具体举措要描写准确详细，应有相应的统计数据，不要都是定性的描述。 ③经验启示：系统总结本案例在贯彻落实国家重大指导思想、重要战略部署、大政方针，以及在改革发展稳定中攻坚克难方面的基本经验和深刻启示	②事件经过：要讲清楚事件前因后果，重点讲述面临的主要问题和矛盾、决策过程、解决方案、实施过程。对问题和矛盾的分析、解决思路、决策过程、具体举措的描写要准确详细，应有相应的数据支撑，不做定性判断。 ③产生影响：描述事件对不同利益主体产生的影响以及对事件的评价等。 ④尾声：本案例引发的更深层次的思考、国内外类似问题的实践等
思考题或研讨题	围绕案例反映的攻坚克难问题，从深入贯彻落实国家重大指导思想、重要战略部署、大政方针以及解决问题的思路方法等角度设计 2～3 个思考题	围绕案例反映的攻坚克难问题，从深入贯彻落实国家重大指导思想、重要战略部署、大政方针以及解决问题的思路方法、案例的借鉴意义等角度设计 2～3 个研讨题
附录	如有需要可设附录。附录是对案例正文内容进行补充说明的相关材料。例如，政策规定、法律法规、新闻报道、统计数据、图表、照片及视频资料等。附录一般不超过 3 个。附录只列出目录，如附录 1，×××；附录 2，×××。具体内容也可以通过设置二维码扫描获得	
延伸阅读	深入了解认识案例需要进一步阅读的文献资料一般不超过 5 种。延伸阅读材料列出目录，具体内容可以通过设置二维码扫描获得	

1. 标题

一个优秀的案例首先需要一个好的标题。标题是整个案例的眼睛，通过标题可以使读者窥见案例的灵魂，因此特别强调标题的重要性。值得注意的是，主题教育案例和培训教学案例的标题拟定时应当注意侧重点的不同。

主题教育案例的标题通常由主标题、副标题两部分组成。其中主标题可以运用一些国家领导人重要会议、讲话中的主要观点或指示，这样一方面有利于直接传递该案例的主旨与教学方向，另一方面能够紧密联系与国家建设相关的党政大事，对于提高学员面对实际问题的应对能力和决策能力有着较好的指引作用。副标题则主要与具体案例的核心或关键要素紧密相关，通常可以包括该事件的发生地、主要决策方式、产生的效果等要素。

而培训教学案例的标题更加侧重鲜明的问题导向与生动的文字表述，以期教员在教学过程中抓住重点、引导课堂。因此，标题的拟订在突出主要问题的同时也需要具有更强的吸引力，这可以通过一些撰写技巧，如通过巧用修辞（对比、设问、反问等）、引用名人名言，甚至巧用标点符号等，在案例教学的开始就给学员留下较为深刻的印象，为后续案例的开展做好铺垫。

2. 引言

案例引言可以使读者对案例所要讲述的事件和表达的主旨有大致的了解，起到“先行组织者”的作用，使读者在阅读正文前有“心理准备”。好的引言能够使读者一开始阅读就抓住案例的要领，为读者进一步阅读提供一个印象深刻的“参照点”。

主题教育案例和培训教学案例在引言部分的要求是基本一致的。

在这一部分，建议运用国家领导人对相关领域的重要讲话或论述，通过准确简练的引用旗帜鲜明地传达案例的主题精神，明确案例教学的主要目的和讨论分析的主要方向。

需要注意的是，这一部分不宜占用大量篇幅，应当控制在一两段之内；同时也不宜过多引用，应当方向明确、内容精练。

3. 摘要

摘要是建立在对案例全文进行总结的基础上，用简单、明确、精辟的语言对案例内容进行提炼概括后案例的主要信息。

从案例结构上来看，摘要部分是在进入正文部分前最后的准备阶段，案例撰写人员需要在摘要中将案例的关键性要素清晰地表述，以期读者通过阅读摘要能快速地掌握案例所要交代的主要内容。

摘要部分通常需要撰写人员回答以下问题：事件是何时何地在何种背景下发生的、谁是事件的关键决策人、他做出了什么样的决策、存在什么样的问题、能得到什么样的经验或教训。通过交代事件发生的背景，可以暗示读者在分析具体问题时需要了解哪些基本信息、运用哪些相关经验；通过交代事件的关键决策人及其决策，可以引导读者代入角色，快速进入分析状态，随着事件进展不断思考有无更好的决策；通过概括存在的问题与经验教训可以带领读者从事件的讲述层面到问题的分析层面，捋清事件各部分内容的层次。

4. 关键词

关键词是为了便于编制案例索引、检索和阅读而选取的能反映案例主题和核心内容的词或词组。通常每个案例选取 3 ~ 5 个关键词较为适宜，因为对于一则需要深入分析主题的案例，5 个关键词一般足以完整地表达其主题内容，而关键词词数若低于 3 个则通常难以全面地表达案例主题。

在关键词的选取中，一般包括以下两种方法。

（1）根据案例的标题提取关键词

案例的标题不仅需要说明案例所要展示的核心内容，而且需要表达案例的中心思想。关键词是他人在搜索案例时的重要依据，而案例的核心内容与中心思想能够很好地实现这个功能。因此，关键词的选取首先可以从案例的标题入手进行提取。

（2）根据案例的主题提取关键词

案例的主题，就是案例所要分析和讨论的焦点。任何案例都应当具备较为明确的目的性，而通常这种目的性是紧紧围绕案例主题的，因此可以对各类案例进行主题上的划分、归类，从而将其作为关键词。

5. 正文

正文部分是案例的核心和主体内容。在撰写主题教育案例和培训教学案例的正文时，其采取的方式是有所不同的。

主题教育案例的正文部分应当清晰、客观，可完整地描述事件的起因、经过、结果，主要由事件的背景情况、主要做法和经验启示三大部分构成。

以下是主题教育案例正文部分的主要组成部分。

（1）背景情况

背景情况应当作为主题教育案例正文的第一部分，涉及事件发生的时间、地点、组织机构、人员等。很多时候，背景可能会比较大，例如，计划生育政策的背景、西部大开发战略的背景、供给侧改革的背景等；有时也可能比较小，例如，涉及某个部门内部组织机构或者一个团队内部的相关问题。因此案例文本的撰写者应当决定需要多少相应的背景材料才能够帮助读者捋清人物关系和事件的来龙去脉，同时不会因为信息量过多而影响读者深入把握事件所反映的问题。因此，背景材料需要剪裁适当，恰到好处。过少，容易给读者分析和决策带来困难；过多，容易导致主次颠倒，误导方向。

保罗（Paul R. Lawrence）就曾对使用多少背景材料较为合适的问题提出了这样的看法：最有用的背景资料有助于学生理解案例事件参与者的想法。案例中很少需要列举有关人物以往的职业、接受的教育程度和其他档案材料。案例开发者必须决定需要多少背景材料来说清环境和事件的来龙去脉，但与此同时又不至于因资料太多而妨碍学员深入地把握当前事件所反映的问题①。

因此，案例文本撰写者需要深入了解案例中事件的关键要素，能够判断清楚有关决策所需要的各种重要信息。

（2）主要做法

在交代清楚背景情况后，就转入事件中问题和矛盾的具体情境和所采取的行动策略上。这部分内容也是正文部分的重点，通常需要交代问题和矛盾产生的原因、决策人所采取的方案、具体实施的过程以及得到的实际效果等。

在事件的叙述过程中要处理好文本的结构安排。具体而言，要抓住矛盾冲突，将事件中人物之间的行为举止、言语感情等具体地描述出来。因此，应当充分重视文本的时间结构、叙述结构和说明结构。

首先，时间结构。任何案例都是在一定时间背景下发生的，同一案例中的多个事件也会遵循一定的时间顺序。案例撰写人员需要对案例中选取的各种事件发生的时间顺序有相当清晰的认识。一般情况下，案例应当按照事件发生的先后进行叙述。当然，某些特殊情况下也可以运用倒叙、插叙等写作手法进行叙述，以引起读者的注意力。

其次，叙述结构。叙述结构是指在时间顺序的基础上，将事件与背景情况等因素相结合，用一种易于理解的方式进行描述的手段。换言之，在叙述结构上，更要注重娓娓道来，尽可能避免过于晦涩难懂和枯燥呆板，要通俗易懂。

最后，说明结构。案例文本的撰写，要考虑读者的接受能力。案例的读者通常并不是这些事件的当事人。因此，要想使读者能够最大限度地理解案例事件发生的来龙去脉、感受事件发生的实际环境，通常会有大量细节需要妥善说明。案例的说明结构和叙述结构有时是不一致的，满足了叙述结构并

---

① Lawrence, P. R., "The preparation of case material", The case method of teaching Human Relations and Administration, Harvard University Press, 1953.

不一定同时满足说明结构，这点需要在具体撰写过程中注意处理。

（3）经验启示

一个完整的案例除了背景情况和事件内容，还要有深刻的启示分析。这里的经验启示可以是案例撰写人员自行完成，也可以是他们邀请相关专家或其他教师共同讨论完成。当然，经验启示的撰写并非禁锢了读者的思维或视角。相反，这种经验启示是非常有必要的。从案例本身来说，只有做好了这一步，才能使案例从单纯的事件叙述向主题升华，使案例在更大范围内产生更为深远的影响。

首先，经验启示可以为一个事件提供多种不同的视角。同一个问题，每个人可能从不同的角度切入或由不同的经历出发，得到不同的观点和启发。而且每一种认识都可以引起读者进一步分析与思考。特别是如果读者与撰写人员之间的看法不一致时，这样的案例会更有价值。因此，这绝不是对读者思维的限制。撰写人员在撰写过程中应当深入展现经验启示以实现开阔读者思路、引发进一步讨论的目的。

其次，经验启示可以激发读者对不同行动策略的对比分析。案例的当事人在案例中提供的解决方法往往受到自身学历、能力、经历等诸多方面的影响而具有一定的局限性，而在经验启示部分提出的一些观点恰好能够使读者将自身的启示予以对比，从而突破自身的局限，实现更深层次的理解。

而在培训教学案例的正文部分，基于课堂直接教学的需要，在案例文本的撰写中应当更加注重叙述是否生动，在清晰、客观、完整描述事件的基础上，还应充分重视学员在使用时的代入感、教学过程中的互动性等。因此，培训教学案例在正文部分的撰写很大程度上是不同于主题教育案例的。而且，培训教学案例采用新闻报道的写法更佳。

以下是培训教学案例正文部分的主要组成部分。

（1）背景情况

在新闻报道中，背景情况是事件发生的历史、环境和原因的说明，用以解释事件发生或人物成长的主客观条件与实际意义，是服务于新闻主题的。而在培训教学案例文本撰写中，背景情况也应当紧紧围绕案例教学的目的和所要表现的主旨思想，这与新闻报道的写法是相通的。

因此，背景情况在内容上，应当包括事件发生的时间、地点、相关人物、前因后果等基本要素，这与主题教育案例的背景情况部分是相似的。不同之处主要是在表述的形式上，培训教学案例的背景情况是为突出案例主题服务的，因此，对于一些仅仅概述事件发生经过的案例，一定要精心选取能够突出案例主题的背景材料。此外，在背景情况的撰写中，可以使用新闻报道中的写作手法。例如，具体人物介绍与出场背景交代之间灵活穿插，在相关事件或有关部门之间进行横向联系，从近期宏观环境或热点问题中顺势带出案例的背景情况等，从而形成相对跌宕起伏、生动活泼的行文风格，加强语言的趣味性和事件的吸引力。

（2）事件经过

在主题教育案例正文的事件叙述中我们强调时间结构、叙述结构和说明结构。而在培训教学案例中，为了尽可能阐释清楚事件的前因后果、主要问题和主要矛盾、决策方式和实施效果，除了上述结构，还需要尤其注重文本的情节结构。

情节结构指的是将对案例的描述加以生活化的手法。为了使案例更加生动，可以适当地增加案例的戏剧性，设置一定的悬念。通过这种方式，有利于激发读者的兴趣及身临其境的代入感有助于读者进入案例背景和解决问题的思考过程，使案例学习更加顺畅。

（3）产生影响

该部分内容主要介绍事件对各方产生的影响以及各方对事件的评价。一方面，可以从事件影响的领域着手，介绍事件对于经济、政治、文化、社会、环境等多个领域的影响；另一方面，也可以从事件影响的主体着手，介绍事件对于政府、企业、群众等不同主体的影响。无论是对不同领域还是对不同主体的影响，都要着重比较所造成影响的不同，从而有助于读者更直观地观察该事件与哪些领域和主体有着直接或间接的联系，从而为课堂上学员的交流、讨论创造更有利的基础条件。

此外，如果事件本身具有较为广泛的社会讨论基础，则该部分还应当描述社会各界对于该事件的观点和评价。案例文本撰写时应当尽量囊括当时背景下该事件所引发的主流观点，以便读者进一步思考与探讨。

（4）尾声

一般来说，一个完整的案例其反映的主题和内容，包括培训的指导思想、利弊得失等，都要能引发更多的深层次思考。这种思考需要以前文叙述为基础，并上升到一定的理论高度，从多个角度进一步深化对案例本身的理解和认识，进而揭示案例的普遍意义与价值。就案例本身而言，也只有落实了这一步，案例才能够在更大的范围内迸发生命力、产生更深远的影响。

因此，在尾声部分，应当引导读者进一步挖掘案例背后的意义，或通过介绍国内外类似背景下的相关实践，引导其进行比较分析，帮助读者从多个维度开阔思维，而不是囿于一个所谓正确的、固定的“答案”。很多时候，我们会发现许多接受了教学培训的学员在返回各自岗位后，并不擅长将所学的知识运用到实际工作决策中去，这其中一部分原因可能是学员局限在特定的背景和事件当中，没有在具体案例的学习中总结归纳出问题的普遍性规律，造成相似的问题仅仅由于背景条件的变更反倒成了“新”问题。其实，这种能力的培养也正是教学和培训重要价值的体现。

6. 思考题或研讨题

设置一定的思考题或研讨题能够帮助读者更好地利用案例，拓展读者思维空间，促进问题的讨论和解决。思考题主要针对主题教育案例，更侧重于读者在阅读案例后的自我思考和探究。研讨题则是针对培训教学案例，更侧重于课堂案例教学中教员和学员对案例展开的多方面交流与讨论。从撰写方法上，两者则是基本一致的。

无论是思考题还是研讨题，其设置都应遵循以下两点：一方面由于课堂或阅读时间的有限性，问题数量不宜过多；另一方面由于这部分内容重在激发思考或讨论，同时也不应被忽视或数量过少。所以，最好能够保证2~3个问题的设置。

提出有价值的问题，其难度是比较大的。因此撰写过程中，可以参照一些常用的标准进行选取或改进。

案例反映的核心问题或主要矛盾集中在哪里？哪一个问题或矛盾是最为迫切和关键的？

案例中的当事人实际采取了哪种决策？该决策产生了什么影响和后果？

案例的当事人应该做些什么？什么时候做？如何做最为合适？为什么？

案例中面临的具体困境是什么？我们怎样才能克服这种困境？

从这个案例中我们能学到什么？

总之，在提出可供思考和讨论的问题时，应当牢牢抓住案例的主题思想和基本教学理论，围绕国家重大指导思想、重要战略部署、大政方针，激发思考、指引方向，以起到向导作用为宜。更重要的是，这些思考题或研讨题应当着力引导读者积极主动地去进行自我学习、判断和比较，尽可能不要限制读者的想象力、创造力的发挥和向更深层次思考的步伐。

7. 附录

附录是对案例基本资料的补充，属于案例教学中的辅助资料。附录资料从内容上来看可以分为说明性资料和对案例分析有引导性的资料。说明性资料主要包含了统计数据、图表、视频等形式的对正文进行更为详尽说明的补充资料；引导性资料为能够拓展读者视野和思考维度的补充资料，如相关新闻报告、政策文件、重要会议等。

附录并非案例的必用资料，应当根据基本资料的完备程度和教学过程中可能出现的情况进行相应的准备。附录主要内容可以包含案例关键过程的情景再现，案例分析判断的要点、思路和依据，相关参考事例，与案例相关的评论或观点等。在一些情况下，为了更好地达到案例分析的效果，也可以有意识地将正文中一些不影响整体案例分析的说明性内容抽出放入附录中。

从附录的数量上来看，一般不超过三个。在罗列附录时应当按照“附录 1”“附录 2”等的形式进行合理排列，以便于读者便捷高效地查询使用。

8. 延伸阅读

引导读者延伸阅读是案例教学的有益完善。延伸阅读主要是一些值得进一步阅读的相关文献资料，可以帮助读者拓展思路、深化认识。通常而言，案例的正文部分只包含了一则主要事件，在思考或讨论中也一般存在侧重点，且在课堂当中教学时间非常有限，难以面面俱到。因此，撰写案例时可以选取一些具有代表性、典型性、契合案例主题的相关文献对正文进行补充，鼓励读者自学这些文献资料，加深对案例主题的认识。

延伸阅读的数量一般应当控制在五种之内。同时也应当列出延伸阅读部分的目录，以便于读者检索和阅读。

（二）案例教学手册撰写结构

案例教学手册的编写和使用对于案例教学的重要性不言而喻。案例教学手册一般存在归纳、演绎和类比三种推理逻辑。① 归纳逻辑是指通过情境的设

---

① 全国公共管理案例中于 2014 年 1 月 14 日编写文件：《关于案例编写和案例教学的建议》。

置，归纳出案例中所蕴含的国家建设的相关理论。演绎逻辑表现为读者根据自身已掌握的理论方法对现有的问题进行分析，进而提出相应的应对措施或建议。类比逻辑是指案例需具备一定的典型性，能够为同类事件提供参照和借鉴。

案例教学手册通常包括案例摘要、课前准备、适用对象、教学目标、课堂讨论问题、要点分析、课堂安排、后续情况和参考书目九个部分（见表 11 –2）。

表 11 –2　　案例教学手册撰写结构

构成	具体说明
案例摘要	用 300 ~ 500 字介绍案例故事梗概。并注明“本案例适用于×××、×××等主题课程的教学”
课前准备	说明课程必要的软硬件条件
适用对象	说明适用对象的特点，应具备的基础知识、技能和经验
教学目标	说明案例的目标，包括理论目标、操作目标
课堂讨论问题	设计出易于引发学员讨论的问题
要点分析	本部分为教学手册的主体部分，揭示案例中出现的各讨论要点及其逻辑框架，尤其要指出关键知识点，包括概念、理论和分析框架
课堂安排	布置课堂教学的进程、场景控制和时间控制
后续情况	根据实证调查，交代案例中没有涉及的后续发展情况
参考书目	列出为学习知识点而需要阅读的书目

1. 案例摘要

摘要需要建立在对案例全文进行总结的基础上，用简单、明确、精辟的语言对案例内容进行提炼概括后，留下其核心内容和主要信息。案例教学手册的摘要部分主要是服务于教员教学工作的，因此在摘要中除了交代清楚案例的基本信息，如事件是何时何地在何种背景下发生的、谁是事件的关键决策人、他做出了什么样的决策、存在什么样的问题、能得到什么样的经验或教训等，还需要明确本案例适用于何种主题课程的教学。该部分字数应当控制在 300 ~ 500 字。

2. 课前准备

课前准备是教员后续开展案例教学工作的前提和基础环节。课前准备通常需要写明案例教学活动所需要的物质资料和硬件设备、对教学双方的要求以及其他所需要的辅助活动安排。

其中，物质资料和硬件措施方面主要包括是否需要准备纸质版材料；是否需要借助多功能教室；是否对教室的座椅设置有特殊的要求；课堂中是否需要播放音频资料等。

对教员的要求主要包括充分了解案例的情况；对案例所涉及的背景知识、理论知识、教学程序和注意事项等需要足够熟悉。

对学员的要求主要包括提前熟悉案例基本情况；预习相关理论、概念；提前收集相关信息资料等。

3. 适用对象

撰写案例教学手册时应当明确，任何案例都有适用对象、适用课程和适用场景，不同案例所侧重的主题也是不一致的。因此，在教学案例手册中必须注明案例的适用对象。一篇案例的适用对象应当视案例的主题和侧重点而定，同一篇案例有的情况下也可适用于多种不同类型的对象。

4. 教学目标

案例教学的主要目的是培养学员理论与实践相结合的能力。因此，案例教学带有较强的目的性。案例教学手册中应当注明其所要实现的教学目标。

教学目标既可以采用总括的描述，也可以分层次进行描述。分层次的描述指的是将教学目标分为总目标、核心目标和具体目标多个层次。其中，总目标是对案例教学整体目标的掌握和概括；核心目标是多个层次目标中最为关键的目标，与案例的设置有着极为紧密的关系，也是在教学过程中需要时刻围绕着的基础目标；具体目标则是落实在案例教学实际过程中的细化目标，如学员在学习的各阶段所要掌握的阅读、理解或探讨的重点。

教学目标设置的注意点：第一，教学目标是基于具体课程、具体章节设置的，不能脱离实际教学过程泛泛而谈；第二，教学目标是可以通过教学活动实现的，而不是不切实际、好高骛远的；第三，教学目标应当与理论知识相对应，由教员深入案例文本，从文本中提炼出教学目标。

5. 课堂讨论问题

问题讨论是案例教学课堂中的一个重要环节。为了保障课堂讨论的质量，教员应在课堂前足够深刻地理解案例的内容和主题，充分把握案例中值得讨论的重点，从而预先提出一些易于引发学员讨论的问题。

有一些观点认为讨论问题应当在课堂进行的过程中由学员自主提出，而不是由教员提前准备问题。诚然，学员在课堂上提出问题是值得被充分支持和鼓励的，但是学员问题的提出和教员问题的准备不是对立的。一方面教员准备的问题可以在学员没有问题或问题较少时提供参考，另一方面这些问题本身也有着契合主题、指引方向的要求，故能够更好地服务于教学目标，实现预期的教学效果。

6. 要点分析

要点分析既是案例教学手册的核心之一，也是案例教学手册编写的难点之一。这部分内容通常需要撰写者付出较多的时间和精力，熟练运用专业知识，巧妙地进行构思和安排，将案例中的问题提炼出来并进行深入的分析。

要点分析的内容将直接影响整个案例的理论深度和思考空间，要求撰写者以扎实的专业理论为基础、辩证性思维为工具，对案例进行充分剖析和理性对待。

要点分析主要由两方面组成：一方面是要点分析的内容，如案例中事件的起因分析、各主体间的矛盾和联系、效果评价、遗留问题等；另一方面是要点分析的理论和方法，这部分需要撰写者对案例分析所要运用的各种理论、原理、概念和具体的分析方法、工具等作出清楚明确的交代。

7. 课堂安排

课堂安排与要点分析一样，都是案例教学手册中的撰写重点和难点。课堂安排部分需要对案例教学的环节、讨论形式、教学次序、具体步骤、时间分配等各个方面进行详尽的设置。课堂安排得当能够使教学过程更加顺利，使教学效果更加突出；相反，若是安排笼统、不着要领、设置不当或细节考虑不周，则容易引起课堂的混乱，进而影响教学目标的实现。

课堂安排的撰写需要充分关注课堂设计、课堂管理、课堂协调和课堂总结四个方面。

课堂设计。撰写者需要充分考虑课堂对案例的分析中各种问题，例如，案例的重点问题是什么，对于学员来说有多大的难度，如何将问题简单化以便于学员理解；安排多少个小组进行讨论，讨论需要多长时间，如何展示讨论结果；如何引导学员将教材中的基本原理运用到其他实际问题中去等。因此，撰写者必须全面考虑，精心设计。

课堂管理。案例教学的课堂应当是充分自由平等的，教员、小组、学员等各个主体之间是平等、合作的关系，从而激发学员主动参与的积极性。然而，并不能排除小部分学员没有真正投入课堂学习中，因此撰写者也要考虑发生这些情况时采取怎样的应对措施和鼓励手段。

课堂协调。在案例分析讨论的环节中，可能会出现一方观点占据上风的局面，这时教员应当怎样引导课堂？双方争执不下，又该怎样处理？等等。这就需要撰写者在课堂安排的大框架下考虑课堂环境和氛围的协调。

课堂总结。总结不一定仅仅存在于课堂的结尾部分，因为课堂中各种观点很可能出现得比较松散和碎片化，因此教员需要时时留意归纳和总结，紧扣案例的主题。同时，在分组讨论的情况下，各个小组的探讨结果也可能存在各方面的不一致，需要教员厘清思路，带领学员在思考困境中破冰。

8. 后续情况

这一部分主要需要撰写者广泛收集并筛选案例后续发展的资料，从而为学员展示事件的最新情况，作为案例主体部分的补充。通过结合事件后续的走向能够为现实中决策方式的做出提供真实的借鉴与经验总结。要注意的是，撰写过程中应当讲求实证调查，必要时可以采取数据等资料予以支撑。

9. 参考书目

参考书目是教学的备用资料，通常由具有代表性、参考及启发价值的专著、文献等构成。参考书目既可以是课堂前安排学员自主学习，也可以在课堂结束后学习，为学员指引进一步学习的方向。

（三）主题教育案例、培训教学案例及案例教学手册的区别

主题教育案例、培训教学案例和案例教学手册三者有机结合才能够最大限度地发挥案例教学的效果。但是三者的教学功能是不同的，这就决定了三者的功能风格、撰写方法等存在着较大的差异。表 11－3 是主题教育案例、培训教学案例和案例教学手册在某些方面的区别。

表 11－3　主题教育案例、培训教学案例及案例教学手册的区别

	主题教育案例	培训教学案例	案例教学手册
受众目标	各级领导干部	各级领导干部	培训教学教员
功能	为实际工作开展提供决策思路和解决方案	课堂研讨，引发受众思考与研讨，提升决策思维	用于案例培训开展，在理论、理念、方法、工具上指导和训练学员

续表

	主题教育案例	培训教学案例	案例教学手册
成效衡量	决策思路、解决方案科学有效，并适宜推广	引发各级领导干部深度思考、充分研讨，深刻感受决策过程	培养和提升领导干部解决问题与决策的思维与能力
逻辑主线	提出问题、分析问题、解决问题、解决成效、分析成效、评价、总结	展现事件的客观情节，强调决策困境，引发决策思考与研讨	设计培训教学进程，突出理论、理念、方法、工具的指导、引导与训练
分析性、总结性阐述	适用	不适用（要避免）	适用
客观呈现事实	适用	适用	不适用
高度的决策性	适用（由决策思路到决策方案）	适用（引发决策思索与研讨）	适用（最优决策的理论、方法、工具）
引入国内外先进做法	适用	适度适用（可用于引发思考，但不给出经验结果）	适用（并结合进行最优分析）
新闻的语言特色（趣味性）	适度适用（在严谨的前提下尽量生动）	适用	不适用（严谨的理论、方法阐释）

1. 受众目标

从受众目标来看，主题教育案例和培训教学案例都是针对各级领导干部的，也就是面向接受案例教学的学员。值得注意的是，尽管主题教育案例和培训教学案例的受众是相同的，但是两者的运用场景是不同的，主题教育案例是帮助各级领导干部进行自主学习及研究的，而培训教学案例则是在课堂等特定场景下集体学习时使用。

案例教学手册的受众则截然不同，它针对的是案例教学中的教员，为其培训教学工作起到教学辅助作用。

2. 功能

从功能上看，三者各不相同。主题教育案例用于各级领导干部自学自研，因此它的功能主要是为各级领导干部在实际工作开展当中提供多元化的决策思路和解决方案。培训教学案例则是服务于课堂教学的，它的功能主要体现在课堂学习阶段，主要通过引发学员思考、指导课堂学习方向来帮助学员决策思维与能力的形成与提升，实现较好的教学效果。案例教学手册是为组织培训教学的教员提供参考借鉴的，所以它的功能体现在对教员案例培训的概念、理论、方法、工具的指导方面。

3. 成效衡量

主题教育案例、培训教学案例和案例教学手册的最终目的是提高教学质量、提升领导干部实际工作中的决策能力。但是，三者在成效衡量上，仍有不同的侧重点。

主题教育案例的成效可以从对各级领导干部决策思路的拓展、解决问题能力的提高以及方法经验的可推广性中得到反映。对于各级领导干部而言，自主学习主题教育案例是了解不同问题、拓展工作思路的有效途径。领导干部通常主要负责某一特定领域，长此以往可能会形成一定的思维局限，难免存在思考盲区，而案例的学习能够提供不同工作领域、不同问题背景的多种矛盾冲突，这就可以帮助他们掌握新的工作方法，拓展决策思路，最终落实在自身工作领域的实际工作能力的提高上。

培训教学案例的成效可以在课堂教学效果和课后反思运用中得到直接的反映。培训教学案例的使用主要是在相关课堂上，教员在此过程中带领学员围绕培训教学案例进行学习、思考和讨论。各级领导干部作为学员在课堂上充分交换各自想法、进行辩证分析的过程是将培训教学案例的价值逐渐放大的最好表现。此外，这种课堂上良好的学习效果如果能够持续到课后，如进一步思考或延伸阅读等环节中，则能够更好地发挥培训教学案例的价值。

案例教学手册的成效是通过教员教学能力的提升间接反映于领导干部解决问题和工作决策能力上的。案例教学手册为参与培训教学的教员提供了规范和高效的教学方法，这种能力的提高很难直接被衡量出来，因此这部分的成效仍然需要在学员身上得到反映。也就是说，如果学员能够在遇见问题或处理冲突时较好地将所学理论知识融入实践，则意味着案例教学手册得到了较好的成效。

4. 逻辑主线

从逻辑主线上看，三者也存在明显的差异。

主题教育案例的逻辑主线应当是从提出问题到评价总结，可包括提出问题、分析问题、解决问题、解决成效、分析成效、评价、总结等环节。这仍是由主题教育案例服务于领导干部自学自研的特点决定的，良好的自学过程应当是一个不断完善的分析过程，因此主题教育案例不仅要交代清事件和问题的原委，同时也要提供一定的分析过程和评价结果，这将有效避免学员在学习过程中走进死胡同，同时也能够帮助学员从对事件的了解、分析上升到对主题的领悟。

培训教学案例的逻辑则需要更加侧重体现事件的客观情节和决策困境，这是因为分析、讨论的过程是课堂中的重要环节。在清晰全面地展现事件基本面貌的基础上，教员和学员可以发挥自己的创造力、结合自身的经历集思广益和理性辩论。

案例教学手册的逻辑则是偏向对培训教师的指引，通常可以从教学进程的设计出发，突出课程安排背后的理论支撑，展示案例分析的具体方法论，引导和训练教员教学能力的提高。

5. 分析性、总结性阐述

分析性、总结性阐述指的是对案例中主要问题、决策方式、所导致的影响等方面进行定性评论的环节。与逻辑主线的特点相通，培训教学案例也是由于课堂讨论的需要而要尽量避免出现分析性、总结性的阐述。这是为了避免定性阐述先入为主，禁锢学员的思考空间，此类案例应当将更大的想象空间留给学员，充分调动学员解决问题的主观能动性，营造良好的课堂讨论氛围。这也正是课堂学习相较自学的突出优势之一。

而在主题教育案例与案例教学手册中，则没有课堂讨论这方面的考虑，因此应当在把事件讲明白的同时，给出一定的分析与总结，从而为教员或培训机构提供参考与借鉴。

6. 客观呈现事实

这个角度上，主题教育案例和培训教学案例都有交代事件内容的需要，这是展开后续思考或讨论的前提。而在交代事件时，真实性的要求必不可少，这也在前文真实性的意义中给出了明确的阐释。因此客观呈现事实是主题教育案例和培训教学案例的基本要求。

7. 高度的决策性

高度的决策性是指帮助各级领导干部学会、用好科学决策。这对于主题教育案例、培训教学案例和案例教学手册都是适用的。具体而言，主题教育案例是通过对学员决策思路的指导来帮助学员学会在实际工作中运用学到的决策方法；培训教学案例则是在课堂上辅助教师引发学员的思索与争鸣，进而在交流讨论中不断认识自身决策方式的利弊，完善自己遇到实际困难时的应对能力；案例教学手册更侧重于对最优决策的理论、方法、工具的探索与阐释，进而指导教员将处理实际问题的方法更好地传递给学员。

8. 引入国内外先进做法

引入国内外一些先进做法有助于改善自身的教学效果，这对于主题教育案例、培训教学案例和案例教学手册在不同程度上都是适用的。多年来，案例教学在我国领导干部培训领域的推行速度较为缓慢，原因也是多方面的。例如，课堂学员数量较多，能够胜任案例教学的师资力量较为薄弱，优秀的成型案例较少，对教学方法研究不足，等等。因此适当地参考国外的某些优秀做法和国内部分先行的宝贵经验是十分必要的。

主题教育案例和案例教学手册在案例的编写方法、决策方式、课堂安排、讨论方式等方面均可参照国内外相关的优秀做法。而对于培训教学案例，则要注意这种借鉴参照需要适度，因为培训教学案例应当将交流讨论和经验总结的空间尽可能地留给课堂教学阶段的学员，因此培训教学案例可以适度地采纳国内外其他经验用于引发学员进一步思考，但此处不主张给出经验结果的叙述。

9. 新闻的语言特色

在分析撰写结构时，我们已经讨论了培训教学案例通常可以采取新闻的结构进行撰写，且在语言特色中应尽可能地采取新闻报道的语言风格，即讲求趣味性和通俗性。这是因为具有趣味的语言更容易激发学员阅读的兴趣和讨论的热情，这对课堂教学大有裨益。

在撰写主题教育案例时，也可以在分析客观严谨的基础上适当地运用一些生动形象的语言来增强案例的表现能力，但是不宜像培训教学案例那样大范围运用。

在撰写案例教学手册时，由于内容主要涉及教学理论、教学方法，因此必须使用严谨端正的文风，运用科学严肃的叙述手段说明理论、阐释方法。

四、注意事项

（一）主题教育案例、培训教学案例撰写注意事项

1. 培训教学目标要明确具体

案例编写时首先要明确案例教学的目标是什么。目标决定了案例相关信息的取舍，只有明确了案例教学的目标，撰写时才能有意识地选取有效的信息，撰写出一个成功的案例。

案例的总体目标是为了提高学员分析问题和决策的能力。但是，对于一个具体的案例而言，必须将教学目标进一步具体化。这就要求案例有明确的主题，具体的教学目标就是通过某个特定的主题对学习者的思考方向进行引导，有效提高学员在该主题中的辩证思考能力。

2. 要以问题为导向，设计出能解决矛盾与冲突的科学决策

案例开发和培训都需要以案例中的问题为起点，以问题表征和解决为指向，由此达成提高受众决策能力的目的。案例撰写中的问题设置也是十分讲究的，要发挥好问题的导向作用，切实体现高度的决策性，问题本身就要能激发学员学习的内在动力，即问题需要保证具有一定的“挑战性”，有适当的难度和深度，从发现问题到解决问题是需要学员进行充分分析才能解决的，这使学员有意愿、有热情参与到学习中去，也只有这样才能实现决策能力的有效提高。

在案例教学中，提出问题是起点，解决问题是归宿，两者之间的距离就是针对矛盾和冲突运用各种方法和手段广泛、深入地思考与探究的过程。在这个过程中，学员的决策与解决问题的能力将不断地提高。

3. 要生动简洁，有的放矢，不遗漏关键信息

案例应当能够使学员利用现有信息做出高质量的分析和思考。一个优秀的案例首先应当建立在信息完整充分的基础上，这才能保证学员从案例中收集到足够的有效信息进行逻辑分析和辩证性思考。在撰写过程中，可从如下问题来审视案例是否达到了信息充分的要求。

案例中是否能够包含决策者在逻辑分析过程可能需要使用到的所有关键信息？

是否还需要增添新的信息？如果有的话，这些新增信息是否服务于一个有用的目的？

信息的相关性是否明显或需要其他的提示？

利用目前的已有信息是否能够识别一系列相关的行动选择？①

此外，在信息充分的基础上，还需要考虑是否存在一些冗余的材料，哪些信息是与分析讨论无关或者关联程度很低的？过多的信息容易增加阅读疲劳和理解难度，降低学员的阅读兴趣，失去讨论价值。因此，不必要的信息应当予以剔除，避免冗长和繁杂，从而保证案例文本简洁明了、表达流畅。

4. 要逻辑清晰、段落层次分明、要素齐全

案例文本的撰写应当始终围绕一条清晰的逻辑主线开展，从教学目标到核心问题再到探讨主题。从结构上看，应当包含标题、引言、摘要、关键词、正文、思考题或研讨题、附录（如有）和延伸阅读等多个部分，各个部分都应当符合规范并且层次分明。

5. 要善于发现问题和展现问题，不能回避问题

案例中的事件所反映出的问题要全面客观地向学员展现出来，不能因为问题棘手、涉及利益纠纷等原因加以回避。现实工作当中遇到的问题大多不仅仅由于单个原因导致，所做出的实际决策也不仅仅对单个方面产生影响。要明确的是，现实情况是复杂的、多元的，各种因素之间存在广泛的联系。为了真正服务于各级领导干部的现实工作，在案例文本撰写中必须尽可能全面地展示问题，这才能最大程度保障案例的科学性和有效性。

6. 案例结尾与研讨题要有启发性，要引发学员更深入、更广泛的思考

案例教学并非只为了展示事实，更重要的是在事实的基础上开展深入分析，这就需要案例具有较好的启发作用。这种启发作用可以通过案例教学的结尾部分、思考题或研讨题的形式进行引出，在学员充分了解事件的基本信息后，引导其对于事件的某些方面提出质疑或做出评价，以此激发广泛、深入的思考。

7. 描述事件要客观，不要扭曲歪曲；分析评论要公正，不要固执己见

案例的内容必须是确切发生的真实事件，相关的数据、资料也应当是真

---

① 小劳伦斯·E. 列恩：《公告管理案例教学指南》，中译本，中国人民大学出版社2001年版。

实的。一篇优秀的案例需要对事件和问题做出客观的描述。真实的“故事”或许不是那么完美和有趣，但是却能使后续的分析讨论具有充足的现实价值。

同时，撰写者需要尽可能站在中立的立场，对案例描述的情景和事实进行客观描述，应该较少包含个人的分析和理解，不宜给出明显主观的判断与结论，更不能固执己见、表现出个人好恶。

8. 调研资料要及时整理，要考虑受访者的立场

案例中所采用的资料通常来自多种渠道，如文献、报道、访谈等。一些资料的来源可能会与事件有着直接或间接的利益联系，因此某些资料不可避免地会带有主观的色彩。撰写者需要充分考虑这些资料来源的立场，对资料进行谨慎、及时的判断和整理。在一些以采访形式获取的资料中，还需要对采访者的立场偏差进行矫正，在此过程中必须做到有理有据，可以对有关各方的利益关系予以详细的说明，为读者自我判断提供真实可靠的依据。

9. 重点突出党的十八大以来的实践

党的十八大以来，我国经济发展实践取得了历史性的成就，发生了历史性的变革。紧紧围绕国家重大指导思想、重要战略部署、大政方针是新时期国家建设型决策工作的应有之义。因此，这也赋予了案例教学新时期重要的时代意义和历史使命。案例撰写和教学过程中，应当突出各级政府部门在此方面的实践，尤其要突出一些具有重要意义的、敢于攻坚克难的实践行为。这样一方面拉近了案例教学培训与现实问题的距离，另一方面也充分发挥了案例在价值取向、工作方法上的指引性作用。

（二）案例教学手册设计注意事项

1. 案例摘要需要准确概述案例中心思想、故事梗概和主要价值等

案例摘要是用简单、明确、精辟的语言对案例内容进行提炼概括后，留下案例中的核心内容和主要信息。因此在摘要中需要对案例包含的中心思想、故事梗概和主要价值等内容进行说明。这有利于帮助教员在使用案例前更便捷、准确地获取案例的基本信息。

2. 教学目标要具体明确，充分结合理论与实践

案例教学旨在培养学员理论和实践相结合的能力，因此对案例的教学目标提出了特殊的要求。具体而言，教学目标不能只有理论意图，没有操作意图；也不能只有操作意图，没有理论意图。因此在撰写过程中可以将教学目标分为不同层次，如总目标、核心目标和具体目标，三个层次间层层渐进，从抽象到具体，从宏观到微观。

在案例教学手册教学目标的实际设置中，首先要与课程和具体主题的教学目标相一致；其次要与具体理论知识结合；最后还要引导学员从理论逐渐向实践进行过渡。这样才能最大限度地发挥实现教学目标、把握教学方向的重要作用。

3. 课堂讨论设计的问题不能空泛，问题数量要适当

课堂讨论的时间是有限的，需要格外重视问题的质量和数量。从质量上来看，问题的设置要避免过于空泛、缺乏针对性。由于设置的问题有时可能会相互交叉、重合，因此可以对备选的问题先进行归纳分类，将性质接近的问题汇总为一个类别，再在这个类别中优中选优，选出最有价值的问题。从数量上看，问题数量不宜太多，不要超过 5 道，要充分考虑讨论时间；也不宜太少，不要少于 3 道，以保证课堂足够的讨论空间。

4. 要点分析中，要准确提炼理论，严密分析逻辑

要点分析直接关乎案例的理论深度、思考空间和讨论焦点的争议性。

首先，理论知识点提炼要准确。对于案例分析所要运用的相关理论需要精确定位，这样才能引导课堂思考和讨论有的放矢。其次，讨论要点要聚焦。如果讨论要点过多，很可能产生多而不精的问题，要实现深入剖析问题就应当将主要精力放在少数几个关键点上。再次，论证要充实有力。撰写者应以扎实的专业理论为基础，以辩证性思维为工具，对案例进行深入论证和理性对待。最后，要将理论和案例相结合。理论分析不能脱离案例进行，避免理论是理论、案例是案例，要做到理论充分联系实际。

5. 要突出分析国家重大指导思想、重要战略部署、大政方针的指引作用

国家重大指导思想、重要战略部署、大政方针能够在指导实践、推动实践发展中展现出强大真理力量和独特思想魅力，因此在教学过程中要以国家重大指导思想、重大战略部署为指引，在课堂上充分分析指导思想的重要作用，并将指导思想传递到学员决策形成的过程中去，上升并推演到指导攻坚克难的方法论高度。案例教学过程本身是对各种实践进行分析探讨的过程，必须同处在正确的思想指引下才能焕发案例教学蓬勃的生机。

第十二章　试用完善

一、试用完善的内涵

试用完善是指将撰写完成的案例用于正式的案例教学，使之接受实践的检验，而后由案例文本撰写者根据试用结果，进一步修改、完善案例。试用完善包含了两个主要的环节，试用及完善。试用阶段旨在通过正式的教学环节认真听取教员、学员所反映的问题和意见，形成对案例文本、教学过程、教学成效等的客观性评价。完善阶段则是整合并分析试用阶段所得到的各种评价，对案例文本、教学过程等方面进行改进的过程。

试用完善阶段应当在完成文本撰写的基础之上进行，及时地开展案例学习、案例培训有助于发现撰写过程中忽略的问题，同时案例撰写的环节更多还是理论知识导向的过程，与实际教学实践仍有一定距离，要将撰写的内容与教学实践接轨就必须回到实践中去，用实践去检验理论、发现新问题、引导修改完善的方向。

试用完善的重要性主要体现在能够帮助案例撰写者掌握实际培训情况、及时发现问题，从而优化培训过程、提高领导干部教学培训质量、引导培训机构健康有序发展。试用完善对于一篇优秀的案例、一个高效的教学过程都是必不可少的。因此必须要给予试用完善足够的重视。

值得注意的是，在对一则案例进行评审过程中，首先需要从技术性、真实性两大层面进行评审。技术性评审是指针对案例的文本撰写进行科学性的评价审核，真实性核审是指对案例内容是否符合客观实际、是否基于客观事实的核查。即使评审（技术性评审、真实性核审）通过的案例，也不能忽略试用完善。在这两部分的基础之上，我们提出将试用环节也提高到与技术性评审和真实性核审同等重要的地位，列为试用性评审。这也就是“安全三角”评审方式，这在第十四章“案例评审”中将更详细地展开论述。

二、开展试用评估

试用阶段是完善阶段的前提和保障。试用阶段的有效进行离不开合理的培训教学评估。因为试用一定是依据特定的客观标准和教学评价理论进行的活动。客观标准的设置是否合理、教学评价理论的运用是否恰当，将直接影响案例教学试用的效果。

（一）试用评估的意义

按照一定的标准对试用阶段培训教学过程进行判定评估，对于调整教学方法、提高教学质量及教学活动水平有着重要的意义。

一方面，科学合理的培训教学评估，是有效促进培训质量全面提升的基本保障。培训教学评估是教学试用的重要内容和重要依据。评估不仅有助于正确衡量培训教学的开展情况，协助培训单位准确定位培训目标的实现情况，客观衡量学员培训的效果与满意度，更有助于培训教员与培训单位合理配置培训资源、优化培训内容、改善培训教学服务。①

另一方面，建立实用有效的培训教学评估体系是有效促进培训质量全面提升的行动保障。培训教学评估是现代教学培训中的一个重要环节，是培训体系建设中的重要组成部分，应当重视培训教学评估对于后期案例教学的指导性作用。

（二）试用评估重要原则

试用阶段开展培训教学评估应当遵循方向性、客观性、个性化、发展性等重要原则。

1. 方向性原则

培训教学评估要有正确的方向指引，偏离方向的评估是盲目且没有意义

---

① 汤敏，鲁燕．加强培训质量评估管理体系建设，有效促进培训质量的全面提升［J］．科技资讯，2014（12）．

的。贯彻方向性原则首先要紧紧围绕案例教学的教学目标和课程安排，在此基础上制定合适的评估标准。评估标准要充分体现案例教学对案例认识、课程讨论、能力提高等具体目标的要求。其次在评估标准的设置、权重的分配、评估过程和结果的建议等方面，也要充分体现评估的方向性，不能偏离目标随意评价。

2. 客观性原则

客观性原则是指培训教学评估的过程和结果都应该符合客观事实，必须尊重客观规律，做到实事求是。

培训教学评估的核心作用在于对案例教学试用过程做出客观的价值判断。只有坚持客观性，才有可能对试用过程做出公正、合理、准确的评价，才能真正有助于教学质量的提高，促进学员决策能力的提升。

贯彻客观性原则，首先应当根据客观标准进行教学评估。只有严格地根据标准进行评估，才能排除主观因素的干扰。其次评估过程要实事求是，充分尊重客观事实，以真实可靠的数据反馈与资料作为评估的依据，绝不能虚假报告或随意捏造。此外要反对主观臆断或掺杂个人感情，因为这将直接破坏评估过程的客观与公正。

3. 个性化原则

教学过程面对的是大量不同背景、不同经历、不同岗位乃至不同学习能力的学员，因此在培训教学评估时不得以绝对统一的标准去衡量学员的学习成效和进步程度。个性化原则正是指从每个学员发展的内在需要和实际情况出发，根据各自的发展进程对案例教学进行评估。

案例教学的目的就在于运用案例启发学员独立自主思考、研究，注重学员独立思考能力和分析问题、解决问题的能力，而不在于让学员死记硬背。因此，在培训教学评估中，要重视培养学员思考问题的逻辑方法和分析、解决问题的思维方式，使学员能够用更广阔的视角看待问题。所以评估的标准不能“一刀切”，而是要承认和尊重学员的个体差异，这不仅是试用环节所要重视的方面，也应是贯穿整个教学过程的重要理念。

4. 发展性原则

发展性原则是指培训教学评估要着眼于学员的决策进步和动态发展，着眼于教员的教学改进和能力提高。

为了贯彻发展性原则，培训教学评估应该把促进教学质量提高和学员能力提升作为评估的最高追求，视评估环节为教学的具体手段，发挥其服务于教学的作用。同时，要明确培训教学评估的主要目标不仅仅在于甄别案例的优劣，更重要的是通过评估的手段机制推动案例教学的有效开展，促进案例课堂的建设，最终促进学员能力的提升。

（三）试用评估对象与内容

在试用和评估过程中，应当关注多个方面的试用情况，主要包括教学目标、案例质量、课堂讨论、教员实践等方面。对于评价对象的不同，评价的内容和方式通常也会出现差异。

1. 对教学目标的评估

在案例教学手册的撰写过程中，撰写者设置了教学目标。清晰明确的教学目标对于教学活动的开展具有统揽全局的重要作用。因此，在试用环节里，首先要审视教学目标是否能够通过教学环节有效实现？在多大程度上能够实现？哪些目标存在实现的难度？教学目标的设置是否有改进的空间？

我们可以参照以下的目标是否在试用过程中得到了实现来判断上述问题：

第一，通过试用教学阶段，学员能够识别案例相关的基本要素、问题并有效地判断。

第二，通过试用教学阶段，学员能够针对案例涉及的情境表现出较强的思维能力，逻辑清晰连贯且比较严密，进而能够尝试做出具体的决策。

第三，通过试用教学阶段，学员能够表现出一定程度的应用能力，能够尝试超越具体问题情境，将课堂所学应用到工作实践领域中。

在实际教学情境中，应当根据课程的性质和学员的实际情况制定合理的教学目标，避免目标过高或过低。试用阶段提供了教学目标根据具体试用情况进行调整和改进的机会。

2. 对案例质量的评估

对教学质量的评估贯穿于技术性评审、真实性核审和试用性评审当中。技术性评审和真实性核审更加注重案例在事件情节、矛盾设置、主题深度、内容真实等方面是否符合要求。而试用性评审也注重在实际教学中，案例是否充分发挥了课堂教学的载体作用。一个优秀的案例应当能够激发与教学目标相应的思考和讨论，使学员通过课堂掌握有关的理论和技能。我们可以通过以下三方面的衡量标准来判断案例质量在课堂教学中的体现。

首先，学员愿意主动地参与到案例教学过程中去，包括教学前的准备工作、教学中的课堂参与、课堂结束后的进一步学习等。

其次，学员在教学中能够表达自己的思想与观点，针对教员或其他学员的观点能够参与讨论和分析。

最后，学员通过课堂教学能够获得启发性的体会，对自身决策能力的提升、工作方法的改进有较为深入的认识。

对案例质量的评估既要重视结果，也要重视过程。试用阶段由于教学时间有限，有时很难对学员的长期学习效果进行衡量，在这种背景下，案例质量通过教学过程更能够有效地体现。

3. 对课堂讨论的评估

案例培训教学的实施过程中，教学准备情况、教学环境的创设、教学媒体的选择、小组合作的安排等都会影响教学效果。教员应该认真考虑其中各个因素，精心组织教学。特别要注意调动每位学员参与课题的热情和积极性。

课堂讨论是案例教学的重要手段，也是试用评估的核心环节。对课堂案例讨论进行评价时，可以将下列问题的回答作为参考和依据。

（1）向学员们清晰、明确地传达案例培训目标了吗？学员们充分理解案例培训目标了吗？

向学员交代清楚案例的基本信息和主要问题是开展问题讨论的前提，也是教员课堂教学中的基本责任。在沟通过程中，教员也应当关注阐述方式是否通俗易懂，因为有时教员觉得事件已经清楚地交代了，但是学员仍然没有很好地意会和理解，这将极大地影响问题讨论的质量，需要尽力避免。

（2）讨论提纲是否清晰、连贯？是否重点突出？

任何问题的分析都应该遵循一定的逻辑，需要有条理性。这就要求讨论时围绕清晰连贯的大纲进行由浅入深或由表及里的逻辑剖析。同时，讨论问题最终是为了解决问题，因此讨论需要紧扣特定的重点，优先解决主要矛盾和关键问题，既不能眉毛胡子一把抓，也不能捡了芝麻丢了西瓜。

（3）对于案例故事的导入以及逐步发展，围绕决策性的启发充分吗？

决策性是案例的核心特性，这意味着案例教学是服务于决策能力的提升的。因此在课堂上从案例故事的导入到层层发展，都应当立足于案例决策性的体现。在讨论活动中，教员可以通过学员们的发言情况来分析学员受到案例决策方面的启发程度如何。

（4）学员的讨论充分吗？全体学员讨论的参与程度、热烈程度怎么样？

课堂讨论中学员的参与程度、热烈程度是直接反映学员对案例兴趣的衡量标准。因此在试用中，要注意观察有多少学员积极主动地参与到讨论中去，分析未主动参与讨论的学员身上的阻碍因素，进而在完善阶段思考如何更充分地调动学员的积极性。

（5）讨论中学员的自觉行动多吗？

自觉行动是指学员自身对于某个事物有所认识而主动去做、主动去察觉的行为。教学过程不应是教员向学员的单方面知识输出，而是应当要求学员具有一定的自觉意识，学员和教员共同作为课堂的“引擎”推动教学过程的纵深开展。讨论中学员的自觉行动一方面能够促进其独立思考，培养创新意识；另一方面能够激发学员的学习兴趣，同时培养其学习的自主性。因此，强调自觉行动，可以为课堂教学提供更加广阔的学习空间，鼓励学员围绕教材案例展开主动探索，并自觉思考自己感兴趣的问题，这将对教学目标的实现带来实质性的帮助。

（6）是否有个别学员或群体之间存在激烈争锋？

讨论中学员们在能力、背景、文化和经验等方面都存在个体差异，因此有观点的碰撞是非常正常的。这种观点之间的争锋恰恰能够反映讨论激发了学员思考的主动性，是值得鼓励的。但要注意讨论中出现的激烈争锋是在个别学员之间还是学员群体之间出现的。个别学员之间观点的争锋要辩证地看待其问题是否具有普遍性，是否引发了其他学员的思考，要尽量避免偏离主题。学员群体之间观点的争锋则大多情况下反映了学员整体出现的普遍性问题，教员应重视并引导学员群体之间的思考和讨论。

此外，课堂的观点理应是多元的。只有学员感受到个体差异在教学中得到重视、尊重与照顾时，他们的学习动机和积极性才会增强。每位学员都可以充分表达对问题的见解，并就教员、其他学员的意见提出看法。这一过程伴随着深刻的意义理解以及人与人之间思想、情感的交流，从而更好地培养学员的批判性思维，使学员的想象更为广泛、丰富和多样。

（7）在培训教学的讨论现场，教员如何走动？如何与学员或学员群体互动？

一般情况下，在课堂开始和结束阶段，教员多位于讲台上进行基本事件的交代与主题的总结升华。而在讨论过程中，舞台应该交给学员，教员更多起的是引导作用。因此，教员在学员讨论中可以有意识地走下讲台，走近学员。这有利于教员对全体学员均衡关注，一方面启发学员思考前瞻性问题，另一方面也能够鼓励大家积极参与表现，做到与学员之间合理的互动。

（8）学员是否有发笑、惊呼、拍打等“异常”声音或肢体动作？各多少次？

课堂中学员可能做出一些细节动作，如发笑、惊呼、拍动、点头、挠头等。这些细节可以间接反映学员对于教学过程的反馈。通常学员发笑、惊呼、拍打或点头等表示学员的兴趣被调动了起来，对教员的观点有自己的思路；挠头、摇头等表示学员在一定程度上流露出质疑、反对甚至抵触的意见。应当将这些主要的细节行为记录下来，为后续完善工作提供参考。

（9）学员对讨论是否表现出渴望或热情？有多少学员？程度如何？

可以通过观察学员是否出现讨论热情来判断案例事件是否吸引了学员的注意力。通过观察是个别学员渴望讨论还是多数学员渴望讨论，来判断教学过程引发的讨论重点是个别的还是普遍的。这对于案例的选取、主题的引导有着较好的反馈作用。

（10）在讨论进程中，是否有高水平的活跃期？多少次？

讨论进程中高水平的活跃期是指学员讨论逐渐由表及里、由浅入深，各个观点在碰撞中出现了“火花”，问题在讨论中逐渐进入深入分析阶段。活跃期通常只占据了讨论的部分时间，讨论中出现了多少次活跃期能够反映学员对案例问题的理解深度，能够很好地推动逻辑的纵深延展，收获实质的教学效果。

（11）整个讨论的进程是否实现了连贯性？是否纠缠于细节中？是否又重视了关键性细节？

有效的讨论过程应基于严谨的思维过程，讨论过程是否连贯、顺畅也体现了讨论逻辑是否清晰、严密。同时，讨论应该着眼于关键信息，紧紧围绕主题，而不纠缠于细节。过多地对无关细节展开求证或分析会影响教学过程的效率，浪费宝贵的讨论机会。

（12）对于问题重点、决策性事项，是否成为学员讨论的重点？

教员应当在知识的重点、难点处组织讨论，尤其是能体现案例决策性的事项要花精力讨论透彻。这有利于通过发挥学员的主体作用，攻克教学的重难点，切实提高决策能力。因此，要观察学员讨论重点是否契合案例教学的初衷和目标，而不是漫无目的、杂乱无章地跑题、偏题。

（13）对于案例上升到贯彻落实国家重大指导思想、重要战略部署、大政方针的高度，讨论充分吗？

案例是具体事件的载体，如果思考讨论一直停留在具体事件上，则很难真正提升学员面对同类型问题时分析问题、解决问题的能力。讨论的后期教师应当引导学员上升至主题探讨的新阶段，从而联系国家重大指导思想、重要战略部署、大政方针，将事件与理论联系起来，将案例中学到的经验和方法规范化、系统化，以期在实际问题中站在更广阔的理论视角选择解决方案。

（14）整个讨论中，教员提了多少问题？学员是否提了补充性问题？学员对教员提出问题的看法如何？

课堂讨论中，教员提出优质的问题以调动学员积极思考是启发式教学的最好体现，教员的提问可引起学员对问题的关注与重视，激发学员的求知欲和表现欲。同时，学员对问题发表看法并提出补充性问题能够进一步深化学员对知识的印象。这种相互提问和交流通常能够使学员达到较好的学习效果，也能够使教员及时发现实际学习中的难点和教学中的盲点。

（15）是否提出质疑？学员是否提出挑战性问题？各种问题提了多少次？

课堂应当鼓励学员积极主动关注和探讨那些使他们感兴趣的或迷惑不解的问题，关键是教员的示范、激发和诱导。教员可以先展示自己的思路，即教员自己怎么想、怎么展开学习步骤，随后再以“示范者”的角色，引导学员针对案例本身或教员观点提出质疑性的问题。教员应当针对质疑进行思考，合理选取引导的方法，如果遇到课堂上难以解决的问题，应当记录下来，在后续完善过程中深入考虑。

（16）现场讨论是否在学员的高昂情绪中结束？学员走出培训现场或者培训结束后是否仍有讨论培训案例？

在讨论阶段结束后，应当观察学员情绪是否已经调动起来，是否意犹未尽，是否在课后仍有继续讨论的现象。如是，则表明讨论环节给予了学员充分的思考空间，学员很可能在讨论结束后仍会在这一问题上展开更进一步的资料搜索和分析探讨，这将为教学长期成效的提高提供自发动力。

4. 对教员实践的评估

教员是直接使用案例进行教学实践的主体，因此在案例培训试用中，也要认真听取教员反映的意见和建议。对教员实践过程的评估可以从教学感受、课堂管理等角度审视案例中可能存在的问题。这种评估主要可以从两种不同渠道得到反馈，一是学员对教员的反馈，二是教员的自我反馈。

（1）学员对教员的反馈

学员是案例教学的直接参与者，是案例教学全过程的主角，因此学员对教员的授课情况最有发言权。所以在试用环节，应当认真听取学员对于教员及教学过程的感受与建议。

学员对教员的反馈主要包括案例教学中教员对案例内容的阐述、对案例的把握程度、课堂组织能力、课堂答疑质量等层面。

利用学员的反馈意见，进行教学评估，应当注意以下事项：第一，要利用合适的方法和尽可能丰富的渠道积极主动收集学员的反馈信息，例如，教师可以在课前、课中、课后与学员接触过程中收集学员对教员、教学的评价意见；第二，在调查中要营造民主、宽松的氛围，使学员畅所欲言，尽力获取真实的反馈信息；第三，对学员的反馈意见有时既不能置之不理，也不能全听全信，应当将这些意见作为教学评估的重要参考，认真分析，有选择性地采纳；第四，学员个人的评级意见有时显得相对零散和不系统，为了比较全面、系统地整合学员意见，在试用教学后，教员及其他评估人员可以邀请学员以座谈、访谈、问卷调查等形式进行反馈情况的统一收集、整理。

（2）教员的自我反馈

教员自我反馈主要是指教员在案例教学结束后对案例教学中案例的实际使用情况做出直接的意见回复。教员的自我反馈实际上是教员对自己课堂教学的一种有目的、有意识的主动反思，更加强调教员从实践中来、到实践中去的反馈机制。这种主动反思的行为要求教员总结在教学过程中针对具体案例使用的各类方法，成功教学的有效做法予以保留和发展，低效乃至错误的做法应及时纠正，借此梳理和积累自己的教学经验，不断提高案例教学的质量和效果，并为今后更大程度的推广使用提供参考和借鉴。

三、通过试用完善案例设计

试用阶段的目的是根据一定的评估手段对试用效果进行评判，所得到的评估结果要有利于案例设计的完善。

（一）分析处理评估信息

针对试用环节获得的教学培训评估信息，接下来应先进行分析和处理。分析、处理评估信息的质量关系到试用评估的作用是否能够充分发挥。因为，只有清楚哪些评估信息是应当采纳和应用的，才能真正实现完善案例教学设计的作用。

分析、处理试用阶段获取的评估信息主要包括以下的环节。

1. 形成综合判断

在试用阶段已广泛收集了关于教学目标、案例质量、课堂讨论、教员实践等多方面的评估信息，形成综合判断就是从整体上对教学效果进行初步的判断：是需要较大程度地更改案例设计还是在原先基础上加以适当调整。

2. 分析诊断

为了解决试用评估中的各类问题，需要在形成综合判断的基础上，对评估过程中得到的信息进行全方位的细致分析，对案例内容、课程设计、课堂安排、讨论过程等方面展现出的优点和不足进行系统的评价，以帮助案例撰写者认清实践中的问题和症结，从而有针对性地改进案例和教学，促进教学质量的提升。

3. 分析评估活动的质量

在各类评估工作结束之后，应根据评估结果和评估过程中遇到的问题，评价本次评估活动的质量。一方面，如果评估活动本身质量不高，如学员未切实报告教学问题、教员未严格按照案例进行教学，那么贸然采纳这些意见和建议很可能做出错误的决策；另一方面，通过对试用阶段评估活动本身的审视，可以发现试用评估标准和评估方案存在的问题，并对其修改完善提供合理的依据。

4. 向有关各方反馈评估信息

由试用评估获得的信息一般需要向三个方面进行反馈：第一，向培训机构和相关政府的领导部门进行反馈，为上级的决策提供一线的实践依据；第二，向教员和学员进行反馈，使双方能够有针对性地调整教学过程；第三，个别时候，还需要在一定范围内公布评估信息，向同行反馈，使同行之间能够相互借鉴，避免类似问题发生，汲取优秀经验。

（二）根据评估信息完善案例设计

完成对评估信息的分析、处理后，最后一步就是进行评估意见的采纳和案例设计的完善。案例设计的完善可以根据撰写时的结构进行调整和改进。

1. 事件的选取

教学案例中的事件是指发生在一个真实情境中的、蕴含着一定的教育道理、能启发学员思考的教育故事。通常来说，案例所选取的事件不需要过大的调整，除非案例中的事件在教学过程极难表现既定的主题、难以完成绝大部分的教学目标或教学效果明显低下。只要事件的选取能够满足教学目标、包含合适的主题和内容、能够配合教学时间及教学条件，原则上应当根据试用中的评估信息进行相应的改进。

如果教员在试用阶段发现基于案例事件无法有效地引导学员对既定方向或主题展开思考和讨论，或者教学中案例事件与学员日常工作生活的距离过远或差异过大，难以引起共鸣，或者明显有更好的事件能够替代，那么在完善阶段可以考虑改变或替换原先选取的事件。值得注意的是，改变或替换案例事件仍然要紧紧围绕案例决策性、典型性、真实性和趣味性的要求进行认真撰写。

2. 撰写信息的调整

撰写信息的调整这一完善步骤普遍适用于案例和手册的撰写改进过程中。可以通过试用阶段课堂现场教学获得的反馈信息，对案例中的背景情况、问题矛盾、主要做法、经验启示等信息进行调整，并对内容的真实性、结构的合理性、条件的有效性和假设的可行性等进行检查。

案例中的信息应当能够使学员利用现有信息做出高质量的分析和推理。一方面，信息必须是充分的，这才能保证学员从案例中找到足够的信息进行逻辑分析和批判性思考。因此可以关注试用评估信息中是否有学员反馈需要交代更多信息，或者教员自身需要更充足的资料予以教学辅助，如有这样的情况，应当在案例完善中及时搜寻合适的资料进行补充。另一方面，信息应保证简洁，这能够避免冗杂的信息分散学员的注意力，提高学员对于关键信息的把控能力。因此需要分析已有信息是否服务于一个有用的目标，信息的相关性是否明显或其是否是分析和讨论时必需的，对于那些偏离主题、相关性弱的信息可以剔除或替换。

案例中的信息应当强调可读性。没有可读性的案例是乏味的，也很难引起学员有价值的案例讨论。因此通过试用，通常能够发现案例是否适合学员现有的知识水平，学员理解程度如何，能否引起学员学习的热情等。因此，在完善过程中要根据实际试用情况对案例信息进一步增强合理性和生动性。

尤其值得注意的是，案例信息必须保证客观真实、契合实际。在试用过程中，应当注意是否存在案例内容不尊重事实的现象，例如，过分夸大成绩、故意隐瞒问题、用片面的观点看待问题等。无论是案例信息还是教学内容，都应当实事求是，避免以偏概全，将真实的情况反映给读者或学员。也只有尊重事实、坚持客观性，案例的分析和讨论才有依据可寻，进而才可能获得具有实践价值的决策思路。因此，对于试用中出现的此类问题，需要在完善阶段严格地矫正。

3. 问题的设置

主题教育案例和培训教学案例的撰写结构都包括思考题或探讨题部分，案例教学手册中也包括课堂讨论问题部分。根据试用的评估信息反馈，一方面应当对课堂教学中直接使用的培训教学案例和案例教学手册里的讨论问题进行调整和改进；另一方面也应当根据课堂教学问题的调整，对主题教育案例中用于自学自研的思考题进行适当改进。

针对试用过程中的反馈信息可以直接有效地为问题设置提供指导性意见。例如，学员的讨论是否充分热烈、自觉行动是否较多、不同观点之间是否有激烈讨论、学员对讨论是否表现出渴望甚至热情、学员是否提出了有价值的新问题，等等。在完善案例时，应当对那些学员参与度不高、缺少观点碰撞的问题进行删改，根据学员提出的疑惑和不解设置更有针对性的问题。在改进时，可以着重关注以下几点：第一，问题的设置要联系学员的实际情况，最好能够与学员的工作生活相关；第二，问题的难易程度以及涉及的知识要与学员的知识储备与学习能力相匹配；第三，应将有参考价值和创新性的思考问题加入案例中。

4. 课堂安排的改进

课堂安排是涉及案例教学手册的重要内容。根据试用评估的结果，应当根据需要对课堂安排中的课堂设计、课堂管理和课堂协调以及课堂总结等环节进行调整。

首先，在课堂设计方面，可以针对试用中存在的问题，站在全局的高度统筹分析课堂各环节的重点分布与时间分配是否合适。对于试用中需要更广范围、更深层次讲解或讨论的内容，应将其作为课堂设计中的教学重点并适当增加该部分的时间。对于试用中学员易于理解和接受的内容，相对减少时间和精力的分配。

其次，在课堂管理和课堂协调方面，试用过程中可能出现学员没有真正投入到课堂学习等情况。在完善阶段，可以进一步分析该部分学员参与程度低的原因，是内容不感兴趣？还是教学组织管理形式不合理？内容设置的相关问题可以参照前文关于信息调整的方法。对于组织形式的问题，教员应在课堂管理中淡化差异、弥合不同。淡化差异是指帮助学员克服因身份、职务的不同而造成的心理障碍。参与培训教学的学员很可能来自不同的层级、部门和职务，有时层级高的学员由于工作经验丰富更容易产生自我优越感，这种优越感会使这些学员在课堂参与中占据更主导的地位，而其他一些学员则可能处于边缘的地位。针对这一点，教员要强调，作为一名政府公务人员，具体工作岗位必然存在差异，但是作为学员，大家在课堂上是完全平等的，每个观点都应当得到充分尊重。弥合不同是指要克服不同学员由于性格的不同所造成的参与课堂机会的不均等。性格外向的学员往往更积极主动地参与课堂，表现欲更强，可能会滔滔不绝地表达自己观点。而内向的学员表现欲较弱，常常沉默寡言。因此教员要常加引导，适当鼓励性格内向、表现欲较弱的学员。

最后，在课堂总结方面，教员应引导学员结合学习的基本理论和具体案例进行归纳性认识，带领学员对事件的表象进行分析，重视剥离表象而形成本质性认识，进而提高学员分析问题、解决问题的能力，促进理论和实践的结合。在试用的评估结果中，要关注教员是否对学员的主要观点进行了归纳，是否较好地评价了各个观点的优点与不足，学员对主题是否理解到位。完善时则应当注意一方面要引导学员进行课堂的整理反思，促进学员分析逻辑的进一步条理化与结构化；另一方面要注意不得给学员的观点评价等级，要对解决问题的基本方法的可行性进行剖析，这有利于学员主动性和积极性的充分发挥。

第四篇
组织与实施

第十三章　组建跨部门团队

案例的开发与培训是一项系统复杂的工程，为了发挥其应有的效益和成果，它需要不同部门和机构的分工与合作。国家建设型案例的开发与培训意义重大、功能特殊，并涉及多个不同的主体，包括决策主体、开发主体、培训主体等，使它对于不同部门和机构间的分工与合作要求更高。因此，为了完善国家建设型案例开发与培训，组建高效的跨部门团队不可或缺。

一、组建跨部门团队的内涵及特点

（一）组建跨部门团队的内涵

管理学家斯蒂芬·P. 罗宾斯将“团队”定义为：为了特定目标，由两个或者两个以上的，相互依赖、相互作用的成员，按照一定规则结合在一起的组织。一方面，团队成员之间相互依赖，遵循共同的规则，具有相同的愿景、相同的目标及为了共同目标而努力的互补技能；另一方面，团队成员之间通过相互沟通、信任、合作和承担责任，产生协作效应，从而获得单个成员无法实现的团队效益。跨部门团队是随着团队管理在现代管理中的作用日益突出而新发展的一种团队类型。它主要是以消除部门分割的方式，由来自不同部门的专业人员共同组建的一种混合组织，再通过团队成员合作以实现团队目标。根据研究需要，有的学者将“跨部门”限定在同一组织中不同职能部门，例如，研究企业或者政府组织内部各职能部门间的横向合作关系。有的学者认为“跨部门”既包括跨越同一组织的不同部门，也包括跨越不同组织的不同部门，例如，加拿大等国家在涉及跨部门合作时所指的部门不仅包括政府这个“第一部门”，还包括企业这个“第二部门”，以及非政府组织（又称非营利组织）这个“第三部门”。[①] 由于国家建设型案例开发与培训涉及的主体更为广泛，我们在这里将“跨部门”赋予更广泛的内涵，这里的跨部门团队中的合作主体，不仅可以包括政府部门、企业、非政府组织，甚至还可以包括个人。因此，组建跨部门团队是指从不同的跨部门合作主体中选择合适的人员，从而组成一个目标明确、工作高效、反应灵活、沟通顺畅的创造性团队。

（二）组建跨部门团队的特点

由于跨部门团队的成员来自不同的部门和机构，跨部门团队除了具有一般意义上的“团队”功能，还具有自身的特点。

首先，跨部门团队的成员来自不同部门、不同领域的合作主体。由于国家建设型案例与开发涉及的主体较多、专业面较广，就需要来自不同部门和机构、具有不同专业背景的专门型人才，组建成不同职能的跨部门团队。例如，需要发动部委、党校、高校、新闻机构精干人员共同开发案例，需要发现并协调优秀师资资源，打造领导干部教育师资团队等。

其次，一般来说，跨部门团队是临时组成的团队。团队中的大多数成员的团队角色都具有兼职的性质，他们是为了完成某个特定的目标临时设立的团队组织，一旦完成目标，跨部门团队的使命也宣告结束，直到出现下一个目标。

最后，跨部门团队成员结构是不稳定的。在跨部门团队完成某个项目目标的过程中，随着项目阶段的不同、工作性质的变化，跨部门团队的成员也会随之变化，成员的数量和具体人选也会不断调整。成员的结构也不是一成不变的，它是为团队的目标服务、随着目标的变化而调整的。

二、组建跨部门团队的优势

（一）跨部门团队具有灵活性优势

跨部门团队是为了解决不同部门间的一种横向合作关系而建立的团队，

① 加拿大环境可持续发展跨部门合作的经验与启示［C］. 中央党校赴加专题考察报告，2006.

在团队之中，没有科层结构严格的等级制度，团队中的成员拥有一定的决策权，对自己的岗位负责。他们各司其职，而又相互合作，他们在共同目标和相互信任的氛围中高度参与到工作当中。同时，由于团队组织结构的扁平化使沟通的路径较短，信息交流更为准确和高效。跨部门团队作为一种临时组织，其形成、成员构成、团队运行与中止等都会随着团队的目标及实际情况变化而变化，只有这样才能克服组织僵化，使其保持对外部环境的快速反应能力，具有灵活性优势。在案例开发与教学培训工作中，由于涉及多个部门分工与合作，为了保证高质量的案例撰写、高效的培训效果，各个部门在不同的阶段都需要积极地反馈和交流，而这些都需要组建跨部门团队作为保障。

（二）跨部门团队具有高效性优势

跨部门团队成员由于不同的专业背景和职能差异被赋予不同的权利和责任，由于团队具有共同的目标，这使他们各自的目标相互依存，极大地增强了成员间的凝聚力，同时团队的正向协同作用使局部组织的生产率和整体的效益大大提高。当工作任务与相应决策权交予团队成员后，团队便可以自动运转起来，管理层就能够摆脱日常事务管理，将精力放在更重要的事情上。由于团队的灵活性，团队可以根据环境变化，作出最优的反应，有利于团队目标和组织决策的实现，进而提高团队效率。

具体到国家建设型案例开发与培训中，组建跨部门团队有利于充分发挥各部门的比较优势。不同部门在不同领域长期耕耘，势必会形成各自领域的专业优势。跨部门团队能够将不同部门的优势集中起来，实现 1 + 1 大于 2 的效果。例如，各级政府部门擅长站在战略高度统筹引导，高校教师擅长案例教学的专业分析，媒体则在叙事安排、语言鲜活与宣传方面有着不可替代的作用，如果将这些部门的优势都集中在跨部门团队的建设中，则能够大大提高案例开发和教学培训的工作效率。

（三）跨部门团队具有创新性优势

跨部门团队创新性优势主要体现在两个方面。一方面，跨部门团队消除了部门分割，突破了部门间的壁垒，使部门间的横向沟通成为可能，增加了部门间的专有知识、私有信息的共享程度，增强了团队成员的协作沟通和相互学习的能力，从而提高了整个团队的创新能力。另一方面，由于跨部门团队成员的强烈动机激励和相对自主的决策权，使团队成员更乐于完成高质量的、具有创新性的工作。国家建设案例不同于工商管理、领导干部管理等一般教学与培训案例。中共中央组织部对国家建设案例的部署，在国内外的案例培训教学历史上，都是具有突破性的重大开拓和创新，因此，跨部门团队的创新性优势对完成高质量的案例开发和教学培训工作显得尤为重要。

三、目前跨部门团队组建可能遇到的问题

（一）组建前期准备不足问题

跨部门团队组建前必须要确定明确可行性的目标，同时还需要足够的具备相应素质能力的人选以及保障团队顺利运行的体制机制等。目前国内组建跨部门团队有时存在生搬硬套他国模式、团队目标不明确、缺少对团队成员素质基础的重视等问题。由于东西方文化的差距，在国内组建跨部门团队不能生搬硬套他国的既有模式，必须选择符合自己实际情况的方法和途径。目标是团队努力的方向，如果目标不科学或者不可行，必然使团队的目标无法实现，或者达不到预期效果。在实际的团队合作中，各部门更容易以各自部门的目标作为利益出发点，造成对团队共同目标的偏离，因此在跨部门团队建设中，如何将团队追寻的共同目标化为各部门追寻的目标，是跨部门团队合作需要重点考虑的问题。另外，目前在团队建设时，忽视团队成员基本素质的改善，在建立团队方面急于求成，也是一个普遍的问题。团队成员的素质是影响团队成败的关键因素，也是团队目标能否实现的重要保障，因此，在建立团队之初，一定要按照标准严格遴选技能专业互补的团队成员。

（二）职责不清、授权不明问题

团队是以任务为导向的单元，团队的建设是为了团队成员更好地分工与合作，职责不清不利于团队成员的分工，授权不明不利于团队成员的合作。团队成员需要组织的授权、帮助和支持，需要时间、财力和其他配套资源去完成团队任务。然而，目前有些团队却并未给予其成员明确的任务和职责，

更没有一套科学、完整的量化考核办法，造成团队功能缺失等问题。在案例的开发与培训中，涉及较多专业知识，需要不同部门或领域即不同的合作主体的通力合作，若这些团队合作主体没有明确分工和授权，就会造成协调、沟通的困难，出现整体工作的重复和不足的情况，进而影响团队成员的积极性和团队合作的效率，导致团队目标不能很好完成。例如，在当前的有些案例开发团队中，由于分工模式的问题产生了协调困难，最后导致案例教育功能的严重弱化，达不到案例教学应有的目的。

（三）激励与监督不到位问题

激励是团队成员获得内生动力的重要原因，好的激励制度可以使团队成员合作、分享和相互学习，提高团队工作效率。在团队式的工作条件下，产出能否达到团队目标最终要看团队及其成员所能获取的报酬是否与责任收益密切相关。坏的激励制度可能会让团队成员形成“搭便车”的行为，发生道德风险和逆向选择，对团队造成严重影响，最终造成团队成员目标与整体目标相背离。监督是约束团队成员行为的一种基本的控制管理方式，为了使团队始终运行在正确的轨道上，好的监督机制必不可少。监督既包括对团队成员的监督，也包括对团队整体的监督，既包括内部监督，也包括外部监督，监督是团队控制管理的底线。为了不影响团队成员的积极性，最好建立以激励为主、监督为辅的管理模式。

（四）对团队精神建设重视不足问题

团队精神的建设是团队管理的关键问题，也是我国目前团队建设中遇到的最大问题。合作与信任、共同的目标与使命是团队最基本的特征，这也是团队与一般群体的本质区别。团队精神、团队氛围是否能培养起来，直接关系到团队效能的大小。跨部门团队内的成员合作更是如此，跨部门团队合作的保障是塑造结构化和情感化的双重本质属性，在彼此信任、强化互动的基础上发展合作。跨部门团队的合作不仅需要基础结构的支撑，情感化的属性也是跨部门团队取得成效的重要保障。各方合作主体不仅需要相互理解、信任、配合、支持，还需要有为了完成共同目标的奉献精神。情感和精神方面的动力也是跨部门团队取得成功的一大原因。

四、跨部门团队的组建与发展

（一）跨部门团队的组建原则

团队运行的成败与目标能否实现，往往在团队建立之初就可以预见了，因此，在组建团队前需要综合分析，确定最优方案，最大限度保证后期团队的顺利运行。跨部门团队由于成员来自不同的部门，在组建前更需要统筹兼顾，组建跨部门团队大致需要遵循以下5点原则。①

1. 团队规模适中

跨部门团队的建立一般是为了完成复杂多样的任务，这需要较多部门的专业人员的配合，因此，跨部门团队的成员一般较多。但是，较多的成员会对扁平化的团队组织结构形成挑战，人员过多不仅会阻碍成员间相互沟通，还会降低成员间的协作意愿，不利于团队成员相互合作与信任感的建立，最终会降低团队的活力，导致团队缺乏灵活性，阻碍团队顺利运行。所以，需要根据团队任务的具体情况建立适中的团队规模，团队成员一般在5~25人较为适合。

2. 团队成员技能互补

跨部门团队的成员来自不同的部门，这些来自不同的部门甚至不同领域的团队成员，通过发挥各自的资源和能力优势，进行深度的资源优化配置和整合，从而提高团队效率，实现团队目标。因此，团队成员技能互补尤为重要。在案例开发与培训中，一方面，团队中的各合作主体应当发挥各自的专业特长，高质量完成各自的工作；另一方面，应当保证所需资料的共享，充分发挥各自优势，多渠道获取案例开发与培训工作中所需的各类资料，尤其在案例的试用完善及试用性评审等环节，需要各部门深入细致地交流与合作。

3. 确定可行的共同目标

目标是团队的旗帜，是团队的灵魂，也是团队得以存在的根据，同时，目标是合作的基础，对目标的完成度也是衡量团队绩效的依据。因此，团队建立之初必须确定可行的共同目标。在案例开发与培训的工作中，所组建的

---

① 陈春花，刘晓英．组建跨部门的产品开发团队［J］．经济师，2003（2）：12－14.

团队目标应该是追求更高质量案例的开发与更好培训效果的实现。在实际的团队合作中，各部门更容易以各自部门的目标作为利益出发点，造成对团队共同目标的偏离，因此在跨部门团队建设中，如何将团队追寻的共同目标化为各部门追寻的目标，是跨部门团队合作需要重点考虑的问题。

4. 具有共同的责任感

除硬性约束以外，团队成员之间的责任感也是团队顺利运转的保障。在团队合作中，每个成员自身目标的完成程度不仅影响团队共同目标的实现，也将会对其他成员的目标完成情况造成影响。因此，团队成员不仅要有共同责任感，还要对彼此有责任感。团队成员间的责任感也是团队成员合作互信的表现，正是共同责任感和成员间的责任感这种软约束，无形地帮助和激励了团队目标的实现。

5. 决策权分配合理

由于团队任务的复杂性和多样性要求团队成员技能互补，这就决定了不同团队成员会有自己擅长的领域，团队的灵活性更是基于团队成员在自身负责领域具有相对独立的决策权而建立的。但同时，团队领导层的决策控制也很重要①，一个有效的团队领导是团队取得成功和高效率的必要保障，尤其当团队面临外部环境变化，团队目标或者具体实施方案需要调整时，团队领导的重要性就会凸显出来，好的团队领导需要强有力的控制权，进而需要分配较多的决策权，但是当决策权分配过多时，就会影响团队成员决策的独立性和团队整体的反应速度，这两方面也正是组建团队的优势所在，因此决策权分配是团队决策控制和团队成员激励的一种均衡，合理的决策权分配是团队良性发展的保证。

（二）跨部门团队的发展对策

组建跨部门团队是跨部门合作的一种方式，它是为了解决跨部门合作中的低效问题而成立的一个高效组织，由于跨部门团队成员来自各部门，跨部门团队的良性运作除了需要注意一般的团队建设，还要注意跨部门合作的机制保证，因此，可以从以下几个方面完善跨部门团队合作机制。

---

① 王斌．跨职能团队的管理控制问题：一个理论思考［J］．会计研究，2011（7）：38－44，97.

1. 完善跨部门合作的相关制度建设

建立跨部门合作规范化的规章制度，不仅使跨部门团队成员行动有规章制度的约束和保障，有利于合作的进一步顺利进行，还为合作行为的各种内容提供统一的依据和标准，这也是实现跨部门合作的前提。在此基础上辅以各类发展的政策建议，将进一步增强灵活应对各种突发情况和部门矛盾的能力。由于我国案例开发与培训教学跨部门合作发展尚处于探索阶段，在其推进中出现的很多现象和矛盾多数是由于没有确凿的规章制度作为依据而造成的。因此，完善跨部门合作相关制度建设对跨部门团队的发展具有重要意义。在跨部门合作相关制度具体制定时，需要充分、全面地考虑跨部门合作可能出现的潜在问题，同时需要根据实际工作情况进行不断修改和完善，需要征询跨部门合作各方的不同意见并兼顾不同部门的利益诉求，还可以通过邀请专家学者和跨部门合作的实践者，将知识和经验运用到跨部门合作的制度建设中去。

2. 明确跨部门合作成员的职责和权限

跨部门合作的初衷是借助其他部门拥有的而自己缺乏的资源来达成组织目标，优势互补，实现合作共赢。相互合作的体系可以调动各个部门的协作力量，从而更高效地达成跨部门团队目标。因此认识清楚团队成员各自优劣势并界定明晰彼此责任义务是非常重要的。然而，跨部门合作机制本身并不能很好地解决各部门间可能存在的分工不清、权责不明的问题，因此，为了实现跨部门团队合作的目标，首先必须根据各部的优势和专长综合分析，科学化地界定部门职责，明确部门的权力，并做到权责统一。其次在跨部门合作活动中存在冲突时，应当通过协商或者签订协议等方式来达成共识，扫清日后开展合作时可能出现的障碍。最后在制度上应当针对部门职责分工的合作主体、合作程序、合作内容和各自责任等出台统一的具有权威性的协调办法或规定，以期有效规避部门间职责分工存在的争议。①

3. 构建跨部门合作的激励和监督机制

跨部门合作由于其横跨不同组织或部门的特殊性，使其合作与普通组织或部门内合作不同，很可能牵涉更复杂的关系和责任序列，因此，跨部门合作面临合作结果不确定的可能性更大。同时，由于合作的结果是完成团队的

---

① 陈曦．跨部门合作机制对我国政府的启示［J］．学术探索，2015（4）：23－28.

共同目标，这在一定程度上可能弱化单个成员的贡献，单个成员可能意识到贡献会被弱化，从而增加了道德风险和逆向选择，这对跨部门团队整体目标的实现是极为不利的，因此，在跨部门团队的合作中需要特别强调构建激励和监督的机制，从内外两个方面保证团队合作的有效性。

从激励角度来看，评估各个部门在实现跨部门合作中的作用首先需要评估其是否充分发挥了自身的比较优势，是否完全履行了自身的职能，是否完成了跨部门合作中所涉及的工作内容，并以此作为奖惩部门及相关领导的重要标准和依据。这可以在一定程度上避免激励不当引发的各种问题，同时也保证了推进跨部门合作的积极主动性。

从监督角度来看，要立足于跨部门合作目标，并充分考量跨部门合作活动中各行为主体的具体情况，在合作开展之前就制定相应的监督审查程序，并确定规范的奖惩措施，坚决抵制单纯政绩导向的形式工程和夸大成效、回避问题、虚假捏造等现象，在跨部门合作的各个环节都充分重视教育案例决策和实施的科学性与实效性。

4. 建立相互信任、相互支持的良好关系

实现跨部门合作，组织内部的信任和支持是不可或缺的。这不仅能够降低彼此猜忌带来的成本，同时可以有效提升跨部门合作的效率。首先，不同部门要对跨部门合作的目标和策略达成共识，这是塑造部门间良好关系的前提。在达成共识的前提下要完善制度建设，在出现矛盾和问题时予以惩戒和纠正。其次，不同部门的工作人员要以跨部门合作目标为根本追求，建立和完善顺畅的沟通机制，打造协作交流平台，构建控制协调机制，打破部门利益的壁垒，更多地理解和体谅彼此的工作职责，建立正式沟通和非正式沟通渠道，并掌握彼此在合作中的推进程度，这样不仅可以增加不同部门之间的了解和信任程度，同时能够在出现问题时优化各方资源，进而提供最佳解决策略。最后，提升部门内部的信任水平，信任程度高的组织不仅能够在处理事务时更为高效，更具有凝聚力，同时也更容易赢得其他部门的尊重和信赖，这种尊重和信赖对促进部门间的合作意义重大。

第十四章　案例评审

一、案例评审的意义

如果说开启孩童想象大门的秘诀之一是提示发问和寓言诱导，那么，启发成人思维创新之路的重要方法之一便是案例教学。案例教学将被动学习转变为主动学习，改变了“你来我教”“你教我听”的单向填鸭式传统教学模式，激发学员的学习热情，促进学员自主分析的思考过程，它是微型的社会课堂，也是资源互补的平台，学员间可以相互交流、讨论，在不同思想、观点的碰撞过程中，弃旧纳新，扬长避短，使各个学员的素质能力得到极大的提升。而国家建设型案例教学尤其如此，它不仅是提高党员干部综合素质的重要方法，更是提高其决策能力的重要环节，关系重大，意义非凡，因此国家建设型案例对案例的质量要求更高。为了保证案例质量，案例评审必不可少，国家建设型案例的评审包括主题教育案例、培训教学案例和案例教学手册的评审，所以做好案例评审的工作具有重要意义。

首先，案例评审工作是提高案例质量和干部教育培训质量的有效手段。干部教育培训的目标是培养和造就新时代素质过硬的干部队伍，而这一目标的实现在教学过程中最基础的要求就是保证案例的质量。只有合格案例才能发挥应有的作用，如果案例质量欠佳，在后期的培训教学中不仅会造成人力物力的大量浪费，甚至会引起学员反感。

其次，进行严格的案例评审工作是提升领导干部教育培训机构办学实力的有效手段。随着竞争机制的逐步引入，原先的教育培训格局也将逐渐被打破，教育培训机构也逐渐呈现多元化的发展趋势，除了党校、行政学院、干部教育学院，高等院校、科研院所甚至各类符合条件的社会培训机构和境外培训机构均可开设领导干部培训项目。这种趋势之下，领导干部教育培训机构必须严格把关案例的评审工作，这是提高办学水平和办学质量的生命线。

最后，案例评审能够对案例的撰写起到及时纠正偏差、调整培训方案和改进培训效果的重要作用，而且可以借此形成统筹引导，不断通过案例的检验和审查，全面改善整个培训中的内容、方式和时间控制等环节，进而更好地实现案例教学的最终目的。

二、当前案例落实存在的问题

（一）案例开发问题

1. 夸大、捏造问题

当前主题教育案例主要由案例发生地的主管部门或当地部门人员负责撰写，而且倾向于展现当地的“政绩”，有的甚至夸大成效、回避问题、虚假捏造，还有的地方出现回避调研的现象。这就导致了主题教育案例的科学决策与实施技能的弱化。

2. 角色错配问题

当前很多培训教学案例是由媒体记者负责撰写、大学教师负责指导的，考虑到案例撰写的专业性很强，媒体记者虽然具有较强的文字功底，但也很难驾驭专业性强的案例撰写。

3. 撰写次序问题

当前存在主题教育案例、培训教学案例和案例教学手册撰写次序不合理的问题。如果先撰写主题教育案例、后撰写培训教学案例和手册，那么会使主题教育案例的基本功效大打折扣。主题教育案例的核心功能是科学决策与实施技能，只有通过调研与研讨之后，主题教育案例的核心功能才能更加清晰。

4. 分工模式问题

当地政府部门人员、媒体记者、大学教师的三者分工模式，出现了“不可能三角”协调困难的问题。具体表现在当地部门人员追求政绩展现、媒体记者擅长语言渲染、大学教师强调案例专业性，这三者难以协调起来，致使案例最根本的教育功能被弱化，与此同时案例的真实性也难以得到保障。

5. 案例文本质量问题

当前也存在不少严重的案例文本质量问题。有的主题教育案例类似于工作总结、政绩报告，有的培训教学案例则像新闻报道、调研报告，还有的案例教学手册像课堂教材、普通教案。这在实际教学过程中弱化了案例教学培训的效果，偏离了案例教学的初衷。

（二）案例教学实施问题

案例教学只是培训教学的方式之一，使用案例教学的最终目的是取得教学效果，满足培训学员、培训单位等各主体的培训需求，案例教学有其显著的优点，但是在具体实践中如果操作不好，将会使培训效果大打折扣，甚至还不如传统的讲授式教学，使前期案例编写和后期教学评估的努力化为泡影。当前案例教学实施主要问题如下。

1. 教学场景选择问题

不适合使用案例教学的课程或学员强行使用案例教学。由于案例教学在领导干部培训系统的广泛运用，有些培训机构还未弄清案例教学的基本原理和原则，在案例教学所需的基本条件还不具备、有些培训学员思想和知识准备不足的情形下，匆忙进行案例教学实施，导致教学方法与教学内容脱节，无法实现案例教学培训的根本目的。

2. 教学案例选择问题

一些培训机构在案例的选择上也存在问题。一是案例大而全，不具有针对性。有些教学案例不仅烦琐而且脉络不清，主线不明，导致学员在学习、研讨案例时目标不明确，不能有效抓住重点，用这样的案例进行教学很难实现教学目的，对教学效果的评估也没有实质性意义。二是案例缺乏争议性、真实性。由于案例提供的信息缺失或者片面，使案例教学丧失了微型社会课堂的功能。使用这种案例教学，学员们往往将注意力集中在案例本身的问题和细节，对案例想要传达的道理则缺乏讨论和共鸣，影响案例教学培训效果。

3. 案例分析引导不足问题

具体的案例分析对学员引导不足。一是让学员信马由缰，对学员缺乏必要和及时的引导，使得学员在案例分析时不集中、不深刻，达不到案例设计时考虑的培训功能。二是培训教员缺乏对案例的整体把握，不能及时总结和推进，使学员在案例分析时不能类比讨论，举一反三，影响案例教学实施方案的实现进度和程度。三是教员不能提供理论分析框架或模型，学员感悟不能及时升华。

4. 培训教员素质问题

培训教员自身素质方面也存在问题。例如，有些教员对案例教学的原理和意义不熟悉，上课前也没有充分备课、熟悉案例，对案例的争议点和让人反思学习的地方缺乏思考，对案例教学所涉及的知识储备不足，缺乏与学员沟通的经验和技巧，控制课堂能力弱，缺乏激情，感染力不强等。教员的素质问题也是影响案例教学顺利实施和培训效果的重要因素。

（三）案例教学评估问题

1. 对教学评估重视不够

一方面，有些干部教育培训单位、机构教学管理部门和管理人员可能存在思想误区，认为参加教学培训的领导干部时间宝贵，不太愿意专门进行系统评估，或者认为教学质量评估对参训学员意义不大，导致评估指标设计简单，评估过程流于形式化。另一方面，目前有些单位并未严格执行学习培训考核制度，不能全面考核学员培训时的学习态度、表现和学习情况，学员所在单位对其接受培训情况也没有足够重视，没有真正将学员培训效果作为提高待遇、晋升的依据，从而导致培训结果对学员影响不大、培训学员对培训效果也缺乏重视。

2. 评估方法缺乏科学性

评估方法缺乏科学性主要表现为以下几个方面。一是评估主体单一。当前案例教学质量评估主要是以学员对教员的评估为主，虽然学员也处于教学的主体地位并参与教学的整个过程，但是依然避免不了有些学员不理解教学的理念和目标，同时由于学员自身的专业背景、个人经历及喜好不同，仅依靠学员评估在一定程度上有失公正①。因此，实际评估中需要以学员评估为主，专家评估、领导评估以及自身评估相结合的方式进行。二是评估指标简单、缺乏科学性。教学质量评估是一项科学性、系统性的工作，评估指标需要达到逻辑严密和科学系统的要求，而目前的领导干部教育培训实践中，有

---

① 肖小华．干部教育培训评估必须做到“五个结合”［J］．领导科学，2008（5）．

些培训机构出于方便、易操作的考虑，将指标设计得过为简单，有些只列出一级指标，仅要求学员在相应指标上打钩就行，导致出现很多教学质量评估相同的情况，大大降低了教学质量评估的科学性，也偏离教学评估的目标。三是方法单一。由于案例教学评估方法理论发展还不成熟，一些培训机构在评估过程中普遍存在定量评审与定性评审脱节，重定量、轻定性，定性数据不够量化等现象。①

3. 对学员培训需求缺乏深度调研

由于我国目前以需求为导向的培训体制还不完善，有些培训管理部门并没有深入研究经济社会发展对领导干部的新要求，没有提出做好领导干部教育培训工作的指导意见，有些教育培训机构也未开展深入细致的需求调研，对组织需求、岗位需求和学员需求的把控能力还有待提高，对培训项目和教学计划的设计能力还有待加强。缺乏需求导向导致了两个方面的问题：一方面，学员以及学员的单位对领导干部培训缺乏主动需求，他们很少根据工作需要和领导干部成长需要主动提出培训需求，这就降低了学员学习的主动性，使培训效果较差；另一方面，需求缺乏导致教育培训机构的高质量培训也较为缺乏，有些教育培训机构对培训是否能满足学员需求以及学员在培训方面的需求程度、学员的潜在需求等并没有清晰的认识，也没有行之有效的措施和办法，导致最终的培训结果不尽如人意。

4. 评估结果未发挥最大功效

首先，由于教学质量评估更多是从管理角度考虑，主要为了教学评比、教师职称晋升和考核等，对教学质量的评估结果的内涵缺乏重视，教学管理部门对评估结果缺乏重视也影响了评估结果的适用程度。其次，教学质量评估作为领导干部教育培训工作中最重要的部分，它反映了前期各种工作的最终成果，因为不管是案例的开发、撰写和培训，其目的都是让参加培训的学员获得高质量的培训效果，增加其决策能力、执行能力、管理能力等，从而为党和国家作出其应有的贡献。然而，目前在领导干部教育培训的实际工作中，很多教学质量评估结果并没有得到较好的利用，甚至并未反馈给授课教员，也未反馈给教学管理部门，对如何改进工作、提

① 李亮，王颖，牛继豪. 干部教育培训教学质量评估存在的问题与对策研究［J］. 当代继续教育，2018，36（5）：11－14.

高教学质量并没有起到应有的作用。最后，案例教学评估结果与案例文本撰写脱节。案例的最终目的是服务教学培训，好的案例可以对教学培训起到非常大的促进作用。同时，案例教学培训的评估结果也对案例编写具有很大的参考作用，案例培训效果的及时反馈对提高案例撰写质量具有非常大的指导意义，而这一方面的意义，目前在理论和实践环节都被不同程度地忽视了。

三、推进国家建设型案例“安全三角”评审

（一）“安全三角”评审的内涵和意义

由于目前在案例撰写、案例实施和后续教学评估上都存在一定问题，案例撰写和后续的案例教学存在一定程度上的割裂，为了保证案例教学目标的顺利实现，使接受培训的领导干部各方面能力进一步提高，需要在案例开发与培训的全程进行相应的、必不可少的评审。完善案例评审具有重要意义：首先在案例开发阶段需要进行技术性和真实性评审，保证案例的质量和真实性；其次在案例后续试用和完善时需要结合案例的实施过程和评估结果进行试用性评审，从而更好地将案例教学的实践结果反馈案例开发、撰写和设计过程，因为高质量的案例反过来会促进更高质量的培训效果，把理论和实际相结合，形成良性循环，使案例质量和培训效果呈螺旋式提升；最后由于国家建设型案例开发与培训意义重大，需要将技术性评审、真实性评审与试用性评审相结合，形成更加完善安全的“安全三角”评审机制。罗来军（2019）提出国家建设型案例“安全三角”评审①，促使案例评审更加规范、更加深入、更加科学。

所谓“安全三角”评审是指在对主题教育案例、培训教学案例和案例教学手册的文本撰写进行评审时应当主要从三个角度进行，分别是技术性评审、真实性评审和试用性评审（见图 14－1）。通过三种评审的案例为“合格案例”，否则可能存在政治等安全隐患。尤其是真实性核审，要规避掉夸大成效、回避问题突出成绩、虚假捏造三种行为。

① 中国人民大学罗来军教授 2019 年《国家建设型案例技能培训》（PPT）。

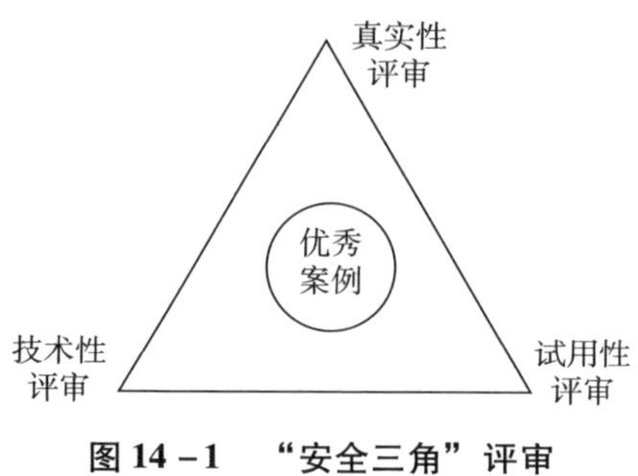

图 14 –1 “安全三角”评审

（二）技术性评审

技术性评审是指对主题教育案例、培训教学案例和案例教学手册的文本撰写进行科学评审。它是保证案例撰写质量的第一道防线。首先，审核案例是否达到案例撰写的基本要求和条件。如案例撰写的“四性”，决策性、典型性、真实性和趣味性。其次，审核案例的内容是否充实，结构是否简明，观点是否明确，预期根据案例的整体特点能否带来应有的培训效果，如启发性等。最后，我国的国家建设型案例的特殊之处还在于要重点突出党攻坚克难的实践与深入贯彻中国特色社会主义思想，这方面也需要技术性评审进行审核。

在技术性评审中重要的评审工具是量化评审打分表。在这里，以中共中央组织部部署的攻坚克难案例为例，构建评审打分表。评审打分表是为了满足评审要求，将高质量案例应有的特征分成各个方面的具体指标，并通过对具体指标打分评判出案例整体质量的表格。它具有简单明了、易于操作的特点。根据不同的案例形式及撰写要求，评审打分表的具体指标和结构也有所不同，其针对主题教育案例、培训教学案例和案例教学手册三个部分并结合各自特点列出不同的评审指标，并按照实际情况评分。例如，由于干部教育培训案例主要用于各级领导干部在课堂等特定场景下的集体研讨学习，它更注重案例是否适合于现场讨论、启发性强，对于不方便现场讨论，缺乏启发性的领导干部教育培训案例，可以打 1 ~2 分；对于比较适合现场讨论、启发性也较强的领导干部教育培训案例，可以打 3 ~4 分；而对于非常适合现场讨论，具有很强启发性的领导干部教育培训案例，可以打 5 分。主题教育案例主要用于各级领导干部自学自研，因此更加关注是否“适合于自主教育、启发性强”指标，对该指标的打分方法可以依据上述干部教育培训案例，根据其满足程度进行打分，其他指标也可以按照该方法，以此类推。

通过评审打分表不仅可以用分数简单明了地反映被评案例的整体质量，还可以更清楚地发现各环节存在的问题，有利于有针对性地完善案例文本撰写。量化评审打分表具体形式如表 14－1、表 14－2 所示。

（三）真实性评审

真实性评审是指对案例具体内容的真实性进行审核，案例的内容主要包括案例中的部门人员、政策措施以及所取得的成效等。内容的真实性其实作为主题教育案例和培训教学案例中技术性评审的一个指标，在技术性评审中已经有所涉及，之所以要单独提出来作为一项独立的评审内容有以下几点原因。

一是案例的真实性审核意义重大，需要格外重视。首先，案例教学方式的特点就是使学员以案例当事人的角色身份深入案例的具体情境中，在面临同样决策困境时该如何思考问题，做出最优决策。因此，案例内容必须是真实发生的事件，应该符合客观实际，基于客观实际得出的感悟或者理论思考，才能在以后的工作中更好地指导实际情况。其次，如果案例的内容有一方面或者多方面失真，那么必然会扭曲案例中各要素的基本联系，使分析出的结论不仅缺少事实支撑，还可能产生错误的判断，造成决策失误。最后，只有保证案例的真实性，才能发挥学员分析讨论的重要价值，对学员起到正确的引导作用，尤其对于国家建设型案例来说，如果案例真实性存在问题，不仅案例质量下降、培训效果不足，甚至还会造成较大的政治风险。

二是目前有些案例存在较严重的失真问题，需要加强审核。根据案例文本撰写的一些实践，主题教育案例一般由案例发生地的主管部门或当地部门人员负责撰写，而这些部门往往基于自身利益会倾向于展现当地的“政绩”，更容易产生夸大成效、回避问题和虚假捏造等违反真实性的问题。例如，曾经有一个描述某地级市市委书记带领市委一班人科学决策、狠抓落实、迅速改变当地面貌的案例，刚刚发给领导干部进修班时便引起争议，学员普遍认为案例中关于上届市委领导班子的正面信息隐藏太多，而本届市委领导班子的负面信息又暴露太少，整个案子显得很不真实，缺乏辩证性，有的学员甚至因此怀疑现任市委书记的人品，并且质疑教员用这样的案例进行教学的目的。

表 14－1　以中共中央组织部部署的攻坚克难案例为例的评审打分表 1

评审办法说明：1. 每一项打分范围均为 1～5 分，由 1 至 5 程度逐渐加强；2. 评价级别包括“优秀”“合格”和“不合格”，请在对应表格内打√；3. 请评审专家为案例撰写人提供全面、客观、建设性的反馈意见，如主要的点和不足之处，并提出具体的改进意见；4. 主题教育案例与培训教学案例的评价事项，单元格底色相同的为两种案例的相同评价方面，底色不同的为两种案例评价上存在差异，也表明两种案例开发和撰写的不同之处。

序号	案例编号	案例名称	干部教育培训教学案例										案例教学手册					案例整体评价	评价级别（请选择 1 项）			评审意见
			具有足够的典型性	决策性强、决策困境与导向明确	内容真实、客观中立、准确不片面	结构逻辑清晰、可读性和趣味性强	教学培训知识点明确、聚焦	重点突出党攻坚克难实践与贯彻思想	强调第一手资料，适度用图表，呈现翔实资料	有足够多的细节供学员讨论和推理	培训指向明确，且没有回避问题	适合于现场讨论、启发性强	教学培训目标设定合理、具体	讨论题紧密支撑培训目标，且不能空泛	理论知识点清晰深刻、逻辑严密、论证有力	重点突出党攻坚克难实践与贯彻思想	培训现场安排科学合理		优秀	合格	不合格	
1																						可另加页撰写具体的评审意见
2																						

表 14－2　　以中共中央组织部部署的攻坚克难案例为例的评审打分表 2

序号	案例编号	案例名称	“不忘初心、牢记使命”主题教育案例										案例整体评价	评价级别（请选择 1 项）			评审意见
			具有足够的典型性	决策性强、决策思路与解决方案科学	内容真实、客观中立、准确不片面	结构逻辑清晰，可读性、严谨性强	主题教育知识点明确、聚焦	重点突出党攻坚克难实践与贯彻思想	强调第一手资料，适度用图表，呈现翔实资料	问题提出与分析精准，实施举措推广性强	教育指向明确，且没有回避问题	适合于自学等教育，启发性强		优秀	合格	不合格	
1																	可另加页撰写具体的评审意见
2																	

还有一些案例有虚假捏造的情况，比如，实施一项政策后当地的发展并没有那么迅速，为了突出自己的业绩，在案例撰写中编造数据，夸大捏造政策效果。当案例真实性存在问题时，学员已经不再相信案例所传达的信息，并对案例本身产生严重的怀疑，使案例教学目的与效果南辕北辙，因此，需要加大案例真实性的审核。

三是真实性评审不仅在技术性评审中会涉及，在试用性评审中也会有所涉及，它是贯穿评审的始终的。案例的真实性有时候在技术性评审环节较难被发现，案例评审专家可能对案例的客观中立、准确度以及逻辑性把握较强，对案例涉及的具体背景或者相关专业领域的真实性也许较难把握，而这些内容的真实性在具体的案例实践中又很容易被发现，因此，在案例的试用完善期间案例的真实性依然不容被忽视，只有去伪存真，经过打磨、完善的真实案例才具有典型的教育意义，才具有案例教学价值。

同时还要注意，案例的真实性并不意味着案例只能进行纯粹的描述，不能进行相对的加工。案例撰写的真实性是要求撰写人员保持客观中立的态度，基于客观事实进行描述和介绍，不能按主观意图随意删改，可以对案例进行适当加工，突出矛盾焦点，有利于激发学员学习兴趣，有时候由于特殊原因还可以对篇幅、叙事方式、人名地名做出调整，但是案例的基本情节、人物关系、政策措施以及政策效果等是绝不能编造的。

（四）试用性评审

试用性评审是指进入培训、教学、学习等使用环节，认真听取教员、学员的意见反馈，并将反馈结果最终汇集成评审意见，从而指导案例进一步修改完善。由于目前存在案例撰写与案例教学脱节的问题，在案例教学实践中产生大量好的建议和经验并不能及时反馈给案例开发环节。俗话说实践是检验真理的唯一标准，在缺乏实践检验的情况下，案例撰写的质量很难获得进一步提高。案例撰写环节更多的还是理论知识导向过程，缺乏发现问题的机制，而在实际的案例教学实践中会产生大量撰写时难以顾及的新问题，解决实践中遇到的新问题正是提高案例质量的重要途径。因此，将理论与实际相结合的试用完善环节具有重要意义。即使评审（技术性评审、真实性核审）通过的案例，也不能忽略试用完善。因此，为了突出试用完善的重要性，评审环节特地把试用完善拔高为“试用性评审”。试用性评审可以从以下几个方面发现问题。

一是案例的教与学实际效果如何。学员培训后的收获是衡量案例教学成果的重要指标，也是案例教学的根本目标，如果培训后未取得预期效果，不仅是对人力、物力和财力的浪费，也会对领导干部教育培训产生负面影响。因此，需要分析造成培训效果不佳的原因，对培训效果产生影响的原因主要有三个：其一是培训使用案例教材的原因，如案例质量欠缺等；其二是教的原因，如教员素质能力不足等，其三是学员自身原因，如学员自主培训需求不足，学习动力或能力不强等。而这一切都是建立在教学质量评估的基础上，试用性评审要求更加注重教学质量评估，因为只有以科学严谨的评估结果为依据才能发现案例教学中遇到的问题，才能将正确的实践结果反馈到案例撰写过程，更有利于教学培训的下一步改善。可以从以下三点改善教学质量评估①：其一是要根据党中央文件精神和国家重要领导人讲话，结合领导干部教育培训规划和人事制度改革有关文件等，建立量化评估标准对学员学习情况进行评估；其二是探讨领导教育培训考核机制，把培训学习情况作为对领导班子和领导干部考核的重要依据；其三是完善培训机构教学质量评估制度，包括制定合理的评估指标体系、规范的评估方法、完善的评估组织形式等。

二是反观技术性问题。在技术性评审中，专家一般按照既有的经验和理论知识来评价当前的技术指标，但是在实际培训过程中可能由于现实条件的变化，案例在有些技术指标上达不到要求，因此试用性评审在反观技术性问题的过程中可以对案例撰写进行更进一步的指导。同时，试用性评审也是对技术性评审的一种补充和验证，如果一个案例在技术性评审中获得高分，在试用完善的过程中发现确实达到了技术指标的要求，这说明技术性评审中的指标设定是科学的和经得起实践考验的，反之则可以进一步完善技术性评审的指标和方法，使技术性评审这第一道防线更具甄别能力，有利于后续案例教学的高质高效地展开。

三是有无真实性问题。试用性评审就是在试用完善的过程中对案例进一步的审核和提高，通过实践对技术性评审和真实性评审都有较大帮助，案例发生地工作人员、案例内容相关工作人员参加培训、教学、学习，他们不仅

① 周志平．干部教育培训教学质量评估研究［J］．中国浦东干部学院学报，2009，3（1）：112－116.

可以从各自的角度对案例教学进行评价，也更易于发现真实性方面的问题，尤其是熟悉案例的人员甚至在案例实践中有工作经历的人员更容易发现一些表述是否属实，这些都是对真实性评审的有力补充。

（五）合理安排评审流程次序

推行国家建设型案例“安全三角”评审需要将三种评审结合在一起对案例共同把关，通过三种评审的主题教育案例、培训教学案例和案例教学手册，才能最终正式纳入国家建设型案例。否则，如果案例存在问题，尤其是真实性方面的问题，很可能导致较大的政治性风险。因此，在国家建设型案例“安全三角”评审时必须保持谨慎和负责的态度，建立良好的制度，利用科学的方法，完成“安全三角”的评审使命，遴选出优秀的国家建设型案例。

在“安全三角”评审的基础框架中，也需要重视三种评审方式在实际运用中的流程次序。首先，应当对相应案例和手册组织技术性评审和真实性核审。技术性评审和真实性评审是案例评审的基础，技术性评审通过评审打分表也更易于操作，更有利于组织专家审核，同时技术性评审也是对案例的最低要求。真实性评审由于影响重大，也需要对其内容组织专门的评审。其次，在通过技术性评审和真实性评审后进入试用性评审。只有通过技术性评审和真实性评审的案例才进入试用性评审。试用性评审的主要功能是对已经通过前两项评审的案例进行打磨和再完善，同时也是对前两种评审的验证和补充。试用性评审中应当首先组织案例发生地工作人员、案例内容相关工作人员参加培训教学。其中试用性评审时间可以适当延长一些，不必太过着急。最后，这三种评审并不是割裂的，需要整体布局，相互配合和完善，共同促进高质量案例的遴选和下一步培训效果的提升。

第十五章　组织管理

一、构建“1 +3”组织管理模式

国家建设型案例不同于以往的领导管理培训一般性案例，它要求更高也更严格，案例的影响也更大，它的开发与培训需要跨部门团队的通力合作，尤其在试用完善和评审阶段，需要不同团队之间相互反馈、协调完善。因此，除了建立多个跨部门团队完成具体目标，还需要建立一个统一的决策部门，领导、衔接和协调不同团队之间的具体工作，从而提高团队工作效率，更好地完成案例的开发与培训目标。在实际的案例开发和培训管理中，既要保证利用各个团队和其中优秀成员的专业优势，又需要遵循统一的需求和目标，因此，构建“1 +3”的组织管理模式具有重要理论与实践的价值。“1 +3”组织管理模式由 1 个国家建设型案例工作委员会和 3 个工作团队组成。

（一）1 个国家建设型案例工作委员会

国家建设型案例工作委员会应由高水平的领导和专业人员组成，负责国家建设型案例开发与培训相关的重大事项决策，以及具体事项的指导。一方面，国家建设型案例开发与培训过程中肯定会面临着各种决策问题，尤其以需求为导向的教育培训理念更需要深入研究新时代下经济社会的发展对领导干部素质能力的新要求，这些决策问题和要求需要国家建设型案例工作委员会给予支持和指导，并从整体上对案例进行把关；另一方面，由于在案例的开发、审核、培训等环节需要跨部门团队间的分工与合作、沟通与交流，同时也可能面临外部环境变化，需要及时更正并统一团队目标，这些都需要有一个强有力的国家建设型工作委员会作为领导才能保证。

（二）3 个工作团队

国家建设型案例开发与培训作为一项系统复杂的工程，可以根据需要分为三个环节，即案例的开发、审核和后续的案例教学培训环节。其中每个环节都涉及不同领域的专业知识。为了更好地分工协作，需要在各个环节分别设立跨部门团队，跨部门团队的组建原则和发展对策在跨部门团队一章已经进行了较清晰的阐释，可以作为参照，3 个工作团队具体如下。

案例开发团队。案例开发团队可由专业人员、媒体记者、实际工作人员搭建，同时委托一家专业案例机构专门负责案例库的建设与管理。案例开发团队主要以需求为导向，负责开发满足需求的高质量国家建设型案例。并同时根据评审团队和师资团队的修改意见进行案例的提升和完善。

案例评审团队。案例评审团队由相关领域具有专业知识背景和丰富经验的专业人员组成，主要负责技术性评审和真实性核审。同时应注意，案例评审团队应保持独立性，严格按照评审要求评审案例。

培训师资团队。由具有相关领域教学经验和培训能力的专业教师或者培训师以及管理者组成，负责案例培训教学，并担负应用性评审的责任。培训师资团队的要求较高，首先培训教员本身素质得过硬，在培训实施前需要有充足的准备。其次培训教员及相关工作人员需要有很强的责任心，将培训遇到的问题和获得的经验，尤其在试用性评审方面的意见要及时记录和反馈。最后培训师资团队内部的管理要高效，沟通要顺畅，为试用性评审做出相应的制度建设等。

（三）人员筛选与团队配置

首先，1 个工作委员会、3 个工作团队，都应在中共中央组织部干部教育局的领导下，筛选相应的人员进行组建。其中专业人员可重点从中央党校（国家行政学院）、中国人民大学、北京大学、清华大学、中国社科院等机构进行筛选。

其次，由当地部门人员、媒体记者、大学案例教师等组成案例开发团队，这三类人员一定要和参与的案例“业务对口”。例如，参与国际贸易领域案例开发的媒体记者应该是国际贸易领域的记者，而不是其他领域的记者。这样才能保证案例的开发更加专业和可靠。

最后，各部门人员必须有明确合理的分工。例如，大学案例教师负责统筹协调，发挥专业优势，科学推进案例开发进程；当地相关部门人员负责提供详细的资料、部门对接等需要；相关部门、媒体记者和大学案例教师三类人员共同进行调研、研讨；要尽量避免仅有一方提供资料信息；调研情况要上报并予以监督，以规避案例地方回避调研的情况；大学案例教师负责主题教育案例、培训教学案例和手册的撰写，着重保障"决策性"；当地部门人员对主题教育案例初稿进行修改完善，着重保障"真实性"以及客观过程；媒体记者对培训教学案例进行语言提升，着重保障"趣味性"等。

二、国家组织管理

国家建设型案例开发与培训是一个整体，案例的开发服务于培训，同时培训中的实践经验也有利于完善案例的进一步开发。因此，在国家层面上，为了取得国家建设型案例开发与培训的良性发展，需要在整体上从供需两方面进行考虑①。国家建设型案例开发与培训作为领导干部教育培训的重要内容，同时也是一种特殊的产品，它的供给和需求是政府公共政策导向下的产物。《2018—2022 年全国干部教育培训规划》在培训机构建设中指出，要立足功能定位，加强各级党校（行政学院）、干部学院主渠道主阵地建设，同时要加强各级社会主义学院建设。因此，国家建设型案例开发与培训的供给主体应该是多元化的，它可以是国家成立组建的组织，也可以是社会培训机构，甚至跨国培训机构等。国家建设型案例开发与培训的需求也是多层次的，它是组织需求、岗位需求和个人需求的有机结合，组织需求是指党和国家基于建设需要对干部人才的需求，岗位需求指干部所在单位基于工作需要对干部人才的需求，个人需求指基于个人理想、目标和自我能力的提升对培训的需求。为了保证供需平衡，对于国家建设型案例的实施需要从供需两个方面进行组织管理。

---

① 叶绪江. 当代中国干部教育培训有效供给研究［D］. 南京：南京农业大学，2010.

（一）加强对供给方的宏观管理

1. 建立多元化国家建设型案例培训市场

首先，在我国的社会主义现代化建设过程中，一方面，领导干部教育培训和能力提升将是一个持续的过程，而传统的以党校、行政学院等垄断的教育培训市场并不能满足日益增长的领导干部教育培训需求。① 另一方面，在缺乏有效市场竞争力的情况下，体制内培训机构缺乏竞争意识，削弱了提升自身办学能力的内在动力，不利于培训资源的有效配置和培训效果的整体提升。与此同时，由于公务员培训产品的可竞争性、可排他性、可营利性和弱强制性的市场属性②，以及社会培训机构可能具有的技术性优势，这些都为建立多元化的培训市场创造条件。其次，正是由于存在市场选择，各培训机构在生存和发展的内在压力的驱动下，才能深入调查政府培训需求，重视培训产品的研制和开发，促进高质量案例的撰写和培训效果的提升，提高产品质量，进一步满足政府的培训需求。最后，应在继续发挥党校、行政学院、干部学院主渠道作用的同时，整合和集聚高等院校、科研机构，甚至国外著名培训机构等优质资源为培训活动服务，通过建立多元化的国家建设型案例培训市场，逐步建立充满生机和活力的案例开发与培训体系。

2. 建立培训机构评估与资质认定体系

开放的领导干部教育培训体系容易导致市场的无序状态，由于不同培训机构办学能力和水平良莠不齐，为了保证最基本的培训质量，需要建立培训机构的评估与资质认定体系。对于培训机构进行国家建设型案例开发与培训资质的评估，应该建立覆盖基础建设、师资力量、教学内容、管理方式和服务水平等评估指标体系，一旦培训机构提出资质认证申请，负责组织认定相关机构，可以通过组织相关领域专家以及教育部门和培训管理部门就培训机构的案例开发与培训能力进行审查。培训机构资质认定应该遵循实事求是的原则，过程要简化，实施细则要科学、合理，经认定的培训机构可以得到领导干部教育主管部门的优先委托，并获得相关资源的重点支持，引导案例开

---

① 周志忍．公务员培训的之外比较——一些宏观的思考［J］．北京行政学院学报，2005（3）：1－4.

② 马秀玲．中国公务员培训有限市场化探析［D］．武汉：武汉大学，2005.

发与培训市场良性发展。

3. 构建培训机构监督体系

培训质量是案例开发的出发点也是落脚点，构建全方位、多层次的领导干部教育培训质量监督体系是确保案例开发与培训效果提升，大幅度提高领导干部素质，满足党和国家建设需要的有力保障。领导干部教育培训质量监督体系可分为内部监督和外部监督，内部监督是指培训机构内部的自我监督，为了高质量完成国家建设型案例的开发与培训，培训机构内部应该形成一套完善的质量监督体系，确保案例撰写和培训质量。外部监督是指案例开发与培训的参与方和社会对整体培训质量的监督，它包括干部教育组织管理部门、参训单位以及干部个人监督和社会监督等。其中，领导干部教育培训管理部门是培训质量监控的领导部门，负责指导、协调、监督和检查培训机构的评估工作；培训单位和参训学员一方面出于培训效果的需要对培训机构进行监督，另一方面需要配合领导干部教育主管部门对培训机构的培训质量进行评估；社会监督本身并不直接作用于领导干部教育培训机构，而是通过舆论、市场选择等方式影响培训机构的建设。

4. 完善相关法律法规

完善的法律法规和制度体系是确保领导干部教育培训健康发展的根本保障。高效、灵活的培训制度既能对各级党政组织的领导干部教育培训工作起到积极约束和规范的作用，又能对领导干部学习的自觉性和积极性起到激励和引导的作用。发达国家公务员培训制度由于发展历史较长，在高级公务员培训方面积累了许多有益的经验，形成了独具特色的培训模式，并将其建立在法制的基础上，使培训目标更明确，更易于操作。因此，为了完善国家建设型案例的开发与培训，保证领导干部教育培训的严肃性、稳定性和有效性，应尽快建立健全领导干部教育培训的单项规定和操作规则，形成配套、相互协调的有利于推动领导干部教育培训整体发展的教育培训制度。同时，还可以依据相关法律法规，对不符合或违反法规的行为进行纠正，并追究有关责任主体责任，切实保障案例开发与培训的顺利进行。

（二）加强对需求方的组织引导

1. 完善以需求为导向的培训计划生成体制

国家建设型案例的开发与培训的根本目的是满足组织、岗位和个人的培训需求，供给什么样的案例和培训，案例与培训的供给数量和质量都是由需求决定的。如果对需求层面认识不清，不仅不能产生有效供给，还会导致形式主义，造成培训资源的大量浪费。因此，国家层面的案例开发与培训需要完善以需求为导向的计划生成体制。领导干部教育培训管理部门要深入研究新时代下中国特色社会主义建设对国家建设型人才的需求，并提出指导性意见。培训机构要组织专门力量，开展深入细致的需求调研，准确把握组织需求、岗位需求和个人需求，以此为依据设计培训项目，提出教学计划。领导干部单位和个人要根据工作与个人成长需要主动提出培训需求。领导干部教育培训管理部门和培训机构要建立培训计划协调会商机制，研究确定需求调研、重点班次、培训计划等，确保形成完善的需求导向培训计划生成体制。

2. 建立组织调训与自主选学相结合的参训机制

组织调训是指干部教育培训管理部门，按计划抽调领导干部到指定教育培训机构参加脱产学习。组织调训具有计划性、强制性、集中性的特点，是培训质量、数量和领导干部健康成长的保证，但同时也可能存在多头调训、重复调训、多年不训的问题，因此需要加强对调训计划的统筹协调，提高调训计划的科学性和透明度。自主选学是指根据党和国家工作大局、本地区和本部门发展需要和学员自身发展需要，领导干部教育培训管理部门提供学习“菜单”，择优选择教育培训机构实施教学，学员根据自身实际自主选择培训时间、培训内容、培训机构的一种培训模式。① 传统的“大一统”参训形式容易限制干部多样化、个性化的培训需求，导致学员参训只是为了完成任务，缺乏自主性。因此，需要将组织调训与自主选学相结合，将个人需求与岗位需求、组织需求相融合，形成培训计划与市场结合更灵活的培训体系，更有利于提高培训产品的多样性、激发学员的参训活力。

3. 完善领导干部学习考评、激励机制

国家建设型案例的开发与培训最终都要落实在领导干部的学习、感悟和自我提升上，如果领导干部自身学习动力不足，培训结果的好坏也对其影响不大甚至无影响，势必会造成培训效果大打折扣。因此，需要完善领导干部学习考评、激励机制，将学员个人培训需求内生化到岗位需求和组织需求当

---

① 叶绪江．当代中国干部教育培训有效供给研究［D］．南京：南京农业大学，2010.

中，增加干部培训的学习积极性和主动性。首先，需要构建全面、科学的学习效果评价标准。既要关注培训后的结果评价，也要开展对学习期间学习态度、学习能力和学习质量的评价。其次，注重教育培训评估主体的多元化，不能单纯以培训机构的考评成绩为唯一依据，还要结合参训学员回到单位之后是否实现了思想转变与技能提升为依据，对参训学员单位的领导、同事以及学员本身进行调研综合评估。最后，建立完善领导干部教育培训效果与考核任用的联动机制。建立健全组织人事部门内部领导干部培训工作与管理工作之间的沟通协调机制，把理论素养、学习能力作为选拔任用领导干部的重要依据。对领导干部进行任职考察，要把学习培训情况作为重要内容。建立健全的领导干部教育培训登记管理制度，将学员学习培训情况和考核结果如实记入领导干部信息库，并将重要培训情况纳入干部人事档案。

4. 建立领导干部教育培训质量评估机制

需求能不能很好得到满足，很大程度上取决于培训产品的质量，同时培训质量高低、培训效果如何，很大程度上也取决于对需求的满足程度，因此需要更加重视教育培训的质量提升，这就需要首先建立一套完善的领导干部教育培训质量评估机制。一方面，教学质量评估是领导干部教育培训的重要组成部分，是进行教育培训质量监督的必备条件，只有建立一套完善的教育质量评估体系，才能为教育培训质量监督提供科学的依据。另一方面，教学质量评估也是对培训活动工作成果的总结，通过对教学质量进行评估可以发现案例教学中可能存在的问题，包括案例的撰写以及案例教学组织实施过程中遇到的问题和不足之处，通过将这些问题及时反馈给相关部门，有利于完善案例开发与培训工作的整个流程。借助评估中的问题反馈，培训机构可以以需求为导向，深入研究培训需求，并优化培训流程；案例开发方面重新审视案例可能出现的问题，对案例进行进一步的优化；同时领导干部教育管理部门可以加强协调服务和整体规划，最终促进培训效果的进一步提升。

三、机构组织管理

中共中央在《干部教育培训工作条例》中明确提出，“干部教育培训管理部门可以委托符合条件的高等学校、科研院所、社会培训机构等承担干部教育培训任务”。因此，在国家建设型案例开发与培训中，高等院校和科研院所等培训机构可以充分依托自身学科、师资、知识以及环境等方面的天然优势成为培训产品的重要供给方，并进行有效的组织管理，从而为国家建设型案例的开发与教学培训作出应有的贡献。对于组织管理，可以从以下几个方面考虑。

（一）建立以需求为导向的案例开发与培训内容生成机制

案例开发是培训的基础，不管是案例开发还是后期的教学培训都需要建立以需求为导向的内容生成体制。国家建设型案例是贯彻实施国家重大指导思想、重要战略部署、大政方针，高质量实现改革、发展、稳定等方面的先进实例，总结推广典型经验。因此，要将国家对建设型人才的需求与岗位需求、个人需求结合起来，通过深入细致的需求调研，找到满足三个层次需求的最佳结合点，并以此为依据进行案例开发与培训工作。具体可以按以下程序操作。

1. 开展需求调研，把握培训需求

在制订培训计划前，可以与领导干部教育培训主管部门联合开展需求调研，注重对不同行业、不同部门、不同级别的领导干部培训需求展开广泛调查，在对各地、各单位反馈意见进行汇总的基础上，召开包括相关领导干部小组、管理部门以及培训机构组成的联席会议，听取各方意见，准确把握组织需求、岗位需求和个人需求。①

2. 分析培训需求，拟定培训内容

依据对培训组织需求分析，培训机构可以组织相关领域专家召开会议，讨论优化具体培训内容的设置，根据不同类型的领导干部拟定不同的案例开发与培训的方法，力求实现组织需求、岗位需求与个人需求的统一。根据不同类别领导干部的不同特点有侧重地进行案例开发和设置培训内容，可以有效解决培训内容不分对象、与领导干部职责需求脱节等问题，对增强培训的针对性和实效性意义重大。

3. 建立促进培训内容科学化的长效机制

通过培训计划生成、实施、反馈等流程化设计，并在培训结束时建立培训效果评估和反馈机制。例如，在培训结束后指导学员填写培训效果个人意

---

① 王徐波．我国教育干部培训机构评估研究［D］．上海：华东师范大学，2008.

见反馈卡等，并在后续时期继续收集反馈意见，以培训效果来评估和检验案例与培训内容的针对性和实效性，进一步优化和完善前期的案例开发与培训内容，进而促进培训内容科学化设置长效机制建立。

（二）建立完善的干部教育培训流程

领导干部教育培训是一个完整的流程，但在实践过程中，由于受到培训观念、培训技术、培训经费、培训时间等多方面的约束，培训机构很容易省略培训前的需求分析、培训中的沟通、协调、交流过程以及培训后的评估和持续跟踪反馈过程，这在很大程度上影响了培训项目的优化和培训效果。为了确保教学培训质量，教育培训机构的培训活动可以遵循以下流程。

1. 培训需求分析

培训需求包括国家、组织、不同领导干部群体和个体的需求四个层次。首先要满足国家需求，思考我国进行现代化建设到底需要解决什么样的问题；其次需要了解组织需求，根据国家发展战略，考虑组织内部需要什么样的培训；最后考虑不同领导干部群体和个人的需求。

2. 设置培训目标

通过需求分析设置培训目标，清晰的培训目标有助于培训实施。要了解培训的目的，考虑培训目标能否满足培训需求，需要完成什么样的工作，组织内部现实的目标有哪些，最后根据培训目标设置培训课程。

3. 课程设计

课程设计主要包括以下四方面工作：一是了解和分析培训对象，确定培训组织结构；二是排定培训项目课时分配表，确定培训时间；三是选定培训材料和合适的培训方法；四是走访参训学员，确定评估方式。

4. 培训组织实施

组织实施也是关键的一个环节，它直接影响教学效果的好坏，在具体的教学过程中，教员要善于引导，带动活跃的课堂气氛，使学员能够进入案例角色，在这种微型社会课堂中进行思想碰撞，互相交流学习，积极探索思考，共同提高能力，从而达到教学相长、学学相长的目的。

5. 培训评估程序

培训评估的程序不容忽视，它有利于审视教学效果。首先要选择评估方法，确定可行的评估标准。其次向培训学员及所在单位领导发放评估问卷，进行有效评估和跟踪反馈。最后要运用评估结果改进案例开发与培训工作。

这五个流程相互促进，互为一体，通过对流程的完整实施保证教学培训的顺利运行。

（三）培育专业化的案例开发和培训师资队伍

国家建设型案例的开发与培训离不开强大的师资队伍，高等院校和科研院所等培训机构需要发挥自身的师资力量优势，并联合其他部门，培育组建优秀的案例开发、审核以及培训师资队伍。

1. 培育专业化的案例开发队伍

高等学校、科研院所等培训机构可以依托自身丰富的学术资源和社会资源，并与其他相关部门建立广泛的合作关系，以专业化的视角和严谨的态度培育国家建设型案例的开发队伍。首先，组织优秀教师按照国家建设型案例撰写要求与其他部门展开必要的合作和调研，开发高质量教学案例，对案例开发的立项、验收和经费拨付以及成果上报进行全过程管理，为案例开发拓展社会资源和提供必要条件；其次，鼓励教师使用自行开发的教学案例，定期开展案例教学效果评估和分析工作，促进各案例教学水平的提高；再次，通过案例开发以及后续的多途径传播活动，努力展示国家建设方面优秀的管理实践成果，展示教师案例开发的成果；最后，通过多种途径，为写出高质量的案例研究型论文和进行管理咨询服务等延伸性“产品”提供必要的资源和条件。另外，可以结合自身条件并联合相关部门，组建相应的案例审核团队，对案例的技术性和真实性进行初步评审，同时要求案例开发人员在案例开发中的坚持自我审核，严格按照技术性、真实性、试用性等评审相关要求，确保案例的质量。

2. 建立专业化的教员队伍

教员队伍的素质是领导干部教育培训机构办学能力高低的关键，也是案例教学顺利实施获得高质量培训效果的重要保证，首先要加强对教员的培训。可以遴选出具有丰富案例教学经验的优秀教师，通过邀请相关领域专家以会议、讲座、讨论会等形式深入探讨学习国家建设型案例的开发过程以及开发与培训的重要意义，掌握培训方法和培训过程中需要重点关注的事项。主动与各级党委、政府有关部门加强联系，有计划地选派骨干教师到党政机关和实践一线挂职，帮助教员熟悉党的相关工作体制机制，增加理论联系实际的能力，从而提升其实际案例教学能力。其次完善教员评价机制。教员培训质量的好坏需要评估和考核，这样才能保证教学质量，激励他们不断发展和自我完善。科学合理的教员评价体系对于加强培训师资队伍建设，提高培训教学质量具有举足轻重的意义。最后要推进兼职教师的专业化、专职化建设。目前在高等院校、科研院所的教员一般是兼职教师，由于兼职教师在教学内容、时间安排上的不可控，势必会影响教学质量与教育目标的实现，兼职教师很难有时间对案例教学进行系统研究，导致按需施教难以落实。因此，一方面需要培训机构为兼职教师提供足够多的资源和条件，有利于其进一步研究和施教；另一方面需要做好兼职教师的管理、评价和激励工作，努力促进其专业化方面的提升。

3. 构建开发队伍与培训队伍沟通反馈机制

由于国家建设型案例具有更为特殊的意义，其撰写与培训比一般的领导干部教育案例更为严格，因此在评审环节将试用完善上升为试用性评审。这就要求案例的开发与培训不能割裂开来，需要相互协调、共同促进、共同完善。一方面案例开发人员在案例开发前可以与教员沟通案例开发的注意事项，以及在实际的案例教学中的潜在问题，增加案例的实用性。另一方面，教员在案例教学前需要对案例的开发内容进行详细的了解，对其发生的背景和社会条件等进行详细的掌握，这样才能在具体的施教过程中为学员答疑解惑，更好地引导学员思考学习。同时，由于试用性评审要求，案例实施过程中还要对案例的真实性、技术性进行进一步评审，通过教学实践分析总结案例开发过程中可能存在的问题。因此，教员需要将案例在具体实施中遇到的问题或得到有益经验反馈给案例开发人员，促进后者进一步改进，从而形成案例开发与培训的良性循环。

（四）积极打造线上线下相结合的培训模式

随着“互联网+”上升为国家战略，“互联网+教育培训”发展模式为领导干部教育培训带来新机遇。依靠互联网为主的云计算、大数据等一整套信息技术，可以使培训资源迅速流通，不受时空限制，为培训大发展提供便利。因此，领导干部教育培训应积极培育平台思维、用户思维、社会化思维、大数据思维，改进培训工作，提高培训实效。中共中央发布的《2018—2022年全国干部教育培训规划》其干部教育培训和互联网融合发展部分提出，要积极探索适应信息化发展趋势的网络培训有效方式，推行线上线下相结合的培训模式。加强中国领导干部网络学院及其分院建设，建设在线学习精品课程库，迭代开发移动学习平台。因此，高等学校等培训机构应积极打造线上线下相结合的培训模式，它不仅是特殊时期（如新冠肺炎疫情防控期间）加大教学改革创新力度的迫切需要，也是扎实开展领导干部教育培训工作的有益探索和将来的发展趋势。

1. 打破教学时空限制

通过“在线课堂”为学员提供了“地域广阔”的培训场所，不同单位的学员可在不同区域利用手机、电脑等移动设备和网络共享线上培训，并进行教学互动。有特殊情况不能及时参加培训的学员还可借助“直播回放”功能，利用碎片化时间后续补课，大大提高了参训的积极性和实效性。

2. 打破师资资源瓶颈

线上培训可以方便地实现不同地域、不同部门的专家的高效合作，异地教员无须跨越城际，直接进行网络会议或教学，在共享高等学校、科研院所等优质教学资源的同时，大大降低了成本。

3. 提升教学管理水平

一些线上直播软件的“在线课堂”具有课程签到、直播统计、群公告等功能，工作人员可通过观看时长的后台数据进行考勤、计算学分，并开展相关的教学质量评估等工作，大大提高了教学管理的水平和效能。

因此，高等学校、科研院所等培训机构利用互联网和大数据开展培训工作，通过线上线下一体化方式打造高效灵活的培训课堂和教学模式，具有重要的理论和现实意义。

第五篇

国别性与世界性

第十六章　国别性

国家建设型案例是贯彻实施国家重大指导思想、重要战略部署、大政方针，高质量实现改革、发展、稳定等方面的先进实例，总结推广典型经验。国家建设型案例不同于工商管理或公共管理等课堂上的教学案例，也不同于领导干部管理培训的一般性案例，它的要求更高、价值更大、影响更远。

一、国家建设型案例国别性界定

国家建设型案例的国别性是指每个国家的制度、历史及文化的不同使国家建设型案例具有差异性，部分案例只适合于特定的国家。国别化的国家建设型案例具有针对性，以满足不同国家建设者的要求。案例的针对性越强，适用性越好。撰写国家建设型案例对我国国家建设有着重要的理论意义和应用价值。国家建设型案例的国别性，亦可指案例以国家为单位，针对不同国家制度、历史及文化等因素的不同而进行编写。国别化的国家建设型案例应具备的特点：应对不同国家的国家建设型案例展开横向比较，如各个国家对新型冠状病毒肺炎疫情的防控工作，就存在着较大的不同。

二、影响国家建设型案例国别性的因素

影响国家建设型案例国别性的因素较多，其中，制度、历史及文化对国家建设型案例国别性的影响较大。

（1）制度

一个国家的建设会直接受到国家制度的影响。国家制度是指一个国家法律规定的关于国家性质和形式等方面制度的总称。国家制度大致可以分为国

家的性质的形式两个宏观方面。国家的性质指的是国体，即各个阶级在这个国家中的地位；国家的形式指的是政体和国家的结构形式。国体能够反映这个国家的本质以及阶级属性，由政体表现出来并决定政体。国体和政体均为国家制度的组成部分，因此国家制度是指规定拥有国家权力的阶级以及这个阶级实现权力采取何种组织形式的制度。各个国家的宪法、普通法律和其他特别法中一般都规定了国家制度。国家制度的核心是国家政权的归属，属于政治的上层建筑，规定了国家的政治体制以及所有机构组织与活动的原则。历史上根据不同的发展阶段产生了四种类型的国家制度：奴隶时期的国家制度、封建时期的国家制度、资本主义时期的国家制度以及社会主义时期的国家制度，如中国是社会主义国家，实行人民民主专政，人民代表大会制度、多党合作、政治协商以及民族区域自治制度是国家的组织及管理的基本形式。一个国家统治阶级为了掌握及维持政权而采取的治理方式以及方法的总和成为一个国家的制度，涵盖了国家的管理以及结构形式、政党选举以及司法制度等，国家制度能够直接影响一个国家的国家建设型案例的国别性。

（2）历史

一个国家的历史能够直接影响国家的建设。一个国家的历史是指国家按照历史进程进行的一系列人类社会活动事件的集合，是人类文明的轨迹，它传承了文化，是一个不断延伸、不断积累和不断扩展的进程。

举一个历史影响国家建设的例子。在历史上，欧洲人基于多种理由比较偏好小型汽车。欧洲所处的地理位置决定了其大多数国家国土面积较小，很多城市的古建筑历史悠久，道路相对狭窄，导致停车位稀缺以及大型车停靠不便。欧洲的汽车工业较为发达，人们不会将汽车作为炫富资本，而是比较注重汽车的实用性。同时欧洲的油价相对较高，人们偏好耗油较少经济实惠的小型汽车，消费观念较为成熟。从环保的角度考虑，大型汽车产生的污染物较多，欧洲人倾向对环境友好的小型汽车以减少对空气的污染。从经济方面考虑，大型汽车的增值税和消费税高于小型汽车，小型汽车比较容易受到青睐。驾驶小型汽车时，操作感强、方便灵活且易于驾驶。加之欧洲人口较少，大多进行短途行驶，小型汽车已可满足人们的日常需求。欧洲人偏好小型汽车的历史，就影响到欧洲国家汽车产业的建设和发展。

（3）文化

不同的国家文化能够直接影响一个国家的建设。文化是一个经常被人们提及的概念，不同学者对其定义给出了不同的见解。在国内外广泛的文化定义中，英国学者泰勒和我国学者梁漱溟的界定较具代表性。泰勒认为：“文化，也可称为文明，从民族学广泛意义的角度来讲，是人们作为社会成员掌握并能够接受的知识、艺术、信仰、法律、道德、风俗才能以及习惯的综合体。”梁漱溟则指出：“文化是一个民族生活的三个方面：即精神生活、社会生活以及物质生活三个方面，分别包括哲学、宗教、艺术、科学，伦理习惯、社会组织、经济关系及政治制度，起居、饮食种种享用以及人类从自然界求得生存等。”可见，文化有广义和狭义之分。广义的文化即“人化”，大体与我们今天所理解的“文明”同义，指人类所创造的一切财富的总和，包括物质因素、制度因素和精神因素。狭义的文化是指人类创造的精神财富，既包括哲学、社会科学、艺术、文学、思想道德、文化事业及产业等意识形态文化，还包括自然科学、语言、文字等非意识形态文化。

在不同的地域文化中，人们会产生不同的互动以及社会实践方式，导致社会表象及意义的不同，最终使人们对同一事物的理解也有所不同。比如，中西方对颜色引用意义的理解有差别，这主要是文化理解的差异造成的。西方新娘结婚时穿的婚纱一般是白色，而中国新娘的传统嫁衣一般是红色。一个国家的文化会对国家的建设产生较大影响，使国家建设理论国别性的产生成为必然。

第十七章　世界性

国别性使国家建设型案例具有差异，国家建设型案例的世界性，指国家建设型案例的适用性跨越了民族特性和区域特性的限制，它主要是由于知识具有公共性的特征。

一、国家建设型案例世界性界定

世界性的国家建设型案例是指对世界各国均具有参考价值，在全世界范围内具有可推广性和可参考性。国家建设型案例具备世界性的特点，是由于知识具有可转移性的特点。知识来自人们对自然与社会的认识，在不同时空能够转移，给国家建设型案例的世界性和国别性并存提供了基础。与自然以及社会相关的知识均能够转移，国家建设型案例的世界性指的是知识的可转移性。两种现象进行比较时，其相似的特性与程度能够决定知识能否转移以及能够转移的程度。人们对自然的认知基本是一致的，不会对自然知识的普遍适用性表示怀疑。同样，不同的国家也存在着相同或者相似的方面，而国家建设型案例世界性的基础也正在于不同国家建设的相似程度。

世界性也可理解为普遍的适用性，具体表现在不因为时间、地点和人为因素而发生变化，过去如此，将来也如此，在中国如此，在外国也如此。国家建设型案例的国别性是由于制度、历史文化等原因仅适用于特定国家，而国家建设型案例的世界性是不受特定国家制度、历史文化的影响适用于所有国家。

二、国家建设型案例世界性意义

国家建设型案例世界性的意义在于能够为其他国家提供借鉴，共同促进人类的进步与繁荣。即一个国家良好的发展战略、政策举措、行动方案如果具备世界性，其他国家和地区就能够进行学习和借鉴。从这个角度出发，一些国家的国家建设型案例能够在世界其他国家和地区推广，为其他国家和地区提供经验和参考或教训和警示，都将促进人类的进步与繁荣。

举一个例子加以说明。在能源供给不足、环境受到了较大污染的背景下，燃油车已难以适应未来的发展需要。电动汽车具有污染小的特点，正受到更多国家的重视。2010 年 4 月，欧洲联盟发布了政策文件《清洁能源和节能汽车欧洲战略》，旨在鼓励汽车制造商向使用清洁能源的汽车生产方面倾斜，并以电动汽车为清洁能源汽车的推荐车型，建立完善了关于电动汽车运营的标准体系，并在较大范围内完成了电动汽车配套基础设施的建设，包括建立了充电站网络和智能充电网建设。为了加快电动汽车的发展进程，尽快达到世界先进水平，中国政府发布了相关的规划及指导意见。2012 年 7 月 9 日国务院办公厅发布《节能与新能源汽车产业发展规划》，规划期为 2012—2020 年。该规划提出，加快培育和发展节能汽车与新能源汽车，既是有效缓解能源和环境压力、推动汽车产业可持续发展的紧迫任务，也是加快汽车产业转型升级、培育新的经济增长点和国际竞争优势的战略举措。2014 年 7 月 21 日国务院办公厅发布《国务院办公厅关于加快新能源汽车推广应用的指导意见》，2015 年 10 月 9 日发布《关于加快电动汽车充电基础设施建设的指导意见》。2020 年 2 月 10 日发改委、工信部、交通运输部等 11 个国家部委联合发布《智能汽车创新发展战略》。电动汽车覆盖整车领域、通信行业、电力电网以及服务等多个方面，相比燃油车技术水平更加复杂，电动汽车制定与实施的标准与其未来的发展趋势密切相关。尽管我国在车辆、基础设施等领域制定了相应的标准，但在与之配套的教育与培训服务支持方面仍有所欠缺。在很多住宅区，基础设施领域中的充电桩安装困难且缺乏统一的标准给车主带来极大不便，而且车主在自行搭线充电过程中存在安全隐患。虽然我国电动汽车销量快速增长，但在教育培训、路线图基础设施等方面需要进一步加强；在关键技术方面我国与发达国家还有较大的差距，发展关键技术尤为重要，应当继续加快服务类标准的制定、加强团体标准的建设以及促进核心技术水平提升。

从上述论述中可知，在国家建设汽车产业案例中，有世界性的一面，欧洲建设电动汽车产业的经验可以在路线图、教育培训、基础设施、关键技术、服务标准等方面为我国提供借鉴，促进汽车产业的进步。同时，我国政府在汽车产业建设的借鉴过程中也需要了解中欧之间的差异，以适应我国的制度及历史文化。

第十八章　国别性与世界性

一、国家建设型案例国别性与世界性关系

国家建设型案例是探讨一个国家如何建设，如何富民强国，如何发展经济、社会、文化等。世界上有200多个国家，每个国家的基本情况、地理位置、发展阶段、历史、制度、文化、民俗等方面不尽相同，这意味着每个国家的发展战略、建设模式、政策措施会有所不同。如果一个国家的国家建设型案例仅仅适合本国，或者仅仅适合于与本国情况极为类似的少数国家，即是国家建设型案例的国别性。一个国家的国家建设型案例，不仅仅适用于本国发展建设的需要，还能够为世界上其他国家的发展建设提供借鉴和参考，甚至可以直接在别的国家进行使用和推广，即是国家建设型案例的世界性。这是因为，虽然世界各国具有差异性，但更具有类似性。以吃饭为例，无论是哪个国家的人都倾向于吃美味、营养价值高的食品，而这样高品质的食品往往要投入更多的资源和劳动，对应的价格也会更高，吸引具有更多财富的人购买和消费。这个简单的例子告诉我们，世界各国在自然属性、经济属性、社会属性等方面具备很高的类似性。

既然世界各国既有差异性又有类似性，那么，一个国家的国家建设型案例就会体现出国别性和世界性。通常而言，大多数国家建设型案例既具有国别性，又具有世界性，有些国家建设型案例具有较强的国别性，有些国家建设型案例具有较强的世界性。只有个别的国家建设型案例仅仅具有国别性，此种情况下，国家建设型案例的发生国往往较为特殊，以至于别的国家都和该国缺乏类似性，无法借鉴该国的相关发展模式和建设举措。同时，一个国家的国家建设型案例能够全部适用于其他国家，或者案例中一些思路和对策

适用于世界上大多数国家，这种高度的世界性也是很少存在的。

国家建设型案例的国别性与世界性具有统一的重要方面。如果一个国家建设型案例要想具备良好的世界性，首先必须适合案例发生国的发展和建设。一个国家的国家建设型案例只有深入本国的客观实际，找准关键因素，探索出发展规律，才能更好地适用于本国发展建设的需要，获得良好的发展成效；同时，也只有这样的国家建设型案例才值得世界上其他国家学习、借鉴和参考。如果一个国家的国家建设型案例连本国的客观实际都没有把握准确，也不能准确反映出基于本国情况的发展规律或者建设逻辑，这样的国家建设型案例就根本谈不上世界性，也不可能适用于世界其他国家。从这个角度出发，一个国家要想往外输出和推广本国的发展经验和建设模式，首先要在本国具有成功的实践检验，而后再分享给别的国家。

另外，如果一个国家的国家建设型案例具备了良好的世界性，其案例内容和做法在别的国家取得了卓越的成效，那么，这个国家建设型案例也一定对本国的客观实际进行了精准的把控，使之适合本国发展建设的需要，在本国也一定能够获得卓越的成功。一个国家的成功建设没有侥幸，世界的成功发展也没有侥幸。一个国家的国家建设型案例无论是在本国开发撰写，还是在本国应用，以及在世界上其他国家推广，都是要根植客观实际，抓住发展规律，通过实践检验。这样的国家建设型案例无论是国别性还是世界性，都有宝贵的价值和意义。

二、把握好国家建设型案例的国别性与世界性

国别性强的案例或者案例中属于国别性的内容，仅适用于某一特定国家，或者部分与此情况相同的国家，不能推广到世界上更为广泛的范围内。如在一些地域辽阔的国家人们偏爱大型车，主要是居住在邻近的街区的几个家庭主妇为了可以轮流帮大家送孩子，或者可将汽车变身为不需要去专门的房车营地、只要允许停车的地方都可以去的移动露营车；很多家庭饲养宠物，高视野和更灵活的后备厢空间能够让人们在旅行时方便携带宠物狗出行、进行野外烧烤等。由上述分析可知，大型车的推广并不能够适应所有国家。对于世界性强的案例，则具备广泛推广价值，推动人类共同进步。比如，欧洲国家建立完善了关于电动车运营的标准体系，并在较大范围内完成了电动车配

套基础设施的建设，包括建立了充电站网络和智能充电网建设。这具备广泛推广价值，可以推动人类共同进步。但在推进的同时，也应当注意适应每个国家制度、历史文化的不同，不能完全照搬。

我们要致力于开发出世界性强的国家建设型案例，一国的建设经验能够为其他国家提供借鉴，共同促进人类的进步与繁荣；但也尊重和重视适用于特定制度和文化的国家和民族的国家建设型案例的开发，让世界了解人类的差异性和多样性。

第六篇

培训与学习

第十九章　案例培训环节

案例培训八大环节

案例培训是一种结合了案例分析和案例讨论的教学方法。教员根据培训目的，把现实中的情境进行典型化处理，为学员虚设出一个基于现实情况下的场景，让学员在情境中学习案例经验。国家建设型案例培训旨在帮助教员、学员掌握国家建设型案例教学的关键点以及解决问题的技巧，总结提炼实践经验，提高决策能力。国家建设型案例培训包括教学手册、选择案例、案例备课、理论分析、案例教室、课堂教学、组织讨论、案例学习八大环节，如图 19－1 所示。

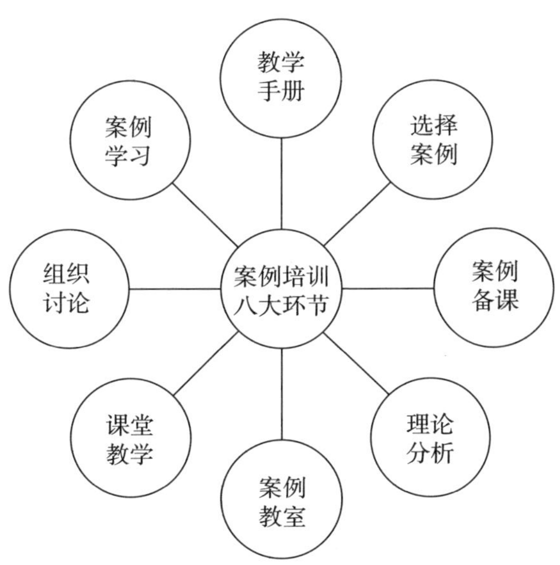

图 19－1　案例培训八大环节

1. **教学手册**

教学手册为国家建设型案例培训教学首要环节。教学手册展现了案例培训教学的精髓和关键点，具有在理论、理念、方法、工具上指导、训练学员的功能。案例教学手册需要用严谨的理论和方法进行阐释，其结构主要包括案例摘要、课前准备、适用对象、教学目标、课堂讨论问题、要点分析、课堂安排、后续情况和参考书目。

此外，案例教学手册的设计还有5点注意事项：①案例摘要准确概述案例中心思想、故事梗概、主要价值等。②教学目标要具体明确，不能只有理论意图，没有操作意图；也不能只有操作意图，没有理论意图。③课堂讨论设计的问题不能空泛或缺乏针对性，问题不宜过多或过少，3~5道比较适宜。④对于要点分析，理论知识点提炼要准确，讨论要点要聚焦，不要过于发散；逻辑分析要严密深刻，论证要充分有力；理论分析不能脱离案例进行，避免理论是理论、案例是案例，要做到理论充分联系实际。⑤案例要突出分析国家重大指导思想、重要战略部署、大政方针的指引作用，并推演到指导攻坚克难的方法论高度。

2. **选择案例**

教师需要对教学目的有准确的把握，对教材内容有深刻的理解，从教学目的出发精选案例。案例的选择应当遵循目的性、针对性、现实性、启发性的原则，把握好选题方向，选取真实而又具有典型性的案例。所选择的案例是国家建设中的疑难问题、焦点问题、热点问题，并且具有典型意义的实际情境的描述，可以激发学员讨论、探究的兴趣，提高学员分析和解决问题的能力。

在选择案例时，需要考虑案例的类型。国家建设型案例是贯彻实施国家重大指导思想、重要战略部署、大政方针，在改革发展稳定中攻坚克难的生动案例，要和一般的工商管理和公共管理案例有所区分。美国芝加哥大学教授小劳伦斯·E. 林恩（1999）认为案例是现实中公司或公共部门面临的管理情境的重现。他认为根据不同教学功能，可以将案例分为5个类型：①紧急决策型案例；②政策制定型案例；③说明型案例；④确认问题型案例；⑤概念运用型案例。这5种类型常被用于公共管理案例的分类。但本书认为这一分类对不同领域的案例有着普遍适用性，因而也同样适用于国家建设型案例的分类。本文运用这一分类方法将国家建设型案例分为以下5种类型。

（1）紧急决策型案例：紧急决策型案例是指组织管理决策者需要在某种特定情况下做出决定的案例。紧急决策型案例有利于提高学员专业技能和决策能力。在国家建设型案例培训中，选取紧急决策型案例，给学员特定的情境，并施加压力，迫使其做出紧急决策，有利于提高学员对复杂信息分类、分析和评价的能力，使其能准确把握和贯彻落实国家的宏观规划和决策。

（2）政策制定型案例：政策制定型案例是指组织管理决策者需要根据国家建设需要为组织或特定的部门建立目标、方向或运作规则，并做出战略决策的案例。学员需要考虑各种问题和决策，以建立一个能够解决多种特定问题的指导框架。政策制定型案例的目标是鼓励学员将理论转化为具体的行动。

（3）说明型案例：说明型案例记录了国家建设的具体实例。包括事件的原因，以及在实现目标、设计及管理项目、运用方法的成败得失。说明型案例可以被视作解决某类事件的模板。学员可学习案例中分析和处理现实问题的方法，总结出一般性的经验，以便在参与国家建设过程中能运用自己的判断和计划能力进行规划和决策。

（4）确认问题型案例：确认问题型案例会给出国家建设中遇到过的问题，要求学员对它们进行识别和确认。其中一个重要的任务就是要求学员在特定情境下，在混淆的、不确定的、具有争议的或各类错误信息及报告中准确识别个人或组织在国家建设中遇到的阻碍，并寻找到“问题”的解决方法。比起行动或思想，确认问题型案例主要关注的是对复杂信息的研究和分析。

（5）概念运用型案例：概念运用型案例是蕴含了某种特定概念、理论或方法的问题或情境。这种案例通常省略掉无关的信息或细节，让学员能更便捷地在案例学习过程中运用特定概念，提高其对特定的理论性、分析性、过程性概念的鉴赏力以及熟练运用概念的能力，以便将理论与国家建设实践更好地结合在一起。

教员除了需要根据教学目标和学员实际工作中的角色定位，选择恰当的案例类型，提高学员在现实工作中分析问题、做出决策、发挥专业技能解决现实问题的能力，还需要结合实际情况对案例的长度和复杂度进行选择。

3. 案例备课

案例备课要求教员根据教学要求，结合学员的知识结构和角色特点，选择合适的教学内容，拟订课堂计划。案例备课不仅需要“备教材”，还需要“备方法”，包括了教员教学的方法和学员学习的方法。案例备课可以从以下几个方面进行考虑：制订教学计划、选择教学案例、制订教学实施方案、课前准备和课堂控制（刘炳香，2007）。

（1）制订教学计划：教学计划是教员为某次培训制订的指导。它包括培训的目标（学员应该学什么）、如何达到目标（方法、步骤）以及评估培训目标完成情况的方法等。

（2）选择教学案例：在案例教学八大环节中的第二个环节，我们讨论了选择案例的原则和案例的类型，案例备课要求教师依据案例选择的原则、教学目的和计划选择符合学员需求的案例。并在选择之后，认真阅读案例，以对案例有全面的把握。

（3）制订教学实施方案：教学计划是一个大概的框架，而教学实施方案则更详细一些。教学实施方案需要包括案例教学时间的总长度、教学的环节以及每个环节的时间分配。教学实施方案还应包括对教学环境布置和教学设备准备的要求。

（4）课前准备和课堂控制：教员需要做好课前研究的准备和给学员提供案例分析框架或分析工具，并提前进行组织与动员。教员应提前预测课堂讨论的情况，计划好课堂的时间和进程，认真分析在教学过程中可能会出现的问题，并收集相关资料。在这一阶段，可以提前将案例教材和思考问题发给学员，让学员有针对性地开展准备工作。如阅读案例材料，查阅相关背景资料和理论知识，积极进行思考，形成对案例的初步认识，并拥有自己的观点。此外，教员还需要根据教学实施的方案对案例教室和所需设备进行布置。

4. 理论分析

理论分析是运用分析的手段提炼出国家建设型案例中的理论元素，并为今后国家建设实践提供判断和行动方案的方法。理论分析不是以理论为对象进行分析，而是运用相应的理论工具对特定的案例做出符合逻辑的规律性说明，是个别实践到一般理论再到个别实践的过程（李频，2014）。因此，理论分析不能脱离案例，要做到理论充分联系实际。理论分析的过程包括找出理论基础—建立理论模型—回顾与反思。理论分析要做到专业理论与辩证唯物主义相结合，借助归纳与演绎、比较与分类、分析与综合等形式逻辑方法来找出理论基础，并根据定量、定性的方法来建立恰当的模型，最终还需要进行回顾与反思，对提炼出的理论和理论模型进行检验。

5. 案例教室

案例教室的选择和布置需要契合国家建设型案例培训的需要，满足相对集中、相互隔离、相对宽敞和便于安排的基本要求（梁周敏、章立民、杨宝成，2007）。一方面各研讨小组要相对靠近，便于集中；另一方面也要保证研讨小组相互隔离，互不干扰。要保证案例教室有合适的空间，以方便根据培训需求进行场地的调整，教员和学员最好可以在教室自由移动。案例教室的规模要控制在50人以下，每个小组不超过10人，学员人数太多会影响课堂讨论的效果。另外，教学过程中可以充分利用各种设施辅助教学，如黑板（或白板）、投影仪、电脑、幻灯机等。

6. 课堂教学

在经过了教学手册、选择案例、案例备课、理论分析、案例教室的准备后，就来到了课堂教学环节。课堂是国家建设型案例教学的“主战场”。一般来说，案例课堂教学有三个环节：第一个环节是案例引导。在案例引导环节，教员需要说明教学的主旨和目标任务，案例主题、背景、关键理论概念，以及案例讨论的焦点提示。这一部分占每次课堂教学时间的四分之一或三分之一。第二个环节是案例讨论。案例讨论包括了小组讨论和组间讨论，这是课堂教学的主体部分，也是实现案例教学目标的重要环节，这一部分占到了每次教学时间的三分之一或二分之一。第三个环节是课堂总结。在课堂教学的尾声，教员需要引导学员一起对课堂进行总结归纳点评，这一环节十分考验教员的功底，也是检验案例讨论及案例教学质量的“试金石”。这一环节占课堂教学时间的四分之一或三分之一。

与传统的教学相比，国家建设型案例教学的课堂有五大特点。①要以学员为中心。案例教学要想方设法地调动每一个学员的积极性，鼓励学员去思考，积极参加讨论，敢于发表自己的意见。②没有唯一答案。国家建设型案例培训的目的不是判断是非，不是给出价值判断的标准，也不是找到唯一的答案。而是要让学员根据自己的经验、知识、价值判断和获得的信息自主作出选择。③要引起争论。案例教学鼓励学员坚持自己的观点并努力为自己的观点辩护，要鼓励学员敢于质疑，并能从多个角度论证自己的观点。④以讨论为基础。案例教学中，学员通过讨论形成公共话语，逐步升华对问题的理解和认识。教员则负责进行引导、补充与矫正。⑤全息学习。案例教学需要调动学员的注意力和潜在的经验和知识，从而达到提升个人能力的目的。

7. 组织讨论

组织讨论是提供有限的时间、空间和信息让学员尽可能充分地观察、参与、学习、分析和表达。组织讨论有 4 个基本步骤：①分组和动员。营造宽松的气氛，促进学员间的相互认识并增强小组内部的凝聚力。②小组讨论。要求选举或推荐一位组长，各学员详细阅读案例并进行思考后，发表各自的看法。学员在讨论中发掘问题、分析问题、提出解决方案、评价或总结经验教训。③小组汇报。小组讨论结束后，组长进行汇报。教员可以用 5 ~ 10 分钟的时间对案例讨论的主要观点意见进行必要和恰当的总结。④收尾和小结。教员和学员可以对培训过程进行回顾，对教学目标进行检验，对本次培训进行简单的总结。

讨论的形式可以分为 3 种：①讨论式。这种方式主要是由教员根据案例内容提出要求和问题，学员进行了一定的准备后，在课堂上开展讨论，最后由教员作出总结。这种方式的优点是有利于学员深入思考特定的问题，但是缺点是不利于学员对案例进行全面理解和认识。②辩论式。这种方式是指案例教员提供案例教材而不作具体解释，学员独立准备自己的观点和论据，在课堂上进行阐述，并相互提问、辩论。这种方式有利于提高学员的独立思考能力、决策能力以及语言表达能力，适用于具有一定专业知识和对案例教学较为熟悉的学员。③研讨式。教员提出具体的活动内容和背景材料，给定一些参考文献或资料；学员需要对案例进行研究，并撰写分析报告，以供课堂上进行研讨。学员可以对不同的见解、观点、论证等展开讨论或辩论。这种方式有利于提高学员的理论应用能力和策划能力，对学员的专业理论知识有较高的要求（孙军业，2004）。教员可以根据培训目标和学员的知识理论体系、职业等特点，选择恰当的讨论形式。

8. 案例学习

案例学习是结构整合的过程，学员在这个过程中要学会发现问题，把握和利用信息，理解和应用理论知识，提高批判性、分析性和推理性技能。通过这个过程学会互相分享经验，提高对决策过程的参与热情和决策能力，增强参与社会变革及解决社会问题的积极性等。

案例学习的方法不同于传统的课程学习，需要有适用于课堂讨论的必要能力和方法。比如要有捕捉问题的能力，带着强烈的问题意识，随时发问、置疑和批判；要有开展争论的意识，要随时找对手、挑毛病、抓辫子；要抓住机会发表见解，表达自己的主张；要观察、整理和善于总结归纳别人的观点；要求同存异，在不同观点之间找到共同点并努力达成共识。为此学员应提前了解学习案例的方法，认真阅读案例，并思考案例阅读提示问题，准备发言，摒弃差别观念，积极参与到案例学习中去。

第二十章 案例教员的角色

国家建设型案例开发是领导干部素质提升的高端工程，是贯彻实施国家重大指导思想、重要战略部署、大政方针，高质量实现改革、发展、稳定等方面的先进实例，是总结推广典型经验、面向领导干部的实践案例开发。因此，与传统讲授式教学的教员相比，国家建设案例的教员必须具备更高的水平和准确的角色定位。

国家建设型案例教员应在国家建设型案例教学中担当主持人、导演者、催化剂、引路人、意会者、信息库、发言人的角色，同时避免担当传道者、演讲者、仲裁者或授课者的角色（见图 20－1）。

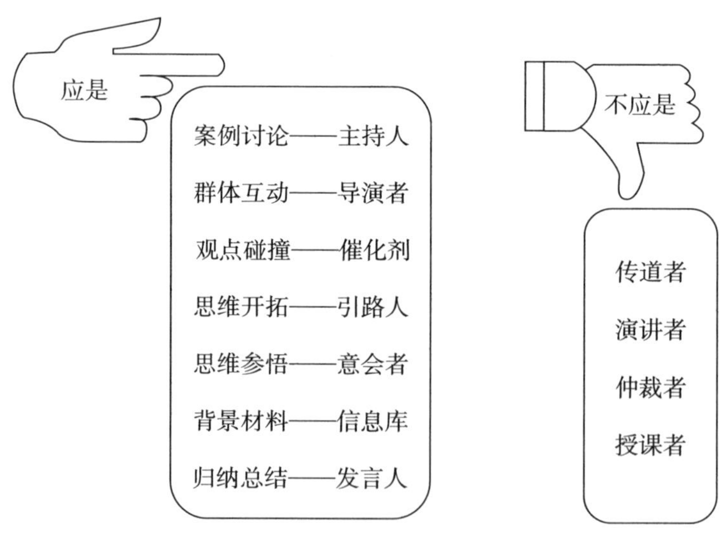

图 20－1 案例教员的角色定位

一、案例教员角色的具体定位

（1）案例教员是案例讨论的主持人。由于国家建设型案例培训需要持续一段时间，经历的环节也比较多，课堂始终处于较开放的教学条件下，因此案例教员在教学中无法像讲座一样可以对整个过程直接把控，案例教学的速度和节奏也无法像讲座一样一般可以不受其他因素的影响。由于学员的思维习惯、表达方式、理解能力、知识积累等方面存在着差异，对教学中遇到的问题、探讨的内容理解和接受的程度不同，如果不能及时处理，会影响或分散学员的注意力，影响教学的效果。因此案例教员必须像主持人一样根据教学的进度不断地对课堂进行调整和控制，发挥引导和维持课堂秩序的作用。案例教员首先需要对案例有着充分的了解，准确把握案例教学的每一个环节。其次，要控制课堂讨论的节奏和进度。应避免因为教学进度太快而破坏学员思维的连贯性，或者因为教学进度太慢使学员学习兴趣减少，产生懈怠情绪。更重要的是案例教员还要能够引导学员积极参加讨论、发表自己的见解，主动参与到整个教学过程中去。

（2）案例教员是群体互动的导演者。案例讨论不是一个机械的非思辨过程，而是教员指导学员互动的过程。案例教员是群体讨论的“导演者”。虽然群体讨论是以学员为中心，但事实上其全程处于案例教员无形的监督和指导之中。教员担当着“导演者”的角色，控制讨论的时间和进程，对案例讨论进行监督与指导。有时，还可能需要案例教员对个别学员进行辅导，纠正一些潜在的不正确认识，提出建设性意见，并对有创新性的观点适当进行鼓励，以优化教学效果。总的来说，在案例教学过程中，教员通过组织、引导、启发、点拨和评论等手段发挥着“导演”的作用，以确保案例学习和讨论向着健康、正确的方向发展。

（3）案例教员是观点碰撞的催化剂。催化剂是化学反应中帮助和加速物质变化过程的媒介，它本身的性质不会发生变化，但在物质的变化过程中却能有效地加快反应的速度。在传统的教学中，教员要对学员的学习负主要责任。国家建设型案例培训却以学员和学员的学习需求为主，教员则是充当案例教学的“催化剂”。一方面，教员通过提问推动学员不断思考，启发学员深入思考问题，朝着解决问题的方向发展。另一方面，案例教员要成为学员沟通过程中的媒介，在群体讨论中充当桥梁，穿针引线，鼓励创新，使各种思想相互撞击和融合，使学员在既定情境中体会各种决策方式的利弊，从而更加清楚地认识到自身思考方式的不足，进一步完善自己的思考过程，乃至实现创新和超越（孙璐，2007）。

（4）案例教员是思维开拓的引路人。案例教员是学员的引路人，发挥着启发学员思维的作用。案例教员首先需要准确把握教学内容和重点，选择有针对性的案例和素材，在教学前对整个课程设计有一个基本的介绍和铺垫，并通过案例把学员带入预设的情境中。在案例教学过程中，教员应适时提示新旧知识点之间联系的线索，促使学员将当前的学习内容与已有的知识经验产生联系，帮助学员构建更完备的知识经验框架，有利于学员获取的知识经验及时更新，也有利于其未来再现和应用。此外，教员应在一定的教学情境中引导学员根据自身知识经验背景，自觉地对外部信息进行选择、加工和处理，从而培养学员从问题出发主动寻找解决方法的探索精神与决策勇气。

（5）案例教员是思想参悟的意会者。国家建设型案例培训是学习贯彻落实国家重大指导思想、重要战略部署、大政方针，推广典型经验，高质量实现改革、发展、稳定等方面的先进实例。因此，案例教员必须要有对案例内在思想的参悟能力。一方面，案例教员要参悟透、领会好国家重大指导思想、重要战略部署、大政方针，要好学深思、联系实际、学深悟透。在教学中坚定贯彻国家重大指导思想、重要战略部署、大政方针，始终在思想、政治和行动上同国家保持高度一致。另一方面，案例教员需要重视学员对案例的“意会”，充分调动起学员的主观能动性，帮助学员确立课堂的主体意识。案例教员具备了高度的思想参悟之后，就容易了解学员的思想思维。对于有些问题，学员难以表达出自己的思想和感悟，就需要教员去意会、去捕捉；还有很多时候，学员对一些问题的阐释蕴藏着一定的思想和感悟，而且这种思想和感悟，学员本身也没有清楚地意识到，这就需要教员去意会和捕捉，并进一步提炼和表达出来，帮助学员提升思想高度，加强思维训练。

（6）案例教员是背景材料的信息库。国家建设型案例技能培训是国家的一项高端工程，案例教员必须有较高的理论素养和知识储备。此外，由于课堂时间及学员安排的限制，也要求案例教员要承担好各种相关资料的收集工作。教员需要提前通过文献、档案、记录、访谈、实物证据等渠道收集有价值的信息，建立相关案例背景材料的信息库。案例教员只有储备了足够的信息资料，才能在学员讨论和交流遇到困难时，及时提供必要的信息，提示讨论的方向，更好地开阔和引导学员的思维，进而提高课堂教学的效率。

（7）案例教员是归纳总结的发言人。在传统的课堂教学中，教员可以自己决定讲什么、讲多少、如何讲。而在国家建设型案例技能培训中，教员需要作为发言人在培训的最后阶段进行归纳总结。发言不能只代表自己，还要代表一个群体，即全体学员，要归纳总结全体学员在整个培训过程中表现出来的方方面面。教员的发言要反映学员整体的意见，当学员没有形成统一意见和共识时，教员要综合各种不同的看法和意见，做出既有共性又包含特性的结论性总结。此外，因为教学具有实践性和情境性，教员作为“发言人”需要从具体问题以及具体分析过程中提炼出普遍的方法，增强知识的实用性与可操作性，使学员在遇到实际问题时触类旁通、举一反三。

二、应规避的教员案例角色

（1）案例教员不是传道者。传道者是知识的占有者和传授者，是课堂上的“权威”。传道是教员对学员单方面的知识“输出”，传道者仅需做到熟悉教材、思路清晰、表述清楚。这种方式容易将师生关系演变为知识的单向传输、被动接受的控制与服从的关系，从而忽视了学员主体，形成“不平等”的局面。当下“传道者”的教员形象不足以满足时代发展和国家建设型案例培训的要求。国家建设型案例教学强调以学员为中心，课堂进度主要靠学员的参与来推进。案例教员则需要和学员一起参与到案例的讨论和分析中去，肩负着引领学员走自主探究、发现问题、解决问题的学习之道的责任。

（2）案例教员不是演讲者。传统教员“演讲者”式的课程讲解，在阐释辨析、理解分析、评价鉴赏方面有一定的优势，但却极少关注学员的需求，从头到尾只顾自己发表见解，长篇大论，还容易使课堂丧失“趣味性”，不能充分调动学员讨论、发言的积极性，让国家建设型案例培训走向形式主义。因此案例教员不应是演讲者，而应做到少讲话，少插话，少表态，开路搭桥，穿针引线，为学员提供互动交流的平台。

（3）案例教员不是仲裁者。国家建设型案例的教员不应该是知识的仲裁者而应是课堂讨论甚至是争论的促进者和引导者。“仲裁者”即是站在高处来评判学员的课堂表现和发言的优缺点，对学员的见解和活动做出评价，或轻易指责和否定学员。案例教员如果定位于“仲裁者”的角色，势必会挫伤学员参与活动的热情。在案例讨论中，学员之间可能会出现争论。但是积极的、富于建设型的交流并不排斥学员之间的质疑与辩驳，教员仲裁式的介入反而会破坏讨论的氛围，使学员无法通过讨论和交流来提高能力。如果是积极的争论，案例教员要引导学员在讨论中自我纠正，自我完善，自我发展，而不是进行仲裁。

（4）案例教员不是授课者。在传统的教学中，教员此时所承担的角色是授课者，教学的重点在于传授理论知识。因此，教员几乎用所有课堂时间来讲授，学员则跟着做笔记。这种单向的沟通不利于学员主动性和积极性的发挥，也容易使理论脱离实际，不符合国家建设型案例培训的特点和目的。国家建设型案例培训目的是提高学员独立分析和解决问题的能力，案例教员需要根据具体的教学情境，创造性地开展工作，努力营造一种积极讨论的氛围，仔细倾听学员的讨论，引导学员讨论的方向。也就是说，案例教员本身仅做一些程序性的、引导性的工作，学员对于知识的学习应当在案例的讨论过程中完成。如果教员以授课者的角色来进行案例教学，用大量的课堂时间来讲授案例、压缩讨论的时间，就会使案例成为教学过程的陪衬。

总之，在国家建设型案例培训中，案例教员肩负着巨大的责任。为此，案例教员必须始终坚持自己的角色定位，在课堂中起积极的辅导作用。只有这样才能保证案例教学朝着正确的方向运行，使课堂秩序平稳有序，取得良好的教学效果。

第二十一章　案例培训准备

国家建设型案例培训对象是领导干部，因此在培训策略的选择上要充分体现成人继续教育理论与实践相结合、高层次培训等特点，要以学员的专业知识和技能的发展及个人综合素质发展为本，选取适当的培训方式。在案例培训开展前，案例教员和学员都需要进行一些必要的准备。

一、教员的准备

总的来说，国家建设型案例培训前教员的准备工作主要有三个方面：案例培训内容与过程的准备；案例培训的心理准备；案例培训的物质准备（梁周敏、章立民、杨宝成，2007）。

1. 案例培训内容与过程的准备

（1）开展需求调研。国家建设型案例教学的需求具有组合性、差异性、目标性、现实性，因人、因职而异，部分需求还会随着现实要求的变化而变化。案例教学必须结合学员已有的经验和实际情况，解决他们在国家建设实践中存在的问题和思想的困惑。这就要求培训教员首先做好需求调查，然后选择恰当的案例教学内容，以做到按需施教。

国家建设型案例技能培训的需求既包括个人的需求，也包括了组织和职位的要求。改革开放以来，我国的社会主义现代化建设不断深化和发展，参与国家建设的各级领导干部必须具备相应的思想政治素质、理论素养、政策与业务水平和决策能力，并坚持与时俱进，不断深化自己的思想，更新治理理念，提升自己各方面的素质和能力。这些需求符合党和国家的全局利益，是国家建设型案例培训的出发点和归宿，开展需求调研也需要从这些方面来进行考虑。

（2）确定培训目标。培训目标是确定教学重点、教学课程、教学方法和手段的重要依据，它通常是具体的、定量的和可测量的。在确定培训目标时，要求具体描述、切实可行、路径清晰、指标明确并充分反映培训的主旨和指导思想。

教育心理学家本杰明·布鲁姆（1956）创建了一个三个层次的模型框架，用于对不同类型的学习进行分类，并建立了说明不同学习水平的层次结构。这三个层次涵盖了认知，情感和技能领域的学习目标（见表21－1、表21－2、表21－3）。

表21－1　基于认知目标的教育目标分类

专业水平	说明
知识	知识即记忆，是背诵和回忆以前学过的内容的能力。具体包括专业知识：术语，专业事实；处理具体事物的方法：惯例，趋势和顺序，分类和类别，标准，方法；特定领域的普遍性和抽象性知识：原理和概括，理论和结构
领会	获取所了解的事实和思想，并通过组织和解释，翻译或比较所述事实来表明个人对事实和思想的理解
运用	将抽象、通用原则或方法应用于特定的具体情况
分析	将复杂的想法分解为各个组成部分，并了解各个部分之间的组织和关系。包括认识到假设和事实之间以及相关变量和无关变量之间的区别。重新审视学到的知识，对知识的元素、关系、组织进行分析，并找到证据以支持新主张或推论
综合	以新的方式组织信息，并发现新的模式或替代性想法、解决方案或理论
评价	用观察或知情合理化证实的外部证据或自行选择的标准来判断思想或方法

表21－2　基于情感目标的教育目标分类

专业水平	说明
接受	表现出参与活动的意愿
反应	通过积极参与学习过程和活动来表达对事物、现象或活动的兴趣
价值化	内化（价值）目标，对现象或活动的欣赏
组织	学员可以将不同的价值观、信息和想法放在一起，并将其容纳在自己的模式中，形成内部一致的价值体系；学员对已学到的东西进行比较、关联和阐述
价值与价值体系的性格化	尝试建立抽象知识

表 21－3　　基于技能目标的教育目标分类

专业水平	说明
知觉	使用感官提示来指导动作：范围从感觉刺激到提示选择，再到翻译
定式	表现出愿意采取行动执行任务或目标的意愿
指导下的反映	知道完成任务或目标所需的步骤
机械动作	学习复杂技能的中间阶段：习得的反应已成为习惯，并且可以自信和熟练地进行动作
复杂的外显反映	涉及复杂运动模式的动作的熟练表现
适应	技能发展良好，个人可以修改运动方式以适应特殊要求
创新	结合已学习的任务或目标，创建新的任务或目标

培训目标的编制包含了 5 个步骤。①调查。从学员的角度考虑，调查学员的受教育程度、教育经历、工作行为特点、工作机构性质等信息。②选择。根据学员的条件和状况对教学目标进行选择。③分类。按照一定的标准对教学目标进行分类，如上述的布鲁姆教学目标分类标准。④分析。分析如何实现教学目标。如为了达到学习效果，学员需要接触哪些材料？教学目标达成的标准是什么？如何巩固教学目标达成所获得的成果？⑤具体化。选择操作性的、不易引起曲解的动词并确定结果，然后将它们放在一起形成教育目标。

（3）选择和熟悉教学案例。在第十九章的案例培训环节的选择案例环节中，我们列出了选择案例的原则和案例的类型。选定案例材料后，教师还要了解、熟悉案例。了解案例的事实与整个情境脉络、案例的主要观念和议题以及案例教学的重点、难点等。也就是说教师培训前的准备工作绝不仅仅是阅读案例和教学笔记。教师必须超越“准备案例”本身，来准备如何学习和教授案例。

（4）准备好有效的讨论问题。如何提出合适的问题以刺激学员的思考和讨论是教师在培训前需要准备的又一项重要工作。一个好的问题既要具有可回答性又要具有挑战性，以此激发学员分析、综合、解释和批判性思维。

有经验的教员会准备一系列的问题，包括容易回答的问题、稍微有点挑战性的问题，或者高度复杂但可以在讨论中加以利用的问题。一般来说，最好的问题是解释性问题，这些问题是有重点的，但分析角度要足够广泛，不能只有一个固定的答案。教员需要平衡问题的类型，并由浅入深地引导学员对问题进行思考。同时，需要避免一些简单的是非判断、过于模糊、暗示预期答案、有偏向性的问题。有效的问题类型总结如下（见表 21 –4）。

表 21 –4　　　　有效的问题类型

问题类型	说明	举例
探索问题	探讨事实和基本知识	你有什么想法________？ 我们可以对________做出什么反应？
挑战问题	检查假设、结论和解释	我们可以从________推断/得出什么？ 你在这里看到什么原理？ 这与你已经知道的其他经验或事情有什么关系？
关系问题	要求对主题、想法或问题进行比较	________有什么重要意义？ 您看到什么联系？ ________对您有什么建议？
诊断问题	探讨动机或原因	你为什么会这么认为呢？ ________是什么意思？ 是什么导致您得出这个结论？
行动问题	要求得出结论或采取行动	我们如何利用这些信息？ 这些新信息对我们自己的行为/生活有何影响？ 如何调整这些信息以使其适用于自身情况？
因果问题	要求在观念、行动或事件之间建立因果关系	你认为______是如何导致______的？ ________________有哪些优点和缺点？ ________________可能会产生什么影响？
扩展问题	扩大讨论范围	我们怎么继续？ 你能举一些具体例子吗？
假设问题	对事实或问题进行更改	如果我们处于________社会/文化，这会有所改变吗？ 如果________，会有何不同？ 如果我们________会发生什么？
优先问题	寻求确定最重要的问题	从我们讨论的所有内容中，你看到的最重要的概念是什么？ 你认为关键的问题是什么？

续表

问题类型	说明	举例
总结性问题	引出总结	我们有哪些收获？ 还有哪些尚未解决？我们如何能更好地处理呢？ 之后会怎么做？

（5）制订培训计划。教员要根据培训目标和培训对象确定课程的具体内容，深入钻研教材，对知识理论及重点、难点等有清楚、具体的认识。教员还要考虑到国家建设型案例培训所面向的学员的知识基础、思维特点和技能水平，选择与知识点密切相关又具有一定深度和现实意义的案例。教员要制订案例培训计划，明确培训目标和流程（见表 21－5）。确定教学方法、培训时间、地点等，并对案例讨论和案例点评的时间和注意事项进行安排。

此外，教员需要预测学员的反应，预测学员会说什么，又该如何进行引导。还需要考虑到一些意外状况并提前准备应对方案，避免或解决冷场、偏离主题、简单重复、众口一词等问题。

表 21－5　　培训计划模板

<table>
<tr><td colspan="4">国家建设型案例技能培训计划</td></tr>
<tr><td>本讲标题：</td><td>阶段：</td><td>日期：</td><td>地点：</td></tr>
<tr><td rowspan="2">教学目标</td><td colspan="3">培训总体目标</td></tr>
<tr><td colspan="3">本次培训目标</td></tr>
<tr><td>材料清单</td><td colspan="3"></td></tr>
<tr><td colspan="4">培训时长：</td></tr>
</table>

续表

培训程序	
说明：此部分包括本次培训环节、时间安排、教学方法、注意事项等。	
评估方法	
教学反思	

（6）整理分发案例材料。在进行案例教学内容的准备时，教员还要根据教学的需要整理好需要学员提前阅读、了解和思考的材料。可以根据实际情况提供一些提示，然后利用课堂时间来填补教学目标和这些阅读材料/资源内容之间的空白。

2. 案例培训的心理准备

确定案例培训目标，选择好教学案例并且在设计完案例培训的程序、方法、策略等问题后，案例教员需要为案例培训的开展做一些心理准备工作。

一方面，教员需要认识学员，了解学员的学习特性，面对不同的学员要有不同的教学策略。另一方面，教员需要调整自己的教学心态，以更为开放、真诚的态度对待即将展开的教学过程。案例教员应学会自我检讨和反省，了解自己的长处、局限、困难和偏差，以获得专业上的成长。在国家建设型案例培训过程中，案例教员要始终保持中立，能够对不同的观点持更开放的态度。此外，教员不再是课堂权威的存在，要与学员互为协助者，寻求积极的合作。

除了以上的几点准备，案例教员还需要注重自身的积累。案例教员的专业素养是需要长期积累和不断更新的。教员要尊重和肯定学员不同的思维方式或独特的见解，不仅仅需要有专业知识和文化知识的储备。国家建设型案例教员还需要对国家重大指导思想、重要战略部署、大政方针有着准确的理解，对时代的脉络有精确的把握。要鼓励并有计划地组织教员进行实地考察和实践，以提高教员解决实际问题的能力，给予学员更好的指导。

3. 案例培训的物质准备

第十九章的案例教室环节说明了案例教室选择的一些具体原则。案例培训前需要选择合适的时间和地点，确保案例教员有足够的空间和座位供所有参加的人使用。并要为演示材料或设备留出足够的空间，还需要考虑空间成本和可用资源。案例教员可提前进行练习和演示，可能还需要准备与培训课程有关的材料，提前分发给学员，以助其更好地理解课程。在进行培训之前，教员需要对培训所需的设备进行检查，可以参考表 21－6 的设备检查清单对准备工作进行检验。

表 21－6　设备检查清单

适当性	设备是否适合培训目标？
使用现有设备时的注意事项	是否够用？ 设备是否有足够的工作空间？ 是否工作正常？ 材料的时效性如何？ 其他课上会使用它吗？
使用新设备时的注意事项	新设备是否能提高学员的理解能力或实践能力？（花费是否合理？） 资金来源？ 能否在培训开始前及时建立并能可靠运行？ 是否需要辅助工具？
培训/可访问性安排	学员是否已经熟悉设备或需要培训？ 文件是否足够？ 在培训期间是否需要现场指导学员？ 是否能保证每个学员有足够的实践时间？
维护	手头有“快速修复”的补给品吗？（如连接器、电线、电池等） 是否清楚损坏设备的报告和修理安排？ 如果设备在关键时刻发生故障，还有其他资源可供学员使用吗？

二、学员的准备

学员是案例培训的主体，教师是组织和引导者，学员才是主要的参与者。学员需要对案例培训有所准备。学员要在培训前认真阅读案例和相关材料，做好个人分析，树立正确的学习态度（孙军业，2004）。

（1）认真阅读案例。学员在课前必须仔细阅读教师指定的案例和材料，认真阅读和深入钻研案例的背景材料及相关内容，全面掌握案例信息。阅读时要合理安排时间，按照一定的标准进行分类阅读并确定案例的类型自行学习相关理论。学员需要认真做好案例阅读笔记，在反复阅读案例材料之后撰写案例分析报告，为课堂讨论做好准备。

（2）进行个人分析。学员需要在课前找到有效信息之间的联系，完成信息的取舍。个人分析是创造性的学习过程，学员要对案例进行分析并独立思考，事先做出自己对案例的决策和选择，必要时寻找一些依据作为论点的支撑。学员要充分调动自己的生活经验，善于从错综复杂的案例情况中寻找问题，发现线索，对可能出现的情况有所预料，为课堂讨论和发言做足准备。

（3）树立正确的学习态度。学员还需要转变学习观念，从习惯于被提供传统单一正确答案的认知学习向能够进行具有挑战性的高层次认知学习转变。树立主动积极的学习态度，甚至可以通过培训前与其他成员团结协作，相互启发，集中智慧，解决准备过程中遇到的难题。学员要积极转变对自身角色、学习过程和结果的看法，充分认识到国家建设型案例教学的价值与独特性，以一个更加开放的态度参与到案例教学和讨论的过程中来。

第二十二章　案例讨论技巧

案例讨论是一种从个别到一般，再到个别的学习方式，它以学员为中心，对具有现实性的具体问题进行互动式探索。学员需要对一些复杂的问题进行探讨，并在有限的时间和信息不确定性等现实的约束下做出决定。案例讨论使不同的观点和方法相互碰撞，从而产生了一种创造性的张力，为国家建设的实践提供动力。案例讨论过程有赖于教员—学员、学员—学员、课堂—教材之间的互动与相互作用。只有这个过程建立起来，才能收获有益的教学效果。正是由于这种微妙性和影响力，讨论过程的培育显得尤为重要。为了使讨论收获良好的效果，教员可以在讨论的各个阶段采取一定的技巧，以推动案例讨论开始、进行和结束良好发展。

一、讨论开始阶段

在讨论开始的时候，教员可以先阐明案例讨论的功能和作用，以此鼓励学员积极参与到案例讨论中，并营造一种自由、安全的案例讨论氛围。在正式开展案例讨论之前，可以先讨论一些事先布置的阅读材料，从而引出一些基本的概念、原理、原则等，为案例教学做好铺垫。以下是对教员在讨论开始阶段给出的一些技巧建议。

（1）营造氛围的技巧。培养归属感和尊重感：营造具有包容性和信任感的讨论氛围，使学员感到自己受到重视和尊重。包容性的课堂氛围是指一种环境，在这种环境中，所有学员都将获得智力和学术上的支持，并在课堂上拥有归属感，而不管他的身份背景或教育程度如何。这对于鼓励所有学员的学术成就至关重要。鼓励高绩效：教员可以向学员提出一些挑战，以鼓励学员发展高水平的批判性和分析性思维能力。创建基本规则：教员可以自己或授权学员在培训初期针对适当的行为建立讨论过程中的基本规则或特定准则，以鼓励尊重和公平的参与。

（2）调动学员积极性的技巧。激发学员学习积极性可以从三个方面着力。一是要运用目标调动学员的讨论积极性，即让学员明确学习的目标和讨论在学习中发挥的作用。教员可以通过向学员提出具体的要求，帮助学员集中精力。同时也要将目标分解，以及将目标具体化和操作化。目标分解使每一步“成功”信息的反馈都能使学员的目标和动力得到强化。二是要激发学员内在的需要。学员学习和发展的动力由个人的需求决定。美国人本主义心理学家马斯洛提出的需求层次理论指出，人的需要有八个层次，既包括生存与安全的低层次需求，也包括尊重、自我实现的高层次需求。调动学员积极性应该着眼于培育学员的高层次需求。参与国家建设型案例技能培训的学员应以为人民谋福利为己任，将实现民族伟大复兴作为自己最高的需求，充分调动学习积极性。三是要注重积极的强化。在案例教学中，强化指的是教员通过增加正向的反馈，如给予表扬或奖励，或者减少负向的反馈，如减弱或消除批评和处罚来调动学员的积极性。

（3）提问的技巧。在学员阅读案例材料和开展案例讨论之前，教员应当掌握恰当的提问技巧，以帮助学员确认关键点、概念或争议。案例课堂通常只需要几个主要的讨论问题，其数量很少超过 5 个。问题可以是封闭式，也可以是开放式，封闭式问题有固定的答案，而开放式问题则可以从多个角度回答。但总的来说，提出的问题应与学员的工作领域息息相关。可以要求学员将阅读中的概念应用于国家建设实践中可能遇到的情况。问题要具有分析性，学员要有批判精神，从而使他们超越单纯的案例阅读，进入更高层次的思维技能。

教员的提问可以从学员熟悉或感到轻松的领域开始。这种问题是可以用一般经验或相关领域的基本数据的信息来回答的。等学员进入状态，便可以要求学员解释案例信息之间的关系，形成一般概念。最后，可以要求学员将自己形成的概念和原则应用到新的数据和不同的情况中，推动讨论达到高潮。

选择问什么问题只是成功的一半。提问的方式和对象也会影响讨论的效率。具体来说，教员提问是要特别关注以下几个方面。

决定是向某个特定的人提问还是向整个团体提问。向特定的人提问可能会让课程进行得慢一些，直接向全班提问则意味着等待答案的时间更长。

在需要对问题做出任何改变之前，等待至少 10～15 秒。问完一个问题后，要留出足够的时间，然后再自己回答、重复、整理措辞或补充更多信息。

避免对回应的快速奖励。快速奖励指的是对第一个给出答案的人立即表示支持，或者对学员给出的答案立即表示赞同。快速奖励可能阻止了其他学员对答案进行判断，并打断了他们的思考。

二、讨论进行阶段

在案例讨论进入第二阶段后，教员要对学员的讨论过程提供有效的引导，确保案例讨论能够有序有效地进行。教员要掌握倾听的技巧，关注学员发言的内容，找准其中要害和关键，引导学员深入思考，或调整到正确的思考方向。教员还需要掌握归纳总结的技巧，适时对学员提出的建议或见解进行归纳以理清思路，促使学员把观点建立在更为扎实的基础上。教员还应掌握过程控制的技巧，根据问题的重要性、急迫性来分配讨论的时间，运用各种方式调控讨论的进程，以保证讨论效果。

（1）倾听的技巧。教员在讨论中作为听众的角色是确定课堂以学员为中心的关键因素。在讨论过程中，教员应该确保认真听取每一个学员的发言。教员要积极倾听，鼓励学员进行详尽的阐述，确保对学员的发言理解到位，并可以要求学员提供有关案例证据或说明。教员通常要对学员的发言进行重复和总结，以使班上其他学员都能清楚地理解发言学员的陈述。教员还需要询问讨论的相关性，或提醒小组成员当前问题是什么，以便保持专注。为了鼓励学员参与并表达他们的想法，教员要确保学员的任何发言都受到尊重和保护。有效倾听和无效倾听的区别（William H.，1997）具体可以参考表22－1。

表 22－1　有效倾听和无效倾听的比较

无效倾听	关注点	有效倾听
倾听者看起来很无聊、不感兴趣或者不断品头论足；避免眼神接触；表现出分心的动作（如玩弄其他物品）	非语言行为	倾听者保持适当的姿势；避免会使人分心的动作；保持注意力；专注于说话者；保持眼神交流；适当时点头微笑以示鼓励

续表

无效倾听	关注点	有效倾听
倾听者将注意力集中在自己身上	关注的焦点	倾听者将注意力集中在说话者身上
倾听者否定说话者的发言	认可	倾听者能对说话者给予认可，并鼓励继续
倾听者缺乏共情	共情	倾听者能够共情
倾听者无法对说话者的想法作进一步探究	追问	倾听者能进行合适的追问，能深入某一领域
倾听者无法通过自己的语言重复说话者的观点，并以此来检验对话的正确性	解释	倾听者能够正确理解说话者表达的意思，并能用自己的话来解释
倾听者无法总结对话	总结	倾听者能够总结对话
倾听者仅能提供一种“正确”的方案	建议	倾听者能够提供一些不同的思考角度

（2）回应的技巧。教员应以积极的方式强化学员的回答和提问，进一步鼓励学员的参与。如果学员给出的答案偏离目标或错误，教员可以使用如探查、释义或以其他方式提出问题的技巧。当学员的反馈不够深刻时，教员可以采取探究式的提问技巧，这样有助于学员深入分析。对于学员的提问，教员首先需要认真倾听，确定自己和其他学员听到并理解该问题。然后可以根据不同的情形，采取不同的回应策略。如果时间充足，教员可以将问题交给学员讨论。这种策略有助于鼓励学员间互动，并减少对教员信息的依赖。或者尝试帮助学员回答问题，这可能需要教员提供必要的信息。如果时间有限，教员可以先回答学员的问题，或者请学员课后再来讨论。无论使用哪种策略，都应在解决问题后反馈给学员并确定回答是否使学员满意。如果是教员不知道的问题，也不要杜撰答案。可以询问班上其他学员是否可以回答问题，或者利用其他途径找到信息资源，并向全班报告。

（3）处理障碍的技巧。案例讨论的过程中可能会出现一些突发状况，如冷场、偏离主题、争执不下等。因此需要掌握一些技巧来及时化解问题，有效引导案例讨论。

冷场。冷场表现为需要学员发表意见和看法时，大家却保持沉默，谁也不愿意首先发言，而是等待、观望。冷场的原因可能是多样的，教员应该找准原因对症下药以活跃课堂。教员首先应该通过积极回应学员的反馈来创建一个安全、轻松的环境。如果是因为学员对某个问题没有考虑清楚，可以允许一定时间的沉默，但需要灵活应对。如果是擅长发言的学员“垄断”课堂，教员需要及早注意“苗头”，在阻止“垄断”的同时启发鼓励不善于发言的学员。如果是提出的问题不合时宜，教员应当反思自己提问的方法与角度，审视问题的不当之处，及时进行补充，将问题细化，使问题指向更加清楚。

偏离主题。当讨论偏离主题的时候，意识到的学员可能会通过适当方式引导案例讨论回到正题，这是最好的情况。但是，当没有学员意识到时，教员需要及时发表自己的见解，重新调整焦点以鼓励学员将当下讨论的内容与正在讨论的主题联系起来。

争执不下。处理讨论中产生的强烈情绪和分歧对于教员来说是一种挑战。一定程度的分歧是可以的，但是如果对话变得过于激烈或对抗性过强，可能会抑制参与度和富有成果的思想交流。当争执不下时，教员需要提醒学员讨论的规则，也可以考虑让学员写下他们对所讲内容的反应，以便他们冷静下来，集中精力思考并考虑其他人的观点，然后重新进行讨论。教员也可以利用板书来厘清冲突和问题。不要把板书仅仅用作被动的记录工具，在教员的控制之下它可以有很多用途。教员可以用它来列出主题，然后按优先级进行排列，或者用来做“比较和对比”练习；可以利用板书来展示流程图和利弊列表，以便于在争执不下的情况下厘清思路；或者暂时存而不论，让学员在课后查找资料并深入分析之后，再相互探讨。

三、讨论结束阶段

在讨论结束阶段，教员需要掌握结束不同问题讨论的技巧（Lynn，1999）。例如，结束面临利益和价值冲突的情况下作出决定的问题讨论，可以通过投票或举手的方式对主要问题或决策达成一致；结束有关实质性问题的分析和解决问题讨论，应该重新回顾这些问题和课堂中讨论的解决方法；结束发现新的、独创性或创造性的解决方案的问题讨论，可以总结已有的见解或者讨论中未曾提及的新的解决方案；结束就一系列复杂问题得出前后一致的分析方法或者有序思考，应该对原始分析框架进行反思，确认讨论的有效性。

在结束阶段需要做好案例讨论的收尾工作。具体来说，可以简单归纳下发言学员的基本观点，以便学员对讨论中的情况，特别是关键问题有一个科学、清晰的整体把握。如有，则还需要指明学员在讨论中忽视、遗漏和分析不到位的问题，同时也应对学员在案例中值得肯定的地方加以表扬。对于分析型案例，教员一般不发表明确结论和意见，但可以提供一些思路和参考性资料。总结的工作也可以交由学员来完成。

最后，教员需要对培训目标进行检验。课堂评估技术（CATs）（Beard，1993）是相对快速、简便的形式化评估教学的方法，用来检查学习者对课堂的理解。课堂评估技术提供的信息可用于改进课程内容、调整教学方法并最终改善学习者的学习。可以采用的技巧如下。

（1）一分钟报告。在培训的最后，请学员用一分钟回答两个问题：你在这堂课上学到的最重要的事情是什么？哪个重要的问题仍未得到解答？以此衡量学员吸收和理解所涵盖内容的程度。

（2）分析备忘录。在课堂结束时，要求学员写 1 ~2 页的课堂主要思想分析，总结、组织和分析关键概念。通过指出培训的主要思想和补充内容来帮助学员分析课堂概念。帮助学员反思自己思想上是否存有空白，或证明自己对材料的掌握程度。

（3）反思概述。课堂结束时，请学员反思课堂的主要思想。要求学员创建课程大纲，以描述主要思想是什么，如何解决以及它的重要性？以帮助学员集中于课程或课堂上的主要思想。

（4）概念图。在培训结束时，要求学员拿出一张纸并画出培训主题的概念图。指导学员将课堂所学与之前的先验知识之间建立联系。

（5）问卷调查。在讨论结束后，发放简短的问卷，调查学员对课程各个方面的看法。问卷问题可以关于教学风格、活动、评分、进度、工作量等，或是学员对课程的一般想法，如满意度、信心、理解、兴趣等。其格式为多项选择题或使用李克特量表。

四、案例培训反思

案例讨论结束并不意味着课堂的结束。教员和学员对整个案例培训过程的回顾与反思也至关重要。这样既可以巩固案例教学培训的成果，发现案例培训中的不足，又可以为以后的案例培训提供借鉴。

1. 教员的反思

培训结束后，教员需要对两方面的内容进行反思。一方面，教员应当对课堂上的观点意见的分歧点、理由和依据进行分析，找出有参考价值和创新的观点意见。另一方面，教员还应回顾教学情况，着重反思学员参与和互动的程度、教员主导与学生主体关系的处理情况以及教学中获取的启示和经验教训。在反思的基础上，调整教学内容，改进教学方法。如有必要，还需要对教学计划进行修改完善或调整。

教员可以就以下问题进行反思：我的课前准备充分吗？今天进展顺利吗？我是否激发了学员的学习动机？讨论是否热烈？内容是否具有意义和连贯性？教学能进行得更好一些吗？下次的培训可以有哪些改进？

此外，教员也可以从学员和同行观察者那里获得有关教学的反馈。

2. 学员的反思

案例讨论结束后，学员也需要及时反思、感悟、归纳和总结案例讨论成果以巩固学习效果，掌握参与国家建设所需技能，提高贯彻实施国家重大指导思想、重要战略部署、大政方针的能力。学员可以回顾国家建设型案例的主题和主线、关键重点，反思自己的逻辑思维、观察分析、决策判断等能力有哪些提高和今后需要改进的地方，比较自己在课前自行准备的认知状态以及经过案例讨论后实际收获的不同之处和改进空间，反思案例讨论中自己在沟通交流能力、角色转换能力、语言表达能力、团队合作及群体领导力等方面的心得体会。最后再认真思考、融会贯通相关理论方法，在吸收借鉴教员及其他学员思想的基础上撰写案例报告。

第七篇
效果与评估

第二十三章　培训评估的重要性

一、当前国内公共部门培训评估的状况

本部分将关注我国公共部门培训评估的现状及特点，并重点分析培训评估中存在的问题。

（一）我国公共部门培训评估相关文件法规现状

近年来，随着实践的逐渐深入和相关法规的陆续颁布，我国公共部门越来越重视培训工作，培训效果评估作为培训的一部分也得到了有关部门的重点关注。

2018 年修订、2019 年 6 月起实施的《中华人民共和国公务员法》（以下简称《公务员法》）规定，“机关根据公务员工作职责的要求和提高公务员素质的需要，对公务员进行分类分级培训。国家建立专门的公务员培训机构。机关根据需要也可以委托其他培训机构承担公务员培训任务”。根据《公务员法》，公务员培训主体主要是国家专门建立的培训机构或社会相关机构。

近年并未出台有关培训评估的新文件或规定，目前仍然遵循 2003 年中华人民共和国人事部（现改组为人力资源和社会保障部）下发的《关于进一步加强国家公务员培训质量评估工作的意见》（以下简称《意见》）。《意见》比较系统地阐述了关于培训效果评估方面的内容。对于评估主体，《意见》中提到，在评估中坚持“谁主办，谁评估”，培训主办单位和施教机构应在组织开展评估工作方面进行合作。《意见》中规定，“围绕加强公务员队伍能力建设，以不断提高公务员培训质量和公务员队伍整体素质为目的，建立和完善培训质量评估指标体系和标准，逐步实现公务员培训质量评估工作的科学化、规

范化和制度化”。

在培训评估实践中，为保证评估的客观性和全面性，培训主办单位为主要评估主体，此外，人事部门相关工作人员、受训学员、外来专家等其他相关人员也应参与评估工作。但实际评估中却往往会因为懒政等，出现单一主体评估或只进行自我评估的情况，而评估又涉及人际关系、同级竞争等复杂因素，所以面临这些道德风险，评估很难做到公平客观，导致评估效率低下。

（二）我国公共部门培训效果评估存在的问题

我国公共部门培训效果存在的问题可以归纳为宏观和微观两个方面。在宏观上主要是培训评估理念落后、培训效果评估缺少相配套的法律法规、培训效果评估未能与其他人力资源管理环节相结合，其中以培训评估理念落后为主。微观上主要是培训效果评估体系不完善和培训效果没有得到有效的应用，培训效果评估体系的不完善体现在实际操作中就是缺少必要的评估环节、评估内容的广度和深度有待完善和培训评估主体不完善。

1. 宏观方面存在的问题

（1）培训效果评估理念落后。由于忽视或未认识到培训评估的重要性，相关单位未形成良好的评估文化氛围。

这一问题的第一种表现是，部分单位和部门工作人员考虑到培训经费等方面的限制，抱着应付心理，仅依照上级主管部门或培训部门交代的培训任务开展工作，并不关注培训效果。另外，我国一些公共部门的绩效考核内容没有效果评估相关内容，导致下级部门把主要精力放在要接受考核的工作上，培训效果评估工作缺少外在的压力和动力。

第二种情况表现为一些部门认识到培训评估的重要性并着手开展评估工作，但没有使用科学的衡量标准。大部分地方政府会对有关公务员培训的政策文件进行学习，并结合当地实际情况对培训评估工作作出具体部署，但有时由于懒政或缺少科学理论指导，仅以培训时间长短、培训频率高低、投入培训经费多少等为评估标准，而不对学员能力提升情况和组织绩效是否改善等进行评估。

（2）培训效果评估缺少相配套的法律法规。纵观国内，最近几年颁布的有关干部培训的相关法规和文件仅有2019年10月修订、11月起实施的《公务员培训规定》，2018年修订、2019年6月起实施的《公务员法》和2019年印发的《关于贯彻实施公务员法建设高素质专业化公务员队伍的意见》。而干部培训评估方面的重要文件——《意见》则为2003年印发，仅对培训效果评估做了较为宏观的规定，不利于具体操作。

（3）培训效果评估未能与其他人力资源管理环节相结合。把培训成果与学员的晋升考核和薪酬制度挂钩是发挥培训效果评估作用的一种有效方法。而我国在这方面做得还不够，虽然有的部门把培训成果作为晋升考核内容之一，但在实际操作中没有严格执行，出现培训好和坏一个效果的现象。这样一方面造成学员对培训缺乏热情，另一方面使培训效果评估工作流于形式。

2. 微观方面存在的问题

（1）培训效果评估体系不完善，具体体现在下面五个方面。

第一，缺少对组织内部环境的分析。评估模型、评估层次、评估结果等的客观性需要客观地对组织内部环境进行分析。然而，目前我国公共部门基本不会在开展培训效果评估前收集组织内部环境相关材料，也不会以此设计合适的有针对性的评估方法。这一问题具体表现为没有分析组织的氛围、未分析人事部门状况以及没有分析人力资源管理状况。

第二，评估内容的广度和深度有待完善。目前大多数的培训工作仅仅在培训结束时进行，带有总结的性质，没能将评估工作贯穿培训各环节，缺少培训前对问题和需求的诊断评估和培训过程中对培训效果监控的评估。

第三，评估方法单一。由于定性和定量的方法各有不足，结合定性和定量两种评估方法将对提高评估质量起到良好效果，如结合使用关键人物评估法、面谈法、成本收益分析法等。但在实操中，很多培训主管部门使用过于简单的评估方法，仅局限于在学员结束培训后对他们进行测试，或对学员开展培训满意度问卷调查。

第四，培训评估流程不完整。培训评估的完整流程应以培训需求分析为起点，经过设计评估量表、实施评估、分析评估数据、撰写评估报告等中间环节，到最后反馈评估结果、调整培训项目才算彻底完成。但在实操过程中，最易被忽略的就是第一个或最后一个环节，这使评估流程缺失，严重影响评估效果。

第五，培训评估主体不完善。作为评估工作的执行者，培训评估主体在评估实施过程中最能发挥主观能动性，其能力和素质将直接影响评估结果是否科学。具体为评估主体过于单一。为保证客观和公正，应当尽量保证培训由多元评估主体构成。但实际过程中，主要是由培训主办单位组织评估，培训施教机构具体实施评估，并负责辅助主办单位，学员及其单位、社会评估机构和公众要么完全不参与，要么仅从形式上参与，无法在评估结果上得到体现。除此之外，评估主体在评估过程中有一定主观性。培训评估需要运用科学理论、技术、方法和程序，系统地考察培训活动，不需多言，培训评估工作涉及一定的专业技术，应当由掌握评估相关知识的专业人员具体实施。然而多数评估主体已惯于凭主观经验、感受等而非量化模型来进行评估。

（2）培训效果没有得到有效的应用。整个培训活动是一个不断循环的流程。上一次培训效果的数据可以为以后的培训活动提供参照，也可以为晋升和招聘提供支持。而我国目前公共部门的培训效果只针对一次培训活动，没有把测试的结果一一记录。很多企业采取把每次评估的结果输入相应的数据库，然后对每次效果的评估进行对比，既可以清楚地知道每次培训活动的进步，也有足够的历史资料为下次培训活动作出决策。公共部门也可以借鉴这种方法，让每次培训的效果可以最大限度地应用。

二、当前国外公共部门培训评估模式简介

由于在企业培训评估方面有较好的理论和方法铺垫，一些欧美国家在公共部门培训效果评估方面所形成的制度相对我国较为成熟和完善。其在长期理论和实践发展中形成的先进模式对我国公共部门培训效果评估有较大的学习和借鉴意义。

美国：培训理念较为先进；评估主体相互独立，公职人员评估机构由每个行政系统单独设置；有完整的系统量化评估表；注重培训后的业绩变化，以及对培训收效和成本进行分析；重视各种技术在培训效果评估中的运用。

法国：法国政府机关的培训主要由国家行政学院和各大区的行政学院完成；实行教员与考官分开任免，学员在培训结束前需要接受严格的笔试、口试；重视对培训结果的应用。

英国：“能力本位”是英国公共部门培训十分注重的一点，英国据此设置了一整套能力标准，在这套能力标准中对每项能力进行明确界定和阐述，为培训后的评估提供依据。他们将培训评估的主体外部化，打破政府垄断，引入竞争机制；培训评估系统发展成熟，各环节相互衔接、相互补充。

三、培训效果评估的重要性

（一）培训效果评估的重要性

随着时代进步，世界经济的发展阶段逐步由农业经济、工业经济过渡到当前的知识经济。1996 年，经济合作与发展组织发表了一篇有关经济发展状况的报告，报告题目是“以知识为基础的经济”，报告对知识经济的定义是“建立在知识的生产、分配和使用（消费）之上的经济”。英国著名经济学家阿尔弗雷德·马歇尔（Alfred Marshall）在《经济学原理》一书中指出：“所有的投资中，最有价值的是对人本身的投资。”当下，知识和信息无论企业生产效率还是政府管理效率，都是有效的推动力量。在知识经济发展的新时代，发现、总结、创造知识的人才，也就成为经济中的重要资源，是经济主体成长和发展的战略性资源。

人力资本与其他资本相似，通过投资形成，而培训是主要的投资方式之一。近年来，随着我国市场化改革不断深入，除企业外，越来越多的组织、团体都认识到了培训对于自身组织发展的重要价值和关键作用。

培训工作的质量和成效是开展培训工作的关键和重点，对培训质量进行评估的重要性日益凸显。对培训效果评估的研究最早可追溯到 1959 年柯克帕特里克（Kirkpatrick）在其博士论文阐述的“四层次评估模型”。此外，汉姆布林（Hamblin）提出了“汉姆布林模型”。考夫曼（Kaufman）提出了“五层次评估模型”。菲利普斯（Philips）提出了“五层次 ROI（Return On Investment，投资回报）框架”。随后，沃尔（Warr P.）、布里德（Brid M.）和雷克汉姆（Rackham）设计了“CIRO（Context，Input，Reaction，Output，情境、投入、反应、产出）模型”，这些都是在培训评估领域占有重要地位的理论研究成果。

（二）对干部培训效果进行评估的重要性

面对新形势、新任务，我国公共部门管理工作的效率效能面临着前所未有的新考验，这对作为公共事务管理主体的各级公务员提出了新的挑战。为满足新形势、新发展的要求，政府部门领导干部的教育培训亦需顺应新时代要求，应在培训流程上更规范化、科学化，更加注重以人为本，以使培训效果得到显著提高。领导干部教育培训质量评估作为教育培训活动中的重要一环，在培训体系中起到收集信息和数据以确定培训的价值和质量的重要作用。然而在实际培训过程中，大部分领导干部没有认识到培训评估的重要性，对于培训后的培训评估工作更是没有实际运用到自己的工作中去。

为规范公务员培训工作、完善公务员培训评估机制，我国在立法上对公务员培训进行了规范。除了在意见中强调公务员培训评估工作意义重大，2006 年 1 月 1 日起实施并于 2018 年 12 月再次修订的公务员法也为我国公务员培训的开展提供了法律层面上的保障。中共中央组织部、人力资源社会保障部于 2008 年 6 月 27 日制定并于 2019 年 10 月 15 日再次修订的《公务员培训规定》则从培训对象、培训分类、培训方式等方面对公务员培训相关事项进行了全面细致的规定。但在培训评估方面，仍需出台更加详细具体的规定和办法。

为确保和提高国家建设型案例技能培训效果，本书特此对培训评估方法、指标体系与流程设计、评估量表、评估管理等内容进行介绍和提出看法。评估作为整个国家建设型案例培训中的重要一环，需要得到科学准确的落实。

第二十四章　培训评估方法

一、培训评估的理论基础及模型

（一）理论基础

培训评估是培训过程中的重要一环，培训评估的发展有诸多学科的理论支撑。公共部门培训效果评估设计的相关理论主要包含以下四个方面。

1. 人力资本理论

培训作为一种人力资本投资活动，对个人的人力资本积累起到重要作用。评估培训效果可以用于衡量人力资本积累的质量。

2. 培训转化理论

培训转化一般分为个人转化和组织转化，从内容上也可分为培训过程转化和培训成果转化。这一理论对培训评估模型是最直接的支持。

3. 新公共管理理论

该理论对公共部门的评估活动起到支持作用，注重分析政府活动的成本和收益、产出和结果。

4. 学习型组织理论

组织通过加强对个人的培训，可以增强个人修养、促进心智改善，进而提高组织绩效。

（二）理论模型

在以上理论支撑的基础上，相关学者提出的培训评估理论模型也有多种。

1. 四层次评估模型

作为最经典的培训评估模型，共包括反应、学习、行为、效果四个层次。

四层次评估模型的提出者柯克帕特里克在其著作中将“培训”与“开发”作为同一个概念描述，提出了“反应、学习、行为、效果”的经典培训评估模型。在他的模型中有一套概念性的架构协助决定该收集哪些资料，如表24－1所示。

表24－1　　四层次评估模型

评估等级	主要内容	可询问的问题	衡量方法
一级评估 反应层面	观察学员的反应	学员喜欢该培训课程吗？ 课程对学员而言有用吗？ 学员对教员和培训设备有什么意见？ 学员的课堂反应是否积极主动？	问卷 评估调查表 评估访谈
二级评估 学习层面	检查学员的学习结果	学员在培训中学到了什么？ 培训后，学员的知识和技能水平有多大程度的提高？	评估调查表 笔试 绩效考试 案例研究
三级评估 行为层面	衡量培训前后工作的表现	学员在学习基础上有无改变行为？ 课程对学员而言有用吗？ 学员在工作中是否使用培训所学内容？	由上级、同事、下级、客户进行效果考核、测试、观察和效果记录
四级评估 效果层面	衡量公司经营业绩的变化	行为改变对组织的影响是否积极？ 组织是否因为培训而经营得更好？	考察事故率、生产率、流动率和士气

Alliger，Tannenbaum，Bennett等（1997）认为，培训评估四层次模型中对反应层的评估仅仅是从情感上进行的，只评估了参训人员对培训情况的直观反应，而参训者对于培训的效用大小的反应更加重要。在此基础上，他们对四层次评估模型进行改良，如表24－2所示。

表24－2　　改良后的四层次评估模型

层次	内容
反应	情感反应 效用判断
学习	瞬时反应 知识保留 行为/技能在培训情境中的显示

续表

层次	内容
行为	迁移
总结	结果

2. 汉姆布林模型

该模型在四层次评估模型的基础上提出了对培训结果评估：成本—收益分析和对组织战略目标的影响。

汉姆布林把培训评估划分为五个层次。反应评估主要了解学员对培训相关要素的看法，通常在培训中及培训后进行。学习效果评估主要关注培训对学员的影响，通过对培训前后测评的对比，衡量学员在知识、技能和态度等方面的进步。工作行为评估衡量培训导致的学员工作表现的变化，同样通过培训前后对比得出。执行评估是对培训给学员所在部门带来的影响进行量化，多数情况下采用成本—收益分析法。组织目标评估为评估培训是否改善了组织赢利能力和对抗危机能力来评估培训是否达到预期效果。汉姆布林模型的特点是提出培训评估对组织战略目标的影响，提高培训设计的针对性与战略的一致性。

3. 五层次评估模型

考夫曼的观点是培训能否成功很大程度上取决于培训前获取的各类资源，因而也应当评估这一层次；且培训效果不应仅对培训对象本身产生益处，它最终会作用于培训对象所处环境，从而给其单位等带来效益。所以他将社会和工作对象的反应作为第五个层次加入模型中，对四层次评估模型进行了扩展。如表 24－3 所示。

表 24－3　五层次评估模型

层次	评估
a. 可能性 b. 反应	人力、财力和物力的有效性、可用性和质量 方法、手段和程度的接受情况和效用情况
掌握	个体和小组的技能和胜任力
应用	在组织中个人和小组（产品）的应用情况
组织效益	组织的贡献和报偿情况
社会效益	社会和工作对象的反应、结果和报偿情况

4. 五层次 ROI（投资回报率）框架

其在四层次评估模型的基础上，增加了对培训效果量化评估的 ROI 层次，即加入了投入—产出分析，如表 24－4 所示。

表 24－4　　五层次 ROI（投资回报率）框架

层次	评估
反应和既定的活动	学员对培训项目的反应及略述实施的明确计划
学习	技能、知识或观念的变化
在工作中的应用	工作中行为的变化及对培训资料的确切应用
业务结果	培训项目对业务的影响
ROI	培训结果的货币价值及培训项目的成本，往往用百分比表示

5. CIRO 模型

沃尔、布里德和雷克汉姆开发的 CIRO 模型对情境、投入、反应和输出四个方面进行评估。在情境评估中，评估人获取和使用当前情境的信息，以此明确培训需求和培训目标。投入评估中，评估人获取和使用内部和外部的培训资源，以此来确定培训方法。在这些资源中，财务预算可能会对选择培训目标造成限制。在反应评估中，评估人获取学员相关反应，并实现对培训过程的完善。由于参与者评价具有主观性，要保证这一过程的评价质量，就需要注重信息收集的系统性和客观性。输出评估是最重要的一个部分，指收集和使用培训结果的信息。

二、培训评估方法

对培训效果进行评估，除构建科学合理的培训评估体系外，培训效果评估方法与工具的选择也非常关键，评估方法与工具选取的科学性与合理性直接关系到培训评估工作的效率和效果。本书简要介绍对培训效果进行评估的方法工具及其优缺点。

定性分析方法、定量分析方法和定性与定量相结合的方法是培训效果评估方法的三大类。在这三大方法下，分别对应着不同的评估工具，具体介绍如下。

（一）培训效果评估的定性分析法

定性分析法的优点在于综合性强，数据资料少，可囊括多种因素，易于实施。培训中有一些指标不易量化，可采用定性分析方法进行分析。但由于评估过程中使用并依赖评估者的主观经验，定性分析法的评估结果很大程度上取决于评估者的能力、实践经验等，其客观性和有效性大打折扣。

社会科学研究常用的定性分析方法有观察法、访谈法、案例研究法等。

1. 观察法

观察法中的“观察”并非日常观察，而是一种科学观察。观察者利用感觉器官，使用科学工具与手段，对研究对象进行有目的、系统的科学观察，在观察中了解现实并研究其规律。将观察法应用于培训效果评估中，具体指评估者通过仔细观察、记录培训对象在培训期间或培训结束以后在工作岗位上的行为或业绩变化，来衡量培训对受训者所起的效果。

观察法的优点包括可实地观察现象或行为的发生，具有灵活性，不能或不便于用语言文字表达的资料也能通过观察法收集到。但是，该研究方法也存在明显的局限性。例如，通常要花费较多时间，难以排除观察者主观因素的干扰，观察结果难以系统化等。

2. 访谈法

访谈法常用于评价行动者的经验和主观看法。该方法可以得出访谈对象对事件和过程的详细、微妙、具体的感受。访谈法具有灵活性，研究者能够从不同角度提出问题，在对访谈结果进行整理后得出与问题相联系的线索。访谈法的优点是获得信息时间短、针对性强，且访谈者可以根据实际情况灵活控制访谈过程，对某一方面的信息进行深入了解；缺点是所获得的信息通常不够系统，且对访谈者有较高要求。

3. 案例研究法

案例研究是指在其自身复杂情况或所处环境下，对一个或一些研究对象（如群体、组织或行业）进行的全面详细的研究。典型的案例研究会联合运用访谈、观察、问卷和文献研究等一系列研究方法。

案例研究法的优点包括其结果能被更多的读者接受，给读者以身临其境的现实感；就个体研究而言，比统计方法的研究更加深入；往往起到标杆指导作用。这种方法的局限性也显而易见：首先，案例研究只是分析性归纳，结论可能不具备普遍性；其次，这种方法的严谨性也容易受到质疑；最后，案例报告往往存在现象多于分析的情况，这使研究问题不够明确。

4. 比较评估法

比较评估分为 4 种：横向比较评估法、纵向比较评估法、事前事后评估法、达成度评估法。

（1）横向比较评估法：选定培训组和对比组，衡量同一时期内两组相对水平的高低，以此判断是否达到培训目标。

（2）纵向比较评估法：将评估对象的过去和现实进行比较，研究其自身发展状况是进步还是倒退。

（3）事前事后评估法：在培训前和培训后分别对学员进行内容相同或相似的一组测试，通过测试成绩的比较来评估培训的效果。它的缺点是不能反映出学员与未参加培训者之间的差异。

（4）达成度评估法：确定一个评估对象之外的客观标杆，将评估对象与之进行比较，衡量培训后的评估对象达到该标杆的程度，并依此判断培训效果。

5. 关键人物评估法

关键人物（Key People）指在工作上与学员接触密切的人。在现实中包括学员的上下级、同事或工作对象等。同其他培训效果评估方法一样，关键人物评价法也有缺陷，由于存在竞争或其他利益关系，有时会导致评估结果失真。为避免这种情况，同时使上级、下级、顾客、同事，甚至培训管理者等“关键人物”参与到该过程中，对学员进行不同角度的评估，能够对学员的工作态度或培训后行为的改变有更全面的了解。

6. 人力资本投资回报分析法

可以通过人力资本收入指数、人力经济增值指数、人力资本增值修正指数、人力资本投资回报率等人力资本价值指标来衡量人力资本投资回报，具体指数的计算方法在本书中不再赘述。

（二）培训效果评估的定量分析法

培训效果评估定量分析是指收集有关培训作用的大小、学员行为方式的改变程度及其所在组织收益多少等数据并量化，使用统计分析的方法来发现与阐述规律。与定性分析法相比，定量分析法应用更为广泛。

定量分析主要采用的工具包括调查问卷、测试比较法、成本收益分析法等。

1. 调查问卷

问卷调查的优点在于易于实施，便于日后的分析和总结；其缺点在于获取信息具有局限性，仅能获取问卷所涉及方面的信息，无法深入挖掘被调查者更深层次的想法。同时，调查问卷所获得的信息通常是主观的，容易受到个人意志和环境等因素影响。问卷量表的确定通常有如下两种方法。

（1）瑟斯顿量表（Thurstone Scale）：问卷里包括很多有关培训内容的说法，面对这些说法，被测试者需要根据自己的判断分别选择“同意”或“不同意”。为避免只能选择两极而不够准确的情况，在实际运用中往往对这种方法进行演变，如在选项中加入“比较同意”“非常不同意”等。瑟斯顿量表有其优越性，它是行为固定等级量表编制的关键环节，但它非常耗时，大部分已被新发展起来的态度测量技术所代替。

（2）李克特量表（Likert Scales）：它的基本形式是给出一组与某人对某个单独事物的态度有关的陈述，调查对象在填写量表时需要对这些陈述表明态度，在“强烈赞同”“赞同”“反对”“强烈反对”或“未决定”中选择一种，也可根据实际情况增加或简化等级。同时对每个等级赋分，把分数加总即得总分。

2. 测试比较法

测试比较法可以有效衡量学员的知识掌握程度。通常采用笔试，有时根据情况不同也可采用小组讨论、报告等形式进行测试。测试的优势在于结果比较直观，可以直接对学员培训前后的变化进行比较，缺点是测试的结果可能受到环境、学员状况等不确定因素的干扰，使测试结果的可信度受到影响。

3. 成本收益分析法

成本收益分析法常用于对投资效果进行评价。虽然公共部门的组织目标不是追求利润最大化，但是由于其经费大多来源于纳税人，因此作为公共部门运行中的重要活动之一，培训的成本与收益必须得到关注。成本效益分析是通过比较培训项目的全部成本和效益来评估的一种方法。成本效益分析作为一种经济决策方法，意在寻求在投资决策上如何以最小的成本获得最大的效益。该评估方法是对培训项目的经济效益进行的量化评估。但并非所有培训项目都能够对收益进行直接计算，因此成本收益分析法存在一定的局限性。

（三）定性与定量相结合的方法

定性与定量相结合的方法中，经典方法之一是集对分析（Set Pair Analysis，简称SPA）方法。集对是指将具有联系的两个集合配对。培训评估中的集对有评估对象与学员、评估指标体系结构与权重、评估内容与方法等。

该方法做到了定性与定量、确定性和不确定性的结合，体现了系统论的观点。然而该方法在评价过程中涉及不同层次的参与者，因而评估参与者的代表性对评估结果有很大的影响。此外，需要专业人员进行设计和指导，对操作者的要求比较高。

这三种方法各有利弊。定性分析方法虽然更加主观，但是由于评价往往比较深入并且实施成本比较低，在实际中得到了广泛运用。该方法的运用对评价者要求比较高，要求评价者能够全面、准确、客观地去评价学员。相比较之下，定量分析法则对量表或者调查问卷的设计要求比较高，要既能反映组织培训的目的，又要与实际相符合。而且定量分析过程中，数据的收集和整理也是一项费时的工作。但只要问卷或者量表设计得当，定量分析就能够避免定性分析的主观偏见，能够科学地反映培训对象的培训效果。目前在企业培训效果评估中，企业或者公共部门比较重视定量分析。最后，定性与定量相结合的方法涉及概率的使用问题，因而该方法受到专业性的限制，暂时不能大范围地使用。通过对这些方法的利弊比较，组织应该根据具体的培训内容和培训对象，以及组织的人力、物力、财力来具体地设定培训效果评估方法。

第二十五章　培训评估指标体系建设与流程设计

一、建立评估体系的指导思想、原则与保障

（一）评估工作的指导思想

我国领导干部教育培训评估工作的指导思想是深入贯彻落实中国特色社会主义理论和科学发展观，遵循干部教育培训规律，注重提升培训质量和效益，充分运用评估结果，激发学员参与培训的内在动力，提升干部教育培训机构的培训水平和相关人事管理部门的管理水平，以人为本，辅助公务员队伍和党员干部提高素质能力，促进干部教育培训工作科学高效发展。

（二）培训评估工作遵循的原则

评估工作的开展需要遵循以下原则。

（1）遵循科学发展规律，促进干部健康成长。把贯彻落实国家重要指导思想的实际成效和领导干部素质能力的提升作为评估的基本内容和依据，发挥培训效果评估的导向、调控和激励约束功能，以人为本，提升领导干部教育培训质量。

（2）突出重点，注重实效。以评估领导干部学习效果作为质量评估的核心，抓住培训前评估、培训中评估、培训后评估等环节中影响领导干部教育培训质量的主要因素和关键环节。

（3）客观公正，群众公认。遵循民主、公开的原则，保障干部群众对评估工作的知情权、参与权、表达权、监督权，提高工作透明度，保证评估结果客观、真实、公正。

（三）领导干部培训评估体系的组织保障

通过前期大量的工作可以发现，领导干部的培训与考核在内容及方法上同一般企业存在着极大的区别，评估工作的进行存在一系列困难。要想提高培训效率，就必须通过科学的评估过程，分析出培训中的问题所在，从而对后续工作提供借鉴和指导。这就要求必须建立一套完整的培训评估体系。评估体系的建立应根据自己单位的实际条件，本着实用、效益的原则，对各项培训工作有针对性地进行评估。

评估活动也是一项系统工作。在培训评估诊断中可知，培训没有明确的评估规章制度或相应的办法文件，学员不重视，评估工作开展动力不足，评估结果在应用上存在较大的难度。为切实保证领导干部培训评估工作的有效性和可行性，应该从以下四个方面加强工作。

1. 制度先行，使评估工作有章可循

将领导干部教育培训评估的相关办法规定制度化、体系化，改变培训评估中没有科学制度指导的现状，建立培训评估运行机制。

2. 高层牵头，取得领导的全面支持

实践证明，没有高层领导的支持，培训评估系统将寸步难行，评估工作将起不到应有的作用。评估的设计者和执行者应当通过正式的渠道，采用简要概括的方式，向高层领导阐述本套系统的可行性和有效性，以及实施中可能遇到的问题，以获得领导层的支持和帮助，保证他们规范地执行评估的各种规范和程序。此外，高层领导应该对评估结果有详细准确的了解，并对该结果详加利用，通过领导层的权威性向培训活动中各主体及时反馈该结果，并监督后续培训工作的进展情况。

3. 各主体共进，赢得全面理解和认同

培训评估工作之所以难以进行，就在于评估结果对各方主体都存在着一定的压力。评估成绩的好坏关系到各主体在培训工作中的绩效表现。因此，管理者必须利用各种各样的方式方法，使各主体转变观念，认识到培训评估的重要性和必要性及评估工作对将来工作的指导意义，以使各主体在培训工作中全身心投入，使评估结果有较好表现。因此，领导层应该利用自身优势，通过宣传、讲解，使各主体在思想观念上达成共识，取得他们的理解和认同，以保证培训工作更有效地开展，保证评估工作的实质性和有效性。

4. 切实执行，管理人员全身心投入

评估活动的质量和效果受到培训管理人员职能发挥效果的影响。最高领导层在思想观念上的重视，为推进培训评估体系提供了良好的前提和坚实的基础；培训各主体的理解和认同，为评估工作的开展扫清了各种障碍，而培训管理人员只有全身心投入才能真正获得评估的有效资料，从而为培训工作的改善提供支持。

二、培训评估指标体系与流程设计

（一）培训评估指标体系

根据对各评估模型的分析研究可以发现，四层次评估模型是最适合国家建设型案例培训评估的模型。这是由培训内容决定的，在此基础之上决定了考核、评估的内容。因此，选择四层次评估模型作为国家建设型案例培训评估的模型，并据此设立评估指标体系。

首先，确定培训评估的四个层次——反应层、学习层、行为层和结果层。其次，分解各层次的评估指标，如表 25－1 所示。

表 25－1　　四层次评估模型具体考核表

<table>
<tr><th>评估层次评估指标</th><th colspan="2">评估指标</th><th>评价方面</th></tr>
<tr><td rowspan="2">反应层：教员和培训机构管理等方面</td><td colspan="2">教员教学</td><td>1. 教学态度
2. 理论阐述
3. 联系案例
4. 课堂气氛
5. 技术手段</td></tr>
<tr><td colspan="2">培训机构综合管理</td><td>1. 教学管理
2. 教辅工作
3. 行政后勤</td></tr>
<tr><td rowspan="2">学习层：学员学习效果</td><td rowspan="2">知识、能力、素质、表现</td><td>学籍管理</td><td>1. 学员登记、综合考核、总结
2. 出勤</td></tr>
<tr><td>纪律管理</td><td>1. 课堂纪律
2. 考试纪律</td></tr>
</table>

续表

<table>
<tr><th>评估层次评估指标</th><th colspan="2">评估指标</th><th>评价方面</th></tr>
<tr><td rowspan="2">学习层：学员学习效果</td><td rowspan="2">知识、能力、素质、表现</td><td>考核管理</td><td>1. 读书笔记
2. 小测验或考试
3. 小组研讨
4. 自学思考题、问卷调查题
5. 论文调研报告
6. 学员自我评估
7. 答辩、辩论
8. 学员演讲、论坛</td></tr>
<tr><td>综合表现</td><td>培训期间整体表现</td></tr>
<tr><td>行为层：工作中的表现</td><td colspan="2">行为改变</td><td>1. 工作态度
2. 思维方式
3. 工作技能
4. 学习能力</td></tr>
<tr><td>结果层：个人的贡献和外界的评价</td><td colspan="2">绩效改进</td><td>1. 个体绩效
2. 单位政绩
3. 社会评价</td></tr>
</table>

（二）培训评估流程设计

1. 培训需求

国家建设型案例培训需求由国家建设型案例的培训内容和预期培训目标确定，详细内容可见本书第二篇。同时培训机构应结合附录10的培训需求调查表，对学员的个人需求进行收集汇总。综合二者确定具体的培训需求。

2. 培训评估方案

本书按照四层次评估模型来设计评估方案。根据具体的培训评估指标内容和可考性确定评估主体和评估对象，选择具体的考核方法，制定具体的评估工具，并确定每一种方法和工具的预期成果模式。

（1）反应层的评估。评估主体为参训学员，评估的内容为他们对本次培训的认识、反应和问题反馈。评估对象为两部分：培训教员和培训单位的综合管理。

对培训教员的评估采用量表评估法，使用“主体班教员教学效果评估”，每次案例培训进行一次评估，培训伊始发放量表给参训学员，培训结束时回收。回收后，根据主体班教员教学评估分数统计表进行统计。待培训结束后，对所有教员的评估结果进行综合分析。

对培训单位的评估采用培训机构综合管理反馈表，培训活动结束后由培训机构统一发放并回收，利用培训机构综合管理反馈统计表进行统计分析。

（2）学习层的评估。评估主体为培训机构、培训教员和参训学员（其中包括学员最终的自我评估），评估对象为参训学员。培训机构管理人员根据学员的具体表现，对他们的学籍管理和纪律管理方面打分；培训机构和培训教员根据《学员培训期间学习效果评价标准》《主体班学员百分制考核等级量化标准》中的相关打分标准，对学员考绩方面所涉及的读书笔记、课业论文、报告等学习文件和相关过程进行打分。参训学员在培训结束时以学员培训期间学习效果自我评估表进行自我评估。

以上评估的各项得分输入学员学习效果评估统计表进行统计分析。

（3）行为层的评估和结果层的评估。行为层和结果层的评估由每次组织培训的相关党委组织部发挥组织优势，领导培训机构进一步开展评估工作，完成行为层的评估和结果层的评估。

3. 评估实施和数据收集与分析

（1）数据的收集。数据的收集来自文件学员学习效果评估统计、主体班教员教学情况评估统计、培训机构综合管理反馈统计。

（2）数据的分析。数据的分析主要是对学员学习效果评估统计、主体班教员教学情况评估统计和培训机构综合管理反馈统计进行统计分析。根据培训的特殊性和可考难度，主要进行描述性统计，进行总分、均值、集中趋势等统计分析，以查看本期的培训总体情况。

对涉及的学员问题和建议进行统一整理，分类汇总，最终写入评估报告。

4. 撰写培训评估报告

评估报告的撰写应按照培训评估体系的框架来进行，评估报告的格式按照国家建设型案例培训评估报告格式的要求来撰写。

5. 评估结果的反馈和运用

评估结果要对培训项目的整体情况有所反馈，根据评估报告，培训实施部门可以有针对性地调整培训项目的方法、时间、人员安排等，并进行适当总结，以保证下一次培训的开展更加顺利、有效。同时，评估结果还要向受训学员及其所在组织反馈，以帮助他们了解培训成果、沟通学员的培训需求，从而决定下一步的培训任务。

反馈的方式可以采用书面或口头报告的形式，也可以与相关负责人进行面谈，交流评估报告的信息。鉴于国家建设型案例培训评估的特殊性，具体的评估信息发布可采取网站公布或其他方式。信息公布应反映共性的问题，不针对个别人。但作为组织者及培训机构的培训评估数据库，应该详细记录学员学习状况及每一位授课教员的教学评估情况。

6. 文件管理

对于当期培训所用到的所有文件应该统一管理。纸质版的文件统一编号，分类整理归档。电子版文件应建立单独文件夹，存入培训机构信息库。以上文件的管理要做到分类明确、存放清楚、便于查找。

第二十六章　培训评估量表

一、量表的设计与使用

（一）培训需求量表使用

对培训需求进行调查是培训开展的基础性工作，同时是培训内容具备针对性的保证。根据培训的特殊性，我们设计了国家建设型案例培训的培训需求调查表。对培训需求的调查主体设计为相关党委组织部。在培训活动开展前一个月进行需求调查，通过对需求表的分析，确定培训项目、培训主体以及培训内容等。

根据培训需求相关量表制订培训计划。培训计划的制订包括四个方面：设计培训课程、确定培训方法、确定培训教师和准备培训条件。该工作的开展由相关党委组织部主导，相关培训机构负责人重点参与，从该培训机构的实际出发来制订适合的计划。该计划制订中应该以前期进行的评估报告为一定的参考，在内容设置时教材的选取和培训方法的确定需注重针对性；在授课人选上，应以教师教学水平和历次培训学员评估打分情况为选择依据；培训条件的准备，根据培训机构实际情况进行安排。该阶段的任务应该在培训活动七天前完成，以便以下工作的开展。

（二）培训计划实施中的评估量表

（1）在培训实施中应该对教师的教学效果进行评估，可采用主体班教师教学情况评估。按照培训机构历次培训实际开展情况，该量表应该在周一开课之时下发，周五结课之时回收。让学员对每一位参训教师及其教学等各方面的情况进行评估、打分。针对该表，我们设计了主体班教师教学评估分数统计，对学员给每位教师的打分情况进行统计分析。

（2）实施中，班主任应该根据《主体班学员百分制考核等级量化标准》的打分标准，对学员学籍方面和纪律方面进行打分、记录。该量表中对各个方面、各个维度的权重的确定情况，详见《主体班学员百分制考核等级量化标准》。

（3）参训学员针对培训机构根据实际课程制定的课程作业、论文报告、思考题等认真作答。培训机构对他们的作业进行评分，评分标准按照《主体班学员百分制考核等级量化标准》，由授课教师进行打分。

（4）班主任在培训实施中任务较重，责任较大。在服务好学员各方面需求的前提下，更应监督培训中各方面的质量。

（三）培训后评估量表

（1）针对培训机构的综合管理进行评估，采用培训机构综合管理反馈表。该量表的评估结果汇总情况采用培训机构综合管理反馈统计进行分析。

（2）学员学习层的评估，结合学员学习效果自我评估表中学员自我打分情况，同《主体班学员百分制考核等级量化标准》结合，对学员学习层进行评估。

（四）分析量表结果

评估结果的分析，主要是对主体班教师教学情况评估情况统计、培训机构综合管理反馈统计、学员学习效果评估统计三个量表进行统计性描述。对培训效果的集中趋势、平均趋势进行分析，并分别对授课教师、受训学员、培训机构综合管理进行分析。结合量表中学员反馈的意见进行综合分析，明确当期培训的效果，总结当期培训存在的问题。

（五）撰写培训评估报告

在准确分析量表结果的基础上，按照《国家建设型案例培训评估报告格式》撰写评估报告，相应的内容框架、注意事项详见《国家建设型案例培训评估报告格式》。

（六）评估结果的应用

评估报告出来后的任务是进行评估结果的应用。评估结果的应用应起到对后续工作的指导作用。评估报告应该打印两份，一份送呈相关党委，一份用于发布评估结果信息和学员反映的问题。

（1）对教师的评估分数和提出的相关问题，应该建立相应的数据库，记录每个教师的得分，以供以后选择教师时参考。该任务可安排相关培训机构落实。

（2）培训机构根据学员的综合管理反馈情况及时解决相应的问题。

（七）中长期跟踪调查量表

《中长期跟踪调查》主要是对培训评估后两个层次的评估，评估学员对该次培训情况的反映、意见，该学员在工作中的表现，组织、领导、同事对该学员培训后的评价。该表由培训机构自培训结束一个月后发出进行调查。

（八）所有文件资料归档

培训机构对每期培训活动所涉及的量表、文件、报告等进行整理，按照电子版和纸质版进行分类保存，以供日后学习查看。

二、关于部分量表使用的特别说明

由于培训机构培训活动组织的频繁性和工作强度比较大，我们在设计量表的时候充分考虑到该量表的使用局限。在《主体班学员百分制考核等级量化标准》的设计中包含了学籍的两个方面内容、纪律的两个方面内容和考绩的八个方面内容，但培训活动不一定都会采取考绩八个方面的所有形式。因此，在对考绩打分时，对所有方面的评价应采取灵活打分的形式。若培训环节中没有相应的评价内容，则为满分（如培训活动中没有“学员演讲”环节，则该项得分为 5 分）。对涉及的方面，按照《主体班学员百分制考核等级量化标准》进行打分（如学员在论文调研报告中得到 92 分，则在学员总成绩中其论文调研报告得分为 9. 2 分）。

具体的量表清单、量表使用时间、使用部门、评估主体情况请结合表

26－1 和《培训评估工作程序性文件》使用。

表 26－1　　各文件及量表简要使用说明

属性		文件及量表
评估用表	反应层评估	附录 1：主体班教员教学情况评估；附录 2：主体班教员教学评估分数统计；附录 3：培训机构综合管理反馈；附录 4：培训机构综合管理反馈统计；附录 9：中长期跟踪调查
	学习层评估	附录 7：学员学习效果自我评估； 附录 8：学员学习效果评估统计
标准性文件		附录 5：学员培训期间学习效果评价标准； 附录 6：主体班学员百分制考核等级量化标准； 附录 11：国家建设型案例培训评估报告格式

第二十七章　培训评估管理

科学的教育培训评估体系的有效执行，需要强有力的组织保障。培训评估是一项系统工程，需要以下三个系统来保证实施与管理的顺畅：管理控制系统、信息处理系统和沟通反馈渠道系统。

一、管理控制系统

（一）管理控制

管理控制是战略实施的手段或工具，在战略管理与管理会计等学科中都有相关理论。管理控制集中于通过科学、合理地分解战略计划来确保战略目标的实现，同样可以运用于公务员培训管理。

管理控制研究有三种范式，分别为目标导向型管理控制、过程导向型管理控制和因果关系导向型管理控制。目标导向型管理控制是将目标本身作为核心控制对象；过程导向型管理控制通过建模对 MCS（控制系统）的设计进行分析，并根据演绎分析结果设置控制节点，以使主体行为更有利于实现战略目标；因果关系导向型管理控制则从行动与目标之间的逻辑关系出发进行研究。

（二）国家建设型案例培训中的管理控制系统

该系统的构成应明确主体负责人为相关党委组织部，由相关党委组织部牵头，当期国家建设型案例培训机构具体部门履行职责。该系统的主要职责如下。

（1）设定各部门的评估职责。具体的工作职责应按照培训机构《工作制度与岗位职责汇编》中相关部门的职责切实履行。

（2）制订培训评估工作计划。可由教学副校长和培训科共同制订，根据培训对象、规模选取相应的评估量表和评估对象。工作计划应尤其注意时间节点：一方面，不可将非长期追踪类评估拖延过久，否则会影响评估质量；另一方面，反馈评估结果要及时。

（3）开展培训评估工作。由培训科根据制订的培训评估工作计划在教学过程中和结束后开展评估工作。开展过程中务必重质保量，可适当采取激励措施，不可使评估工作流于形式，否则评估呈现出的结果将与实际情况大相径庭，对整个培训的设计和开展将造成严重的负面影响。

二、信息处理系统和沟通反馈渠道系统

（一）信息处理

信息处理是指获取信息后，通过加工处理将其整理为有用信息并发布的过程。信息处理能力是评价信息系统的重要标志，在管理各项事务中有着普遍应用，促进了管理工作的提升。信息处理系统是为优化管理服务的，它的建立使组织摆脱低效率的管理方式，使组织行为更加高效。

有关信息处理的重要性，张朗（2012）提到信息的价值性体现为信息能够消除人们对客观事物认识的不确定性，提高认知水平，从而使主体实现认识上的进步和行动上的定向，在当今信息爆炸和信息污染的环境下，信息处理对于发挥信息的价值起着关键作用。

信息处理是一个动态过程。具体而言，信息处理的过程主要包括信息的获取、储存、加工、发布和反馈。信息的获取指针对不同主体通过不同方式获取主体本身的多种信息，获取方式包括问卷、观察等，获取载体可以为文字描述、互联网数据等。信息的储存为根据需要利用档案等传统方式或计算机存储设备等储存数据。信息加工则较为重视分析信息、提炼有用信息、增强可观性和可理解性，供相关部门进行决策。信息发布顾名思义是对加工后的有用信息进行发布。信息反馈则重视发布对象对信息的反应。

在国家建设型案例培训的实际操作中，信息的获取、储存与加工为信息处理系统的职能。为强调信息发布与反馈的重要性，将信息发布与反馈单独设置为沟通反馈渠道系统，由沟通反馈渠道系统完成这两项职能。

（二）国家建设型案例中的信息处理系统

信息处理系统的主要负责部门为培训机构培训科，由当期培训机构各相关部门和班主任履行自己的职责。

（1）统一数据回收与处理，回收和加工信息。对回收的相关量表进行数据的录入与整理，并进行分析。在分析过程中，可设定样本抽取的范围。根据当期参训学员的规模随机选取样本，考虑到一般学员人数较少，可进行整群分析。

（2）建立信息数据档案，储存信息。由班主任和培训机构培训科负责，建立信息数据档案，对电子版和纸质版文件分类管理。建立各期综合管理意见数据库，对培训机构外聘教师及本校授课教师评价进行综合管理。

（三）国家建设型案例中的沟通反馈渠道系统

沟通反馈渠道系统的主要构成部门为相关党委组织部，利用组织部的优势，广泛联系各用人单位、培训学员及培训教师，反馈培训教学相关情况及评估结果，促进培训工作的透明化和制度化。可适当进行公示。

（1）建立用人单位或培训学员与培训部门交流渠道。组织部发挥组织优势，就参训学员工作中的行为表现和单位反馈进行交流。

（2）建立教员奖励沟通渠道。根据培训机构的教学评估情况，组织部对教员进行奖励、沟通。

（3）建立培训部门与组织部交流渠道。主要是组织部同相关培训机构，在培训计划制订、培训方案实施、评估结果反馈上进行交流，以改善日后培训工作的质量。

第八篇
案例选登

关于国家建设型案例，中共中央组织部组织有关部门分专题、分领域编选了党的十八大以来攻坚克难的典型案例。这些典型案例涉及经济建设、政治建设、文化建设、社会建设、生态文明建设、党的建设、防范化解重大风险7个领域，共172个。此外，一些研究机构和部门也陆续开发、撰写国家建设型案例。在本篇，从中共中央组织部组织开发以及研究机构和部门开发撰写的国家建设型案例中选取4篇进行刊登。这4篇国家建设型案例的发生地点分别是海南省、重庆市、河南省南阳市、四川省宜宾市，所对应的案例分别为《攻坚克难，推进跨省异地就医便捷服务——海南跨省异地就医直接结算的探索实践》（社会建设领域）、《法安天下，德润人心——重庆巴南区推进“德法相伴”的基层治理实践》（文化建设领域）、《让少数民族群众更好地融入城市——河南南阳市探索少数民族流动人口服务与管理工作的创新实践》（政治建设领域）、《“科教”与“创新”强力支撑城市高质量发展——四川宜宾市“双城”建设的改革实践》（经济建设领域）。这些案例深入展示了国家重大指导思想、重要战略部署、大政方针在国家建设实践中的巨大指导作用，很好地帮助了各级领导干部，为破解改革、发展、稳定重点难点问题提供了宝贵的参考与借鉴。

一、攻坚克难，推进跨省异地就医便捷服务——海南跨省异地就医直接结算的探索实践

引言：2016年8月，习近平总书记在全国卫生与健康大会上强调，医药卫生体制改革已进入深水区，到了啃硬骨头的攻坚期。要加快把党的十八届三中全会确定的医药卫生体制改革任务落到实处。要着力推进基本医疗卫生制度建设，努力在分级诊疗制度、现代医院管理制度、全民医保制度、药品供应保障制度和综合监管制度5项基本医疗卫生制度建设上取得突破。

摘要：随着城镇化进程深入推进，人口流动性加剧，特别是海南国际旅游岛建设国家战略的推进，来琼定居、度假、投资的人数剧增，群众跨省异地就医的需求旺盛，解决跨省异地就医“垫资”“跑腿”等痛点问题成为参保群众的迫切要求和强烈呼声。实现跨省异地就医直接结算是解决以上问题的有效途径。但是，要实现直接结算面临着各地医保目录不同、定点医疗机构“垫资”、系统支撑能力不足、部门协调难以及服务不够便捷五大问题。

为破解这些难题，海南省始终坚持问题导向这一动力源泉、改革创新这一科学方法、协调共享这一重要保障，积极探索即时结算、延时结算、点对点结算三种模式，建立周转金制度，加快信息系统建设，协调各方形成合力，在全国率先启动跨省异地就医直接结算，实现了全国联网的地域、参保群众、备案范围、三级医院和异地就医监管“五个全覆盖”。

推进跨省异地就医直接结算是从人民群众最关心、最直接、最现实的利益问题入手，践行为人民服务的执政理念。唯有坚持改革创新，才能在没有经验可循、没有制度政策可以参照的情况下，找到破解之策。唯有坚持协调共享，才能更好地发挥各方优势，实现多方共赢。

关键词：异地就医　直接结算　海南省

（一）背景情况

海南省是一个外来人口较多的省份，作为全国最大的经济特区、唯一的热带海洋岛屿，海南省拥有得天独厚的地理位置和环境优势。海南国际旅游岛建设上升为国家战略后，来琼定居、度假、投资的人数剧增。以三亚为例，全市户籍人口 60 万人左右，而每年“候鸟”人群达到了 30 万 ~40 万人（不含短期旅游人数）。人员大量流动，有的还长期异地居住，群众最忧虑的现实问题之一就是万一有个病痛住院治疗费用怎么报销？便不便利？

在跨省异地就医未实现直接结算之时，参保群众在就医时需要自己先全额支付医疗费用，然后持医疗单据回参保地申请报销，等待经办机构审核完毕后才能拿到应由医保基金支付的费用。在这个过程中，参保群众面临着“垫资”“跑腿”和“等待周期长”三大突出问题。群众在跨省异地就医时需自己先全额支付医疗费用，少则几千元，多则几十万元，这对于普通百姓来讲无疑是沉重的经济负担，尤其是对一些身患重大疾病者、因病致贫人员、低收入群体更是不堪重负。群众持医疗单据回参保地申请报销，需要提供发票、疾病证明、费用清单、出院记录、病理报告单、病历首页等相关材料和票据，最多可达几十张，有的参保群众一次未拿全或拿错材料，还得返回就医地补充。一来一回，交通费用、时间成本也是很大的负担，给参保群众带来不便。经办机构根据审核的人员配备，审核时间长短不一，短时用时 30 个工作日，长则数月，群众“垫资”压力特别大。这些突出问题已经成为群众反映十分强烈的难点、痛点。

让群众在跨省异地就医时和本地就医一样，出院时仅负担自己承担部分，费用的大头由医保基金与医院直接结算是广大群众的重大期盼，也是政府职能部门迫切需要解决的重大课题。跨省异地就医直接结算既是“刚需”，也是难啃的“硬骨头”。它难在哪儿？为什么这么难？一方面是全国各地医保基金统筹层次不一致，政策和经办标准不统一，信息系统不完善，各管各的；另一方面是涉及人社、财政、信息、经办机构等多个部门以及定点医疗机构和参保群众等多个利益群体，信息共享难，部门协调难，全国没有现成的经验可循。

海南省先行先试，在这方面进行了探索，在全国率先启动跨省异地就医直接结算工作，与兄弟省市一道走出了一条跨省异地就医便捷服务的新路子，为基本医疗保险全国联网和跨省异地就医直接结算提供了宝贵的地方经验。2009 年 11 月 8 日，海南省社保局与广西、贵州、山西、黑龙江 4 省区和广州市本级医疗保险经办机构签署了异地就医结算合作协议，拉开了省与省（或省会城市）之间点对点合作、实现跨省异地就医直接结算的序幕，开启了破冰之旅。截至 2016 年 9 月，海南省异地就医结算合作范围扩大至全国 30 个省（区、市）和新疆生产建设兵团的 242 个统筹区，实现省级统筹区全国覆盖（除港澳台地区），累计受益群众达 5 万多人次。

2016 年 12 月，国家异地就医结算平台上线后，海南省逐步结束省与省合作模式，迅速转入全国联网模式，落实相关要求，开展信息系统改造、测试和接入工作，成为首批启动基本医疗保险全国联网和跨省异地就医直接结算的省份之一。2017 年 1 月 17 日，全国首例通过国家异地就医结算平台“一单式”即时结算在海南省实现。此后，海南省不断扩大异地定点医疗机构范围，扩大受益人群，简化程序，持续推动跨省异地就医直接结算工作走在全国前列。

（二）主要做法

异地就医直接结算工作没有现成经验可循，没有制度政策可以参照，唯有改革与创新才是出路。海南省在推进该项工作过程中，坚持改革创新的理念思路，重点抓了五个方面的工作，破解了五大难题。

1. 探索三种结算模式，破解医保目录不同的难题

由于全国各地基金统筹层次不一致，医保政策不统一，各地医疗保险《诊疗目录》《药品目录》《医疗服务设施目录》（以下简称三大目录）存在差异。一般情况下，参保群众在本地就医适用参保地的三大目录，享受参保地的报销政策。参保群众到异地就医怎么适用三大目录是个难题，全国没有先例。有的同志认为在异地就医适用就医地三大目录突破了现行政策的规定。有的同志认为异地就医应当适用参保地目录，但是就医地的定点医疗机构医务人员大多只对本地的三大目录比较熟悉，不可能同时熟悉全国各地的所有目录。因此，目录适用问题成为掣肘异地就医直接结算的第一大难题。

怎么办？海南省勇于创新，坚持用开放包容的思维来解决三大目录适用问题。对双方达成共识的地区，适用就医地目录和参保地报销政策；对坚持选择参保地目录的地区，允许适用参保地目录和参保地报销政策。在这个思想指导下，海南省积极探索出了三种结算模式供合作方酌情选用。一是即时结算模式：采用就医地目录，按参保地医保待遇标准，结算系统自动审核结算，参保群众在就医地定点医疗机构办理出院手续时即时结算。这种模式适用于合作双方均建设了异地就医结算系统，通过系统之间的无缝对接，实现“数据网上走”，具有即时、便捷、高效的特点。二是延时结算模式：就医地经办机构负责传送参保群众异地就医信息，一般由参保地经办机构按照参保地三大目录和报销政策进行审核结算，将结算结果回传至就医地经办机构和定点医疗机构，再通知参保群众结账。这种模式下，参保群众在结算前需要等待 5 ~ 7 天，但也能实现直接结算。三是点对点结算模式：为了方便海南省热带科学院等单位 3000 多名在广东省湛江市长期居住人员的就医报销，海南省创新第三种方式，由经办机构与湛江市 3 家定点医疗机构直接签订服务协议，通过系统直联的方式，采用参保地目录和报销政策实现直接结算。

这三种模式的创立有效地解决了医保目录对异地就医结算的限制，也丰富了海南省与其他省份合作的方式，使异地就医结算的便利惠及更多参保群众。随着各地对异地就医结算工作的重视，越来越多的省份选择即时结算模式，并升级与海南省的合作关系。海南省与重庆市、新疆维吾尔自治区、新疆生产建设兵团、云南省、广州市、贵州省、广西壮族自治区等地通过联网即时结算，为全国各地异地就医结算工作提供了示范。“地区间联网结算模式”被人力资源社会保障部社会保险事业管理中心推荐为优选模式，2015 年海南省异地就医结算工作被评为创新奖。沿用这种即时结算模式思路，2016 年国家异地就医结算平台上线试运行，由国家主管部门统一部署推动的基本医疗保险跨省异地就医结算进入一个新的发展时期。

2. 建立周转金制度，破解定点医疗机构“垫资”的难题

参保群众在异地就医能不能直接结算，就医地定点医疗机构是个关键因素。定点医疗机构最担心的问题是收不到钱或回款太慢从而挤占现金流。按照医保基金结算正常的流程，参保群众的医保基金支付费用是由医疗机构和参保群众的参保所在地经办机构直接结算。如果参保群众跨省在异地就医，让医疗机构和跨省经办机构直接对账结算，医疗机构普遍存在收不到钱或回款太慢的顾虑。怎么消除这种顾虑，让医疗机构主动参与到异地就医直接结算这项便民利民的工作中来是个崭新的课题。

海南省在启动跨省异地就医结算工作之初，对这个课题就有了深入的思考。省政府召开专题会议研究，决定建立异地就医结算周转金制度，从医保基金中提取一定数量的资金设立资金池，不等外省经办机构清算资金拨款，医疗机构根据上个月的异地就医医疗费用报表，就可以从资金池中及时获取医保基金应支付的费用，这样就解除了医疗机构收不到钱或资金回款慢的顾虑。第一笔周转金规模是 200 万元。随着异地就医结算工作的深入开展，资金池的需要不断扩大，入池周转金金额由协议双方研究确定。比如，随着海南省赴广州市就医的重大疾病参保群众人数增多，医保费用支付额度加大，从 2013 年起，海南省与广州市的异地结算周转金由原来的每季度 75 万元调整到每季度 260 万元，确保了医疗机构医疗费用正常支付。

海南省在异地就医结算工作过程中创设的这种制度，为国家异地就医主管部门推动全国联网结算提供了有益借鉴。全国统一异地就医结算制度后，建立预付金制度，由参保地省级经办机构按年预付给就医地省级经办机构用于支付参保地异地就医人员医疗费用的资金。2017 年，海南省共拨付预付金 1494 万元，已收预付金 1156 万元；2018 年，共拨付预付金 5783 万元，已收预付金 2986 万元。

3. 建设信息系统，破解参保信息和就医信息传递的难题

异地就医结算工作的关键，就是让数据网上跑，让群众不用跑。建设信息系统是实现异地就医结算工作最重要的技术保证和根本出路。开展异地就医结算工作之前，海南省与外省经办机构之间的业务系统没有联网，医疗机构无法通过经办机构获取外地参保群众的信息，参保群众出院时也无法在医疗机构直接记账报销。此外，经办机构需要手工审核医疗单据，审核耗时长，也难以鉴别单据的真伪，这对经办机构的管理服务水平提出了严峻挑战。

为了推动系统建设“从无到有”，早日启动异地就医结算工作，海南省社保局攻坚克难，持续发力，打通异地就医结算高速通道。异地就医结算工作启动初期，海南省政府拨付专项经费 240 万元用于省级跨省就医结算系统平台开发建设，以实现信息共享为基准点，兼顾各统筹地区的不同特点，优化系统设计，建立并逐步完善平台功能。对应三种结算模式，海南省跨省异地就医结算系统平台既可以实现与外省经办机构信息系统直连互通，实现即时结算，也可以由外省经办机构通过互联网登录海南省跨省异地就医结算系统直接进行业务操作，解决外省经办机构系统改造投入不足或进度缓慢的问题，体现了高度的开放性。

2016 年 12 月，国家异地就医结算平台上线试运行后，海南省及时根据国家要求对省级异地就医结算系统平台进行优化升级，并积极争取国家主管部门支持，成为首批启动基本医疗保险全国联网和跨省异地就医直接结算的省份之一，异地就医结算工作进入新的发展阶段。2017 年 1 月 12 日，海南省在全国第一个登录国家异地就医结算系统，实现与国家系统联网；同年 1 月 17 日，吉林省参保群众李女士在解放军总院海南分院通过国家异地就医结算系统平台完成全国首例“一单式”即时结算。

在业务系统趋于成熟的基础上，针对异地就医结算过程中参保地管不到、就医地难以管的真空地带，海南省坚持结算平台建设与监管系统建设并重，2017 年异地就医开始实行大数据智能监管、跨省联审互查，实现了异地就医监管全覆盖。目前，海南省已将异地定点医疗机构和异地就医人员全部纳入基本医疗保险统一管理，实现对异地定点医疗机构和异地就医人员就医信息的日常抽查，通过医保智能审核系统对外省参保群众就医明细进行审核，并将其纳入基本医疗保险工作的考核范围，努力做到就医地管理全方位、无死角。通过线上线下的监管，减少违规医疗服务行为和违规费用支出，控制不合理的医疗费用增长，减轻异地就医患者的经济负担，通过联网结算，大大减少了审单工作量，保证了就医信息的真实性，有效避免虚假住院、虚假票据等问题，切实维护了基金安全。

4. 协调四方，破解多方联动的难题

异地就医结算工作是一项综合性系统工程，涉及面广、项目杂，协调难度大。实际上是把“跑腿”“垫资”问题从参保群众转移到经办机构和医疗机构，把方便给了群众，把“麻烦”留给了经办机构和医疗机构。有的优质医疗资源比较集中的省市担心开展异地就医结算工作后，外省人挤占本地资源，不赞成异地就医结算的做法；有些医保基金不太充足的地区，担心参保群众异地就医更加方便后，医保基金支付压力太大，持观望态度。已经开展异地就医结算工作的地区，由于有些省份没有设置异地就医结算工作的专门机构，业务工作的协调对接和难点问题的及时解决常常“挂空挡”。此外，由于医疗机构需要替参保群众垫付资金并接受经办机构的基金监管，还要制作报表、对账结算、改造医院端系统以及向患者解释政策，推动起来需要耗费大量的人力、物力和财力，很多都不愿意开展异地就医结算工作，尤其是基层市县异地就医量较少的医疗机构更不愿意参与进来。

面对这些困难，海南省坚持认为，医疗资源的问题、基金管理的问题、经办起来比较烦琐的问题等，和群众异地就医结算的痛点问题比起来，后者更应该得到关注和解决，必须牢牢把握群众利益至上的核心价值，坚定不移地推动异地就医结算工作。为此，海南省社保局在协调四方上下足功夫，在人员编制有限的情况下，抽调 5 名业务骨干，临时成立了异地就医结算办公室，努力当好“推销员”和“协调员”。

当好推销员，最大限度地与合作各方形成理念共识。启动之初，海南省借助泛珠三角区域异地就医合作平台，与广东省广州市医保经办机构进行了深入的沟通交流，达成初步共识，在全国率先启动跨省异地就医结算工作。之后，根据省与省之间点对点合作的特点，由业务部门负责同志通过电话、发函等方式与兄弟省市同仁沟通，介绍海南省的做法和成效，努力把“产品”推销出去，动员兄弟省市参与合作。然后，由海南省社保局领导带队一个省一个省地拜访沟通，从领导层面来推动合作，谈成一家，就签订一家合作协议，逐步扩大异地就医结算省际合作范围，同时也让异地就医结算工作理念在全国医保经办机构生根发芽，形成良好的合作氛围。对医疗机构，海南省通过召开座谈会等方式，加大政策宣传力度，加强思想动员，强调异地就医结算工作的重要性和惠民性，充分调动了医疗机构的积极性和主动性。

当好协调员，形成推动异地就医结算工作的合力。在省内协调编制、财政等部门给予大力支持。海南省编制部门同意海南省社保局医保处加挂异地就医结算处牌子，增加负责异地就医经办管理服务职能，增配处级领导职员1名，其他人员编制通过内部调剂解决。在经费保障方面，海南省先后拨付1245万元用于信息系统建设，拨付196万元作为专项工作经费和宣传经费，这为推动异地就医结算工作提供了坚实的财政保障。2016年9月，海南省协调人力资源社会保障部社保中心组织部分省份相关人员到海南省开展异地就医结算工作集中调研座谈会，集中签订了一批合作协议，随后部省联动又协调剩余省份签订了合作协议。至2016年9月底，实现省级统筹区全国覆盖（除港澳台地区），覆盖范围为全国之最。为了让更多的医疗机构参与到异地就医结算工作中来，海南省社保局还加大了与医疗机构的协调沟通。有关同志跑遍了全岛所有市县，协调地方党委政府出面，督促医疗机构加大医院端系统改造等投入，积极参与到这项工作中来。一些实力较弱的市县医疗机构，则由市县政府安排财政资金予以补助。2017年，海南省实现了所有市县至少有一家异地定点医疗机构，所有三级医疗机构均接入国家平台。截至目前，全省已有65家异地定点医疗机构接入国家系统。

5. 优化服务，破解备案难题

按照政策规定，参保群众跨省异地就医前应到参保地经办机构进行登记，参保地经办机构为参保群众办理异地就医备案手续，建立异地就医备案人员库并实行动态管理。参保群众不备案登记，医疗机构就无法通过异地就医结算平台读取其参保信息并进行结算。在工作推进过程中，参保群众备案遇到三个突出问题：一是很多参保群众不知晓政策。因为异地就医结算是一个新生事物，是一项全新的便民举措，异地就医结算覆盖范围也是从小到大逐步扩展的，参保群众要了解、熟悉政策还需要一个过程。有的参保群众平常不太注意这些信息，到住院的时候才仓促了解。二是备案手续不便利。过去，参保群众需要到就医地选定3家医疗机构，填写异地就医备案表并逐家医院去盖章，再到就医地经办机构盖章确认，然后寄回参保地进行备案登记。转诊转院人员还需要持具有转诊资质的医疗机构开具的转诊申请表到参保地经办机构审批盖章，再到参保地经办机构完成办理备案手续，整个办理业务过程需要参保群众辗转多地，手续繁杂，耗时较长。三是参保人群覆盖面小。过去，异地就医联网结算开展的地区少，各省都是从长期异地安置和异地居住的城镇职工开始试点，其他人群暂未纳入，无法进行异地就医联网结算备案。

为让更多人享受到异地就医结算的便利，共享创新发展成果，海南省经办机构积极创造条件，不断加大政策宣传力度，畅通备案渠道，简化备案流程，完善相关政策。一是集中开展主题宣传。2012 年以来，连续 7 年组织开展“社保走基层”，异地就医政策宣传“进医院、进农村、进单位、进社区”专场活动。通过发放宣传折页、宣传品，借助公交车广告、报纸、网络、视频等媒介，抓住冬季“候鸟”来琼、春节前后外出打工的农民工返乡等时机，广泛开展宣传，推动异地就医政策宣传“横向拓展、纵向深入”。二是简化备案环节。取消就医地经办机构和定点医疗机构审批盖章程序，取消转诊转院需经办机构的审批盖章流程，异地急诊参保群众凭急诊病历等材料通过电话或传真即可完成备案，实现网上经办大厅备案，让信息多跑路、群众少跑腿。三是逐步扩大参保覆盖范围。不断出台完善相关政策，海南省异地就医直接结算覆盖人群从城镇职工参保群众扩至城乡居民参保群众；将离休人员和灵活就业人员纳入跨省异地就医结算人群范围，参保覆盖范围不断扩大。

2012 年，全省异地安置退休、异地长期居住、常驻异地工作和异地转诊四类备案人群 3173 人，到 2019 年共 50235 人的备案信息已上传至国家系统，备案人数增长了 14. 8 倍。

（三）经验启示

海南省认真贯彻落实习近平总书记的重要讲话精神，坚持以人民为中心的发展思想，准确把握新时代社会主要矛盾，以问题为导向，为满足人民对美好幸福生活的向往，运用创新思维和方法，攻坚克难，激发本省动力，联合各省市的力量，从思想上进行突破，从制度上进行创新，从服务上进行优化，既适应了时代发展变化的新形势、把准了时代脉搏，又满足了人民群众对异地就医便捷服务的需求，给人以启迪。

（1）坚持问题导向是做好民生工作的科学方法

随着城镇化进程深入推进，人口流动性加剧，群众跨省异地就医的需求旺盛，同时又面临着“垫资”“跑腿”的痛点问题，群众反映强烈。海南省着眼于解决参保群众异地就医垫付医疗费用大、报销周期长和参保地、就医地长距离来回跑等问题，敢闯敢试，先行先试，在没有经验可循、没有制度政策可以参照的情况下，切实肩负起使命担当，使异地就医直接结算这项工作破了题，找到了解决路径，得到了广大参保群众的赞赏。实践证明，做好民生工作，必须把群众安危和冷暖放在心上，雪中送炭，纾难解困，扎扎实实解决好群众最关心最直接最现实的利益问题、最困难最忧虑最急迫的实际问题，才能造福人民、赢得民心。

（2）坚持改革创新是做好民生工作的不竭动力

海南在跨省异地就医直接结算的探索中，进行了三个最重要的创新，即建立异地就医采取就医地目录、参保地报销比例的规则，建立周转金制度，通过省级平台建设实现地区间信息互联互通。这三个创新破解了各地医保目录不一致的难题，破解了定点医疗机构不愿参与的难题，破解了参保信息和就医信息不能互通的难题，也为之后基本医疗保险全国联网积累了丰富的经验，为国家层面整体推动跨省异地就医结算工作贡献了地方智慧。这一实践充分证明，民生领域改革进入深水区，到了啃硬骨头的攻坚期，唯有创新才能激发活力、破解难题，不创新就没有出路。

（3）坚持协调共享是做好民生工作的重要保障

保障和改善民生，既要做好顶层设计，明确目标和路径，又要各地各部门统筹协调、群策群力。异地就医结算工作，是一项系统工程，涉及人员流、信息流、资金流，既需要协调各方的关系，又要照顾到各方的利益，必须坚持协调共享的理念，形成合力，更好地发挥各方优势，实现多方共赢。海南省在推进工作中，对内做好编制、财政、社保等部门之间的协调，对外做好与国家部委、省外经办机构、定点医疗机构的协调，在全省乃至全国范围内逐步形成了上下联动、左右协同、统筹推进、转化成果的良好局面，推动了工作开展。

【思考题】

1. 本案例中有哪些模式、方法、制度等可以推广到你的工作中？

2. 在跨省异地就医结算工作中，如何处理好保障群众便捷性与维护分级诊疗秩序的关系？

二、法安天下，德润人心——重庆巴南区推进“德法相伴”的基层治理实践

引言：2016 年 12 月 9 日，习近平总书记在十八届中央政治局第三十七次

集体学习时指出，法律是成文的道德，道德是内心的法律，法律和道德都具有规范社会行为、调节社会关系、维护社会秩序的作用，在国家治理中都有其地位和功能。法安天下，德润人心。法律有效实施有赖于道德支持，道德践行也离不开法律约束。法治和德治不可分离、不可偏废，国家治理需要法律和道德协同发力。

摘要：随着我国社会主要矛盾发生新变化，基层社会出现诸多新矛盾新问题。一定程度的个人品德、家庭美德、社会公德、职业道德缺失，影响了社会和谐稳定。信访不信法、上网不上诉、失德不违法等社会乱象，给基层社会治理带来更多的困难和挑战。如何将道德力量的柔性浸润与法律的刚性约束有机结合起来，推动形成崇德向善、尊法守法的良好社会氛围，是一个亟待解决的问题。

重庆市巴南区开展的“德法相伴——核心价值观融入法治建设”工作（以下简称德法相伴），以法治和德治相结合推进基层社会治理为突破口，以“德法修身、德法润家、德法睦邻、德法怡城”四大路径为抓手，切实强化道德对法治的支撑作用，充分运用法治对道德的保障作用，推动形成“做一个明德知法的人，育一个遵德守法的家，建一个厚德循法的院，筑一座崇德尚法的城”四维体系，进一步将社会主义核心价值观融入法治建设，引导广大人民群众争做社会主义道德的示范者、良好风尚的维护者和社会主义法治的忠实崇尚者、自觉遵守者、坚定捍卫者，推动社会主义核心价值观更加深入人心。

“德法相伴”解决了基层社会治理的一些难题，为进一步将社会主义核心价值观融入法治建设提供了有益启示：要以“治”为载体，以“融”为纽带，以“人”为根本，把法治和德治的功能、法律和道德的力量紧密结合起来，把自律和他律紧密结合起来，推动法治和德治在基层社会治理中相互补充、相互促进、相得益彰。

关键词：核心价值观　社会治理创新　德法相伴

（一）背景情况

重庆市巴南区农村面积大、城乡二元结构突出，经济发展不平衡不充分矛盾凸显，人民对美好生活的需求日益增长。与此同时，重庆历史上沿袭下来的“袍哥”文化、码头文化、江湖习气，以及一定程度的个人品德、家庭美德、社会公德、职业道德缺失，给基层社会治理带来更多的困难和挑战。

2016 年 12 月 25 日，中共中央办公厅、国务院办公厅出台《关于进一步把社会主义核心价值观融入法治建设的指导意见》，要求“推动社会主义核心价值观入法入规”“强化社会治理的价值导向”“用司法公正引领社会公正”“弘扬社会主义法治精神”。巴南区结合自身实际，在全面推进工作的同时，重点就“强化社会治理的价值导向”开展探索，并于 2017 年 4 月在龙洲湾街道启动“德法相伴——核心价值观融入法治建设”试点工作。

2018 年 3 月，习近平总书记在参加十三届全国人大一次会议重庆代表团审议时强调：“要既讲法治又讲德治，重视发挥道德教化作用，把法律和道德的力量、法治和德治的功能紧密结合起来，把自律和他律紧密结合起来，引导全社会积极培育和践行社会主义核心价值观，树立良好道德风尚。”习近平总书记的重要讲话精神，为巴南区“德法相伴”探索进一步指明了方向。在重庆市委宣传部的指导下，巴南区委宣传部对“德法相伴”工作体系进行了再次梳理和改进，对活动形式载体进行了再次丰富和充实，“德法相伴”工作迅速在全区推广开来。

2018 年 6 月，重庆市委宣传部将“德法相伴”作为全市推进核心价值观融入法治建设、实施乡村振兴战略、提升基层宣传思想工作水平的抓手和载体，在各区县广泛推开。

（二）主要做法

巴南区开展的“德法相伴”工作，以法治和德治相结合推进基层社会治理为突破口，以“德法修身、德法润家、德法睦邻、德法怡城”四大路径为抓手，切实强化道德对法治的支撑作用，充分运用法治对道德的保障作用，推动形成“做一个明德知法的人，育一个遵德守法的家，建一个厚德循法的院，筑一座崇德尚法的城”四维体系，进一步将社会主义核心价值观融入法治建设，引导广大人民群众争做社会主义道德的示范者、良好风尚的维护者和社会主义法治的忠实崇尚者、自觉遵守者、坚定捍卫者，推动社会主义核心价值观更加深入人心。

1. 以“德法修身”为基础，做一个明德知法的人

增强全民法治意识和道德自觉，强化教育引导是基础。针对普法宣传教育工作存在的问题，为了宣传教育工作更精微、更精细、更精准，巴南区作了三个方面的探索。

（1）“德法红黑榜”评身边人。巴南区探索设立“德法红黑榜”，通过“评榜”“立榜”“议榜”表彰好人好事，曝光身边不文明现象。“评榜”就是由居民推荐，居民议事会核实评议，村（居）委会复核，镇街党委（党工委）备案，提出上“红榜”“黑榜”的人员、事迹和现象。“立榜”就是在小区建立“德法红黑榜”宣传专栏，在宣传栏上张榜公示。“议榜”就是居委会召开小区会议，对好的予以通报表彰，不好的让大家讨论怎么帮助改进。“德法红黑榜”刚开始推行时，大家也不怎么放在心上。活动推进一段时间后，关注红黑榜的人越来越多，看到有人围在榜前品头论足，上了“黑榜”的人脸上就挂不住了。为了不激化矛盾，同时又让活动能有效推进，巴南区后来对张榜方式进行了改进，“黑榜”不再列具体人名，改为出示不文明现场图片，曝光不好的社会现象。

（2）“以案说法院坝会”议身边事。为了法治宣传能让老百姓听得进，听得懂，巴南区创新开展“以案说法院坝会”，每月深入居民小区院坝，通过“情景再现——以案引法”“模拟辩论——以案说法”“延伸拓展——以案普法”“现场咨询——以案用法”四个环节，摆事实、讲道理，开展普法宣传和道德教育。院坝会的案例故事多是高空抛物、噪声扰民等热点问题，发生在群众身边，与大家的生活息息相关。比如，2018 年 5 月，巴南区龙海社区在搜集居民意见建议时，发现部分居民对地下停车场的电梯使用权争议较大。于是，社区以此为案例，开展了一场“以案说法院坝会”，由法务志愿者和社区居民分别担任审判长、书记员、原告、被告等角色，让大家身临其境地参加到活动中来，最终达成使用电梯的一致意见。

（3）“德法有约”大讲堂学身边法。“德法有约”干部大讲堂以全区广大党员为对象，利用基层党建工作阵地，精选发生在领导干部身边的案例，开展以案说纪、以案说法、以案说德、以案说责活动，将“处分决定书”变成“警示教育课”。“德法有约”群众大讲堂以基层群众为对象，主要运用主流媒体阵地，与腾讯大渝网合作打造《对话检察官》栏目，开通抖音官方账号，摄制了关于个人隐私权的《谁动了您的信息?》、关于儿童权益保障的《这个“六一”儿童节，您最想收到什么礼物?》等 49 期普法宣传微视频；与重庆电视台合作，参与全国首个电视巡回法庭《法官理家事》节目制作，由家事法官边审案边普法，活动收视率屡创周末黄金档新高。“德法有约”学生大讲堂以全区中小学生为对象，以学校道德法治实践基地为阵地，编制法治儿歌，在全区各学校广泛传唱。

2. 以“德法润家”为细胞，育一个遵德守法的家

巴南区以强化领导干部政德建设为切入点，进一步深化“家风润万家”主题活动，在全面发动的同时，重点抓好领导干部家庭建设、家庭教育、家风传承工作。

（1）抓“六有”推进家庭建设。巴南区在全区干部群众中积极倡导“六有家庭”建设，即有家风家训匾、有幸福合影墙、有亲情留言牌、有家事分工表、有家庭议事册、有家庭读书角，营造良好家庭氛围。组织开展全区领导干部优秀家训评选，汇编成册供大家学习宣传。“六有家庭”建设刚推动的时候，也不是很顺利，大家不清楚家训是什么，都在观望。丰盛镇党委组织发动退休教师、文化专家，深入当地居民家里，从“祖辈父辈教育你经常说的一句话是什么、你教育子女经常说的一句话是什么”入手，指导大家总结提炼家训。丰盛镇上居住的社区干部带头，将自己的家训做成木匾，悬挂在家门口，其他居民也纷纷在家门口挂出自家家训，打造了有名的“家训一条街”，成为一道独特的旅游风景。

（2）抓“十循”推进家庭教育。巴南区根据当地的生活习惯和风土人情，将日常生活中十个方面的基本礼仪，总结编写成《家礼十循》，即长幼之循、夫妻之循、邻里之循、持家之循、洒扫之循、应对之循、称谓之循、餐桌之循、待客之循、祭祖之循，并改编成漫画、儿歌、三字经，在全区广泛流传。

讲忠诚、少猜疑、不嫌弃，多拥抱、少拌嘴、不打人。

——《家礼十循》第二循之夫妻之循

进进出出多招呼，鸡毛蒜皮少算账，红白喜事要帮忙。

——《家礼十循》第七循之邻里之循

娃儿从小要勤快，扫地洗碗抹桌子。

——《家礼十循》第四循之洒扫之循

好东西，莫显摆；节用度，不丢人。儿女过，多批评；媳婿错，多提醒。

——《家礼十循三字经》第八循之持家之循

这些大白话，朗朗上口，通俗易懂，饱含着浓浓的乡情乡音，说的虽是些生活小细节，却蕴含着做人的大智慧。

（3）抓“一会”推进家风传承。即开展“家年会”活动。过年过节，既是阖家团圆的喜庆日子，也是滋生腐败的高危期。巴南区倡导广大家庭开展家年会活动，利用春节等传统节日，一家人聚在一起举行家庭（家族）会议，开展“讲家史、立家训；说得失、谈梦想；传家礼、送祝福”等活动。为推动2019年春节家年会活动，全区2041个党支部节前在主题党日组织了宣传发动，区内110所中小学校将家年会作为一份特殊的寒假作业，全区20万家庭各自在春节期间开展活动，全区上下过了一个很有意义的春节。在春节后的主题分享会上，巴南区纪委机关干部高某说：“过年时，我们一大家人聚在一起，表彰‘工作最上进奖’‘学习优秀奖’，晚辈依次给长辈作揖拜年，既传承了家规家礼，又充满了孝爱亲情，既有仪式感，更有幸福感。”

3. 以“德法睦邻”为载体，建一个厚德循法的院

“德法相伴”只有融入百姓生活，化为群众需求，才有生命力。“一扇防盗门，里外两重天”。以往小区邻里之间见面少，虽是左右邻居，可能都不认识。构建和睦、融洽的邻里关系，让邻里之间不但敲得开门、认得到人，还要“打得拢堆”（团结在一起）、帮得上忙、说得上话，那就需要有活动作交流平台，有热心人作情感纽带，有规矩作持续保障。

（1）活动聚人气，有好事“打得拢堆”。邻里之间相聚，需要有活动平台。巴南区以举办“爱在社区邻里节”活动为契机，组织开展家庭厨艺大赛、邻里百家宴、巾帼爱心赶场天、“德法民星秀”文艺展演等系列活动，呈现出不少活动亮点。界石镇公租房小区的居民都是新入住的，2018年端午节时，小区组织开展邻里百家宴活动，每家献上一道拿手菜，大家聚在一起品尝，互相认识。龙洲湾道角村每年都要开展“德法民星秀”文艺展演，社区居民自编自导自演，创作表演了以讽刺邻里好闲话瞎琢磨的相声《关心病》、教育大家要做好垃圾分类的小品《缺德宅男》等一系列精彩的节目。

（2）调解促和气，有琐事帮得上忙。小区邻里鸡毛蒜皮的事多，需要引导居民理性表达诉求、依法维护权益，也更需要身边多一些热心肠、和事佬，及时进行矛盾调解。巴南区积极发展壮大“小马”工作者、乡贤讲理员、法务志愿者三支队伍。以时代楷模马善祥倡导的“老马工作法”为指导，由退休教师、社区干部、大学生村官等组建“小马”工作者队伍，在城市小区开展宣传调解工作。由“百姓名嘴”、群众意见领袖、致富带头人等组成的乡贤讲理员队伍，在文化大院、村活动室设立“乡贤讲理堂”，对乡间邻里开展说法讲理工作。由社区工作者、律师等组成的法务志愿者队伍，在村（居）便民服务中心设立法务工作窗口，开展法律咨询等多种志愿服务。三支队伍在促进邻里和谐上发挥了重要作用。花溪街道红光社区部分群众因征地拆迁矛盾不断到市、进京集访，成为国家民政部挂牌的“信访火药桶”，曾有“重庆稳定看巴南、巴南稳定看花溪、花溪稳定看红光”之说。通过数年的治理，虽取得了显著成效，但隐患没有完全根除，随时都有“死灰复燃”的可能。近两年来，社区组织“小马”工作者、乡贤讲理员和法务志愿者等20余名同志，常态化开展约访和大走访，解决不少“信访不信法”的“老上访”问题，促进了邻里和睦。红光社区也成功创建为重庆市“最美志愿服务”社区。

（3）公约树正气，有难事“说得上话”。小区、楼栋邻里之间，难免有时发生争执，有时谁也说服不了谁。如果有一个大家认可的村规民约来评判和处理就好办得多。巴南区发动居民、业主等，按照“共同参与、一致协商”的原则，集体讨论并制定完善了《居民公约》《文明健身公约》等一系列约定。例如，龙洲湾街道城南未来小区针对小区养狗的问题，召集大家讨论制定《文明养狗公约》。最后经大家商议形成“不饲养烈性狗”“一户不养多只狗”“带狗乘车不占座”“带狗乘梯要让人”等约定，并在小区宣传栏张榜公示，印成手册发到养狗户手中。小区居民李大姐说：“这个公约制定得好！是大家商量决定的，考虑了大家的共同利益。现在小区养狗文明多了。”还有，自从界石镇海棠村村民商议制定了《新村规民约》后，村里大操大办红白喜事的现象大大减少了。因为《新村规民约》里说了，提倡喜事新办、丧事从简，反对铺张浪费、大操大办。村民们都赞同，现在村里的宴请少了许多，人情来往的礼金也少了。界石镇党委主要领导介绍：“原来‘法律管不上、道德管不住’的事，我们尝试用‘公约’来管理。为此，镇上专门成立了审核小组，由镇民政办、监察室以及律师参与，对村民们商议制定的‘公约’的合法性、政策规定的匹配性予以审查。”

4. 以“德法怡城”为目标，筑一座崇德尚法的城

推进德法共治，树立法治思维，发挥德治作用，其目的是更好引领和规范社会生活。构建一个既充满活力又诚信有序的文明城市，营造诚实守信的社会氛围，畅通处理问题的社会渠道，提供专业全面的社会服务，是切实可行的举措。

（1）“信用巴南”营造诚实守信的社会氛围。人无信不立。推动诚信社会建设，必须要有完善的守法诚信褒奖办法，过硬的违法失信惩戒举措。巴南区建成“信用巴南”技术体系，依托“信用巴南”门户网站、后台数据管理系统、体系成员单位管理系统三大平台，实现数据同步更新、实时共享。巴南区建成“信用巴南”制度体系，出台全区企业信用信息征集和公开管理办法，制定《巴南区信用村、信用镇（街）评定暂行办法》和《巴南区信用村贷款贴息管理暂行办法》，在实施过程中取得了一些效果。例如，在推进农村信用体系建设中，由各镇街、村居自愿先行申报，再由区金融发展中心会同人民银行巴南中心支行综合评审，对获评为信用村、信用镇（街）的单位进行现场授牌，最后由巴南区财政局按规定对信用贷款者予以贴息奖励。其中，全区 2018 年就发放贴息贷款 119 笔，贷款金额 596.4 万元，巴南区财政贴息金额共计 32 万元。巴南区还强化了信用惩戒的举措，通过将信用查询结果作为建筑企业资质审批的必要前置条件，纳入信用“黑名单”的企业不得参与政府采购招投标活动，将诚信综合评价得分以 10% 的比例纳入招投标评分等一系列办法，加强失信惩戒，充分发挥信用约束作用。

（2）“问政平台”畅通解决问题的社会渠道。发生“上网不上诉”现象，主要原因在于群众诉求表达不够快捷、与党委政府的沟通渠道不够通畅。2017 年，巴南区“看巴南 App@巴小萱网络问政平台”改版上线，让老百姓反映问题更方便、沟通意见更及时，让各级党组织有了联系服务群众、监督党风政风的“顺风耳”“千里眼”。2018 年 3 月，南泉街道村民石某通过自己的手机在问政平台投诉，称自家小区旁边花溪河岸有土坡菜地，严重影响了市容市貌。问政平台管理中心接到信息，通过评判，当天将投诉内容转交给小区所在的南泉街道党工委。街道党工委组织社区干部赴现场核实、开展劝导，清理了土坡菜地，并在河道两岸安插了保护环境告示牌，最后在问政平台回复了办理情况。从接到投诉到最后办结回复总共不到 5 天。截至 2019 年 5 月，问政平台注册用户 357782 人，共受理投诉、建议 8485 件，回复处置率 98%。

（3）“三社联动”提供专业全面的社会服务。社会服务主体较为单一、社区居委会负担过重、社区工作者专业素质能力较低等问题普遍存在。为提升基层社会服务水平，巴南区创新推动“三社联动”工作，通过“社区＋社会组织＋社会工作”，探索精准化分析、个性化谋划、项目化落实的基层社会服务管理模式。通过购买服务的方式引入专业的社会服务机构，开展精神卫生、婚姻疏导等精细化“专科”服务。每个社区配备1～2名专兼职社工，开展社区照顾、社会融入等“全科”服务。发动志愿者积极参与社会服务，如“女警帮帮团”志愿服务队开展守护留守女童志愿服务项目，建立起留守女童档案，开展安全知识教育系列活动；巴南区“周小均名班主任”志愿服务队实施了“点灯人”——亲子阅读推广计划项目，深入社区、乡村推广全民阅读。“三社联动”很好地促进了社会治理资源共享互补，增强了政府与社会之间的互联互动，推动了社会服务专业全面发展。

（三）经验启示

重庆市巴南区“德法相伴”工作从探索试点到全面推广，在实践中积累了丰富的经验，为法治和德治相结合推进基层社会治理创新、推动社会主义核心价值观更加深入人心提供了有益启示。

（1）推动核心价值观融入法治建设，要以“治”为载体，把法治和德治的功能紧密结合起来。在国家和社会治理中，法治和德治是“车之两轮”“鸟之两翼”，缺一不可。把两者紧密结合起来，让法治和德治的功能相互补充。在活动载体的选择上，一是要因地制宜。巴南区的“德法相伴”以法治和德治相结合推进基层社会治理为突破口，构建“德法修身”“德法润家”“德法睦邻”“德法怡城”的活动架构，使工作推进有可落地的运行载体。二是要因人而异。针对不同人群的特点，“德法有约大讲堂”设置不同的学习形式；发挥社区、社会组织、社会工作的各自优势，统筹推动“三社联动”服务项目，这些措施做到了迎其所好、扬其所长，为“德法相伴”工作顺利推进打下坚实基础。三是要因势利导。无论是收集老百姓关心的热点问题作为“以案说法院坝会”的鲜活案例，还是深入老百姓家里指导家训提炼，打造“家训一条街”，“德法相伴”能取得较好成效，就在于做到了及时发现，善于引导。

（2）推动核心价值观融入法治建设，要以“融”为纽带，把法律和道德的力量紧密结合起来。巴南区“德法相伴”的实践表明，使主流价值与法律法规同频共振、相伴共融，不仅会让社会主义核心价值观转化为情感认同，还能有效避免价值理念与现实规则不一致的“两张皮”现象。把法律和道德结合起来，让二者的力量相互促进。一方面，要强化道德对法治的支撑作用。

“不知耻者，无所不为”。再多再好的法律，必须转化为内心自觉才能真正为人们所遵循。要发挥道德对法治的滋养作用，注重培育人们的法律信仰、法治观念、规则意识，营造全社会都讲法治、守法治的文化环境。另一方面，要强化法治对道德的保障作用。把一些基本道德规范转化为制度规范，把一些基本生活礼仪转化为公约规章。切实发挥法治的保障作用，不仅要用法律法规保护和鼓励符合核心价值观的行为，而且要制裁与惩罚违背核心价值观的行为。

（3）推动核心价值观融入法治建设，要以“人”为根本，把自律和他律紧密结合起来。推动核心价值观融入法治建设，必须坚持以人为本的原则，将自律和他律结合，让法治和德治的效果相得益彰。一是要营造崇德尚法的舆论氛围，强化全民遵德守法的内心自觉。强化宣传教育，注重破立并举，切实增强全民法治意识和道德自觉，使人们对法律的态度由迫于外力的“惧畏”，转变为发自内心的“敬畏”。二是要营造“山清水秀”的政治生态，强化干部个人守法用法的廉洁自律。“为政以德，譬如北辰，居其所而众星共之。”领导干部立政德，就要明大德、守公德、严私德，在利益诱惑面前保持定力。三是要营造和谐文明的城市风尚，强化社区管理服务的基层自治。鼓励发动乡贤讲理员、“小马”工作者等更多的热心人参与基层自治，推动形成民事民议、民事民办、民事民管的社会治理模式。

【思考题】

1. 重庆市巴南区以“德法相伴”为载体推进核心价值观融入法治建设有哪些创新？对于基层治理有何启示？

2. 结合本案例学习与所在地实际情况谈谈，把核心价值观融入法治建设的工作还存在哪些问题？还可以进行哪些方面的创新探索？

三、让少数民族群众更好地融入城市——河南南阳市探索少数民族流动人口服务与管理工作的创新实践

引言：2014 年 9 月，习近平总书记在中央民族工作会议暨国务院第六次全国民族团结进步表彰大会上指出，改革开放以来，我国进入了各民族跨区域大流动的活跃期，做好城市民族工作越来越重要。对少数民族流动人口，不能采取“关门主义”的态度，也不能采取放任自流的态度，关键是要抓住

流入地和流出地的两头对接。要把着力点放在社区，推动建立相互嵌入的社会结构和社区环境，注重保障各民族合法权益，坚决纠正和杜绝歧视或变相歧视少数民族群众、伤害民族感情的言行，引导流入城市的少数民族群众自觉遵守国家法律和城市管理规定，让城市更好接纳少数民族群众，让少数民族群众更好融入城市。

摘要：边疆地区少数民族人口大规模的跨区域流动是当前我国民族工作面临的新情况、新问题。2005 年以来，河南省南阳市镇平县石佛寺镇的玉石市场聚集了大批新疆少数民族流动群体。如何解决好少数民族群众的就业、居住、饮食、子女教育等方面的问题，依法加强管理，引导少数民族群众更好地融入城市，是当地政府面临的新课题。

南阳市政府工作中把少数民族群众当作“自家人”，以诚心欢迎、精准服务、加强管理为原则，在改善就业居住环境、完善社会服务保障体系、坚持依法管理、加强宣传教育、开展结对共建、深化与新疆维吾尔自治区协调合作等方面出台了一系列服务管理政策措施。近年来，进一步规范了玉石市场，打造了各民族嵌入式居住社区，为少数民族群众提供了医疗、教育等方面的均衡化公共社会服务。在加强依法管理方面开展了大量工作，积极宣传政策法规，保护各民族合法权益。同时，针对少数民族群众的特点，在开展语言培训、丰富文化生活、举办各种民族团结共建活动方面进行了积极探索，为维护当地民族团结和社会稳定发挥了积极作用。

关键词：城市融入民族交往交流交融　流动人口服务与管理

（一）背景情况

河南省南阳市镇平县石佛寺镇位于河南省西南部、豫鄂陕三省交会处，镇域总面积 148 平方公里，是全国最大的玉雕加工销售集散地。改革开放以来，随着石佛寺镇玉雕产业的发展，新疆少数民族群众从 2005 年起在当地从事和田玉石料经营，并逐渐扩展至餐饮、住宿、运输等多个行业领域，年流动量可达 3 万余人，常住流动人口高峰时段达 3000 多人，截至 2019 年 5 月保持在 800 人左右。新疆少数民族群众的到来为当地的经济社会发展增添了活力，直接或间接带动了相关产业的发展和就业人员的增加。同时，由于少数民族群众语言不通、民族风俗不同、素质参差不齐，也给当地社会管理和安全稳定带来一些问题和挑战，突出表现在少数民族群众初到石佛寺镇时，融入当地的经济社会生活有一定困难，当地群众对外来群体也存在一定心理隔阂。各民族之间除了日常的经济生意往来，很少有深层次的感情交流。由于各民族群众生产、生活和行为方式的差异较大，一些日常的矛盾摩擦、交易纠纷和治安案件容易引发群体性事件。河南省南阳市政府和干部队伍中一度存在“不会管、不愿管、不敢管”的问题，市场管理混乱、基础设施缺乏、服务水平低下，街边摊、群租房、大客店的混乱现象亟待改善。

为贯彻落实党中央关于加强城市少数民族流动人口服务与管理工作的决策部署，河南省南阳市各级党委和政府牢固树立全国一盘棋思想，强化政治担当和责任意识，把少数民族群众当作“自家人”，以诚心欢迎、精准服务、加强管理为原则，采取了一系列政策措施，逐渐探索出一条加强新疆少数民族流动人口服务与管理的创新实践之路。

（二）主要做法

河南省南阳市针对新疆少数民族群众在石佛寺镇集中分布的现实情况，以提升少数民族群众生产生活条件为重点，围绕“三不愁四保障”（上学不愁、看病不愁、语言交流不愁，就业有保障、出行有保障、居住有保障、合法宗教活动场所有保障），健全完善服务管理体系。在各族群众中实行“六同”（同市经营、同区居住、同校学习、同院就医、同台娱乐、同建小康），积极推动各民族交往交流交融。

1. 改善就业居住环境，打造各民族相互嵌入式社会结构

长期以来，少数民族群众在石佛寺镇自发形成的玉石市场以露天经营为主，街边摆摊设点流动性大，秩序混乱、管理不善，容易引发社会治安问题。近年来，政府先后多次对市场进行清理规范。2014 年，南阳市镇平县在石佛寺镇规划建设“天下玉源”南北两个市场，将所有露天经营的商户都纳入室内市场经营。市场内配备 546 个摊位，要求所有商户定点定员、亮证经营。室内大厅整洁、宽敞、明亮，经营环境大大改善，政府对市场的管理也得到加强。随后，当地政府在“天下玉源”市场建立党群服务中心，开设“行政服务超市”，为少数民族群众提供便捷的就业创业服务，即证照办理、摊位租赁、困难帮扶、矛盾调解、民族宗教事务、翻译问询等一条龙服务。目前，经营玉料的除 478 家少数民族商户以外，还有几十家汉族商户，形成了各族群众携手经营的嵌入式市场。少数民族商户纷纷表示，从此他们再也不用风吹日晒，在这里做生意安全放心。

2016 年，为满足少数民族群众的居住需求，政府投资 4100 万元打造“天下玉源”社区。在“天下玉源”市场以东 200 米处修建了 8 栋 408 套公共租赁住房，并配套建设了幼儿托管中心、小超市、图书室、卫生室等公共设施。入住的少数民族群众有 285 户共计 818 人。社区采取多民族混居形式，由各族群众共同担任楼层长和楼栋长，实现整个社区的规范化管理。新社区的建立，使少数民族群众的居住面积由小变大、居住环境由差变好、居住费用由高变低，实现了居住模式由分散到集中、社会管理由乱到治的转变。

2. 完善有关社会服务保障体系，为新疆少数民族群众提供均等化公共服务

少数民族群众到南阳之初，很难享受到当地的公共服务，在子女入学、就医和出行等方面都面临很多困难。为解决这些问题，南阳市镇平县党委和政府及各相关部门全力协作、多措并举，根据少数民族群众的需求提供了精细化、均等化的公共服务。针对少数民族群众随迁子女的入学难问题，石佛寺镇从 2014 年起实行义务教育“就近直通入学”制度，所有适龄儿童少年应入尽入、随到随读。为确保入学率百分之百，教育部门印发了双语版的新疆籍学生入学指南，并对少数民族适龄儿童家庭逐一进行家访动员。在当地就读的少数民族学生共 182 人，其中初中 26 人、小学 85 人、幼儿园 71 人。学校对少数民族学生与当地学生实行混合编班，同步学习。学校开设“民族大家庭”“民族常识”等课程，向各族学生宣传党的民族政策，开展爱国主义和民族团结教育。针对少数民族学生的学业和生活困难，学校还开展了“一帮一”“多帮一”等多种帮学活动，帮助学生们尽快融入学校、融入集体、融入内地。

为方便少数民族群众就医，县、镇两级医院都设立了维汉双语标识牌，落实药品零差价政策。镇卫生院还建立了少数民族同胞医疗救助“绿色通道”，对前来就诊的少数民族同胞实行“一对一”服务模式，医务人员、翻译人员全程陪同就诊，实现了无障碍就医。2016 年，“天下玉源”党群服务中心设立了社区卫生服务站，就近为群众提供就医指导和服务。为方便少数民族群众经商出行，县政府投资 2. 2 亿元在石佛寺镇修建了河南省唯一的乡镇一级客运站，在站内设置维汉双语标牌，打造连通和田、镇平、苏州等地的“玉之路”。

3. 加强依法管理，为维护社会大局和谐稳定提供有力保障

为了给各族群众营造一个平安的社会生活环境，石佛寺镇组建武警中队和公安分局，进一步完善人防、物防、技防设施，打造立体化治安防控体系枢纽。人防方面，建立了由40余名会汉语、有威信、靠得住的新疆少数民族人士组成的专门队伍和20名各族群众组成的治安联防队，积极帮助化解各种矛盾纠纷，及时排除安全隐患，调解成功率达95%。以网格化促进基层社会治理，建立镇村组户四级网络体系，网格员近1500人。在技防方面，建成“全域覆盖、全网共享、全时可用、全程可控”的公共安全视频监控联网应用平台，用科技之“眼”守护整个市场，让各族群众的安全感显著增强。

依法保护少数民族群众的合法宗教活动，在石佛寺镇“天下玉源”市场设立500平方米的临时宗教活动处所，请新疆和田地区选派爱国教职人员到南阳市从事讲经、解经工作，满足少数民族群众的正常宗教需要。坚持对群众进行法治宣传教育和“去极端化”宣传教育，举办“大篷车”巡回宣讲，引导群众正信正行，规范有序从事宗教活动，自觉维护民族团结和社会稳定。

4. 注重宣传教育，使少数民族群众增强“五个认同”

南阳市着眼于加强思想政治教育，在新疆少数民族群众中广泛开展民族团结进步创建活动。围绕爱党、爱国、爱社会主义开展主题教育活动，搭建“民族团结宣传月”等活动载体，每月组织“天下玉源”社区群众座谈学习。编印《民族团结进步通俗读本》《民族政策常识读本》等学习材料，及时分发给少数民族群众，在群众中广泛宣传民族政策和法律知识。为了使新疆少数民族群众家家户户都听到党和政府的声音，协调新疆卫视第二套节目（维吾尔语频道）在镇平县落地。创新各种群众喜闻乐见的活动形式，持续开展“3+1”军警民共建民族团结进步模范社区活动，定期举行升国旗及“模范家庭、模范居民”评选活动，举办各族群众参加的“歌声嘹亮，秀发飞扬”“喜迎十九大，深情颂党恩”等文艺演出活动，引领新疆少数民族群众爱祖国、感党恩、听党话、跟党走。

针对新疆少数民族群众多来自南疆，普通话水平不高、生活交流不便的情况，开展国家通用语言培训教育工作。从2015年起，河南省每年在石佛寺镇举办“在豫新疆少数民族群众国家通用语言文字培训班”，培训班共举办4期，培训186人。同时，石佛寺镇也开展了“每天两小时”常态化的国家通用语言培训，由驻石佛寺镇武警中队少数民族战士担任双语教师，累计学习培训2000人次。近年来，语言培训的对象从成年男子扩展到妇女儿童，学员的学习热情日趋高涨，教学内容不断丰富，培训成效稳步提升。2018年河南省举办的第4期培训（培优）班20名学员中，有17名获得普通话水平测试等级证书，通过率达85%。在引导新疆籍少数民族群众学习国家通用语言的同时，为加强双向交流，镇平县在本地干部中开展“每天学三句维语”活动，同时还专门研发了维汉双语双向翻译软件。通过开展国家通用语言培训，少数民族群众的交流能力显著提高，不仅生活更加方便，而且生意越做越好，归属感显著提升。一名从事玉料经营的少数民族商人真诚感慨：“要是谁给我100万元，让我离开石佛寺镇、离开河南，我都不会同意的!”

5. 广泛开展结对共建活动，促进各民族交往交流交融

为进一步促进各民族群众间的交往交流，当地党委和政府、党员干部、武警中队等方方面面都开展了形式多样的结对共建活动。镇平县委、县政府主要领导每月轮流到石佛寺镇现场办公，召开座谈会，了解新疆少数民族群众所思所想所盼，解决具体问题。组织285名机关干部与少数民族群众结对联谊，长期开展一次家访、一顿便饭等“九个一”活动，加强日常感情联系，不断扩大维汉群众的“朋友圈”。武警中队自2014年组建以来，在民族团结方面积极协助地方政府做了大量工作。与11户少数民族家庭结成共建互助对子，签订《维护民族团结公约》，每月深入少数民族群众家中宣传党的民族政策和有关法律知识，送医送药，慰问困难群众。与镇中心小学开展共建，坚持每周为学校举行升旗仪式，每月开展一次主题辅导，选派政治立场坚定、文化水平高的少数民族战士担任校外辅导员，做好政策宣传和学业帮扶工作。各项工作的开展，密切了党群关系、增进了军民感情，赢得了少数民族群众的支持和拥护。

6. 加强豫疆合作，共同做好少数民族流动人口工作

为形成工作合力，河南省各层级各部门分别与新疆维吾尔自治区有关方面开展了沟通合作，大大提高了工作成效。2016年，豫疆两省区政府签订全面合作框架协议，组建了新疆驻豫工作组，新疆和田、喀什、阿克苏等地区派成员进驻工作组。政法、教育、民族宗教、公安等部门分别与新疆同级对口部门签订合作协议，建立了信息互通、定期互访、宣传教育、表彰奖励、案件办理等多项合作机制。镇平县也与新疆和田地区加强合作，成立了石佛寺镇新疆工作站。新疆驻豫工作组和新疆工作站成员深入一线，在镇平县石佛寺镇“天下玉源”社区居住、办公，与群众打成一片，配合基层组织对群众进行日常服务管理。2014 年以来，河南省每年从中央三部委安排的新疆来豫挂职干部中选派一名少数民族干部到镇平县挂职担任副县长，武警中队也特招了少数民族干部和战士，共同协助当地做好服务管理工作。这些少数民族干部和战士的到来，迅速破除了语言交流障碍，拉近了情感距离，使少数民族群众倍感亲切。

现在，石佛寺镇已成为各族群众的创业之地、安居之所、温馨之家。通过多年的工作，广大干部群众对维护民族团结和社会稳定的理解更加深刻，少数民族群众的思想观念发生了深刻变化，国家意识、公民意识和中华民族共同体意识进一步加强，接受新观念、新事物的能力显著增强。他们积极踊跃参加各种活动，支持子女入校就读的主动性明显增强，学习国家通用语言热情高涨，不仅主动要求增加培训班次和人数，还自发组织语言夜校和微信学习群。少数民族妇女纷纷走出家门，参与到市场和社会中去。不仅当地干部的服务和管理能力大大增强，少数民族群众还积极参与管理，16 名政治坚定、责任心强的少数民族群众被聘为社区管理人员，更多人加入巡逻队、楼栋长、楼层长、妇委会主任的队伍中来，25 名新疆少数民族群众递交了入党申请书。少数民族群众还积极回馈社会，在当地的扶贫攻坚过程中，先后有 150 余人慷慨解囊，为当地汉族困难群众捐款达 45 万多元。民族关系比从前更加紧密融洽，进入少数民族群众的家，能感到他们发自内心的欢迎和热情。各族群众共谋发展、团结互助、和睦相处，交往交流交融呈现生动景象。

下一步，南阳市将以筑牢中华民族共同体意识为主线，继续巩固提升各族群众“六同”成果，特别是在强化基层党建引领、深化民族团结进步创建活动和培养联系少数民族代表人士等方面继续探索创新，推动少数民族流动人口的服务和管理水平不断提高。

（三）经验启示

河南省南阳市高度重视开展新疆少数民族群众的服务管理工作，不断建立健全体制机制，探索创新工作方法，采取的各项措施具有很强的针对性、可操作性，在维护民族团结和社会稳定方面发挥了重要作用。当前，我国已经进入各民族跨区域大流动的活跃期，少数民族群众大规模流入中东部地区城市学习、务工、经商，南阳市的工作思路和措施方法具有典型性，对其他有关城市有着启迪意义和借鉴价值。

1. 从讲政治的高度提高思想认识

少数民族群众进入城市是历史发展的趋势，做好城市民族工作才能赢得民族工作的未来。少数民族流动人口服务管理是一项政策性强、涉及面广的系统工程，要深刻认识到民族工作不只是统战、民族工作部门的工作，而是需要各级职能部门共同参与、面向整个社会和全体公民的综合性工作。河南省南阳市要求当地干部提高政治站位，在思想认识上做到三个转变：从“分外事”向“分内事”转变，从被动应付向主动作为转变，从只注重经济效益到注重综合效益转变。制定政策时，不是将少数民族流动人口视为独立的特殊群体，而是把他们的生产生活纳入当地经济发展和社会保障体系，着力打造各族群众的共同家园。只有树立正确认识，才能确保城市民族工作的正确方向，取得良好的社会成效。

2. 以规范产业发展为支撑

少数民族群众要在城市里留得住、融得进、有发展，拥有一份稳定的事业至关重要。因此，要充分发挥好城市产业发展的引领带动作用，使各民族群众能共享发展、同步小康。南阳市之所以成为新疆少数民族流动人口聚居地，原因在于石佛寺镇是全国最大的玉雕加工销售集散地，而新疆特别是和田地区是重要的玉石产地，二者具有很强的产业关联度，能够为少数民族流动人口提供创业和就业机会。南阳市多年来致力于建立玉石加工、销售一条龙的产业化体系，特别是将新疆少数民族群众的玉料经营作为当地产业的重要组成部分予以规范和发展，有针对性地做好创业就业服务工作，为少数民族群众长期留居当地工作、生活打下了重要基础。没有产业发展作为支撑，少数民族群众融入城市、融入当地只能是无源之水、无本之木。

3. 立足社区基础开展工作

社区是人们在城市生活的重要领域，也是民族工作最贴近各族群众生活的平台。中央民族工作会议强调，城市民族工作要把着力点放在社区，推动建立相互嵌入式的社会结构和社区环境。要把社区作为民族工作的重要一环，把民族政策和对少数民族权益保护的各项要求落实到基层事务管理和服务体系之中，通过配置公共资源和提供公共服务，使有关政策真正惠及少数民族群众。要着力建立嵌入式社区，以形式多样的活动为载体，鼓励各族群众互动交流，营造团结有爱、和睦相处的社会环境。南阳市在社区平台上不断健全基层民族工作体制机制，形成了各类资源有效整合、有序参与、运转顺畅的工作格局，大大提高了少数民族群众的归属感。

4. 依法保障各民族合法权益

依法管理是民族工作向着正确方向发展的重要保证。各级党委和政府、执法部门以及社会组织在民族事务的服务管理中，要全面理解和正确执行党的民族政策，做到依法管理，确保公平公正。应当坚持对少数民族群众平等相待、一视同仁，特别是杜绝和纠正歧视或者变相歧视少数民族群众、伤害民族感情的言行。在涉及民族因素矛盾纠纷的调处中，坚持是什么问题就按照什么问题处理、违反什么法律就按照什么法律处理的原则，避免宽严失度、进退失据。南阳市坚持依法办事和依法管理，引导少数民族群众自觉遵守法律法规，服从当地政府和有关部门的管理。依法保护少数民族群众各项合法权益，在就业市场、学校和社会面加强民族政策宣传，要求尊重少数民族群众的风俗习惯。只有逐步将少数民族流动人口服务管理工作纳入法治化轨道，才能实现各民族和睦相处、和衷共济、和谐发展的目标。

5. 加强流入地和流出地的协作

做好城市民族工作特别是少数民族流动人口工作，关键是要做好流入地和流出地的两头对接工作。“两头对接，双向管理”是南阳市少数民族流动人口服务管理工作的一条重要经验。多年来，河南各级党委和政府大力加强与新疆方面的沟通协调，形成了职责共担、信息共享、异地互动的工作机制。特别是各种新疆驻豫机构的设置和对一批少数民族干部的使用，在工作中发挥了重要的桥梁纽带作用。他们在各层级各部门和基层一线做了大量工作，为维护当地的民族团结和社会稳定作出了积极贡献。

【思考题】

1. 在城市民族工作中，如何做到既尊重和保护少数民族群众的风俗习惯，又引导少数民族群众自觉遵守法律法规，服从当地政府和有关部门管理，更好地入乡随俗？

2. 请分析和评价案例中少数民族流动人口服务与管理各项措施的作用和效果，判断哪些措施具有推广价值、哪些只适用于案例发生地。

3. 请结合你所在的地区或部门，谈一谈近年来在城市少数民族人口服务和管理方面面临的新情况、新问题，以及本案例中有哪些措施可以运用到你的工作中。

四、“科教”与“创新”强力支撑城市高质量发展——四川宜宾市“双城”建设的改革实践

引言：党的十九大提出实施科教兴国战略、人才强国战略和创新驱动发展战略。党中央鲜明的指示精神为宜宾市大力推进“双城”建设带来了全新的机遇，在2016年10月召开的宜宾第五次党代会上，作出了实施科教兴市、人才强市战略，建设“宜宾大学城和科技创新城”的重大决策部署，从战略高度上把人才培养、科技创新作为推动宜宾实现新一轮大发展的切入点、着力点和突破口；把“双城”作为改善城市面貌、提升市民生活品质、满足群众在家门口接受优质高等教育这一期盼的重要民生实事，举全市之力推进。

摘要：宜宾市长期以来经济总量、人口总量居全省前列，但高等教育资源严重不足、科技创新能力不强、高层次人才匮乏一直是宜宾发展的短板。为补齐短板，为宜宾市经济转型发展提供强有力的科技人才智力支撑，宜宾市委、市政府审时度势，科学研判国内外城市发展史和城市群发展轨迹，全面统筹宜宾作为川南区域中心城市建设发展路径，深入推进宜宾市转型发展、科学发展、加快发展、高质量发展，着力补齐宜宾市在科教、创新、人才资源方面的短板。

宜宾市“双城”经过三年多的奋力建设，已取得初步建设成果。建设职责部门始终坚持实施强招引、抓建设、促转化、优服务、扩开放、防风险、守初心七大行动，全面完成年度各项目标任务，实现院校招引成果丰硕、科创实力切实增强、产教融合实现突破、重点项目齐头并进、开放合作亮点纷呈的良好佳绩。2019年，宜宾市获批全省唯一的“学教研产城”一体化试验区，在国家产教融合示范城市申报中成为西南地区唯一候选城市。以“双城”为核心的宜宾市高新区——三江新区获批省级高新区，创建国家高新区的请示已被国务院批转科技部，“双城”建设取得了阶段性成效。

关键词：宜宾市　双城　科教　创新

（一）背景情况

宜宾是位于四川省川南区域的地级市，素有“万里长江第一城、中国酒都、中国竹都”之称，地处川滇黔三省接合部，在金沙江、岷江、长江三江

交汇处，自然人居环境优越。宜宾市文化底蕴深厚，有约 2200 年建城史、近 4000 年酿酒史和 3000 余年种茶史，并且积聚了多姿多彩的长江文化、酒文化、僰文化、哪吒文化、抗战文化、民俗风情文化，是国家历史文化名城。宜宾市 GDP 总量逐年攀升，2019 年的 GDP 总量已排至四川省第三位，城市自身硬件发展条件在全省占优，具有高质量持续发展的巨大潜力。

但是长期以来，制约宜宾市发展的主要矛盾，无疑是经济发展面临的巨大历史机遇和人民群众对城市发展、文明进步的要求，与发展面临的科技落后、创新氛围冷清、观念滞后、后劲乏力等问题之间的矛盾，高等教育资源严重不足、科技创新能力不强、高层次人才匮乏一直是宜宾发展的短板。因此，宜宾市“双城”建设正是抓住了当前宜宾经济社会发展中的主要矛盾，对宜宾市建设发展短板精准“把脉”，从战略高度上把人才培养、科技创新作为推动宜宾市实现新一轮大发展的切入点、着力点和突破口，无疑对宜宾市、川南区域经济的发展具有重大现实意义。

宜宾市“双城”位于宜宾临港国家级经济技术开发区（也是长江经济带转型升级示范开发区）并且地处全省首个省级新区——三江新区，是三江新区建设国家产教融合示范区的重要组成区域。随着宜宾三江新区扬帆起航，宜宾“双城”将踏上高质量发展新征程。“双城”总体规划总面积约 36 平方千米，规划有大学校区、科研中心、配套服务商业、文化馆、图书馆、体育馆、综合医院等一系列配套功能。其中，一期规划面积约 12 平方千米已基本建设完成，二期 6 平方千米正在建设，旨在将“双城”打造成辐射川渝滇黔的高教引领、科技创新、人才集聚、产城融合的长江国际科教创新城，成为长江上游科教新中心、川滇黔结合部科创新枢纽、宜宾市产业转型新引擎。

“双城”建设充分与“一带一路”“长江经济带”“西部陆海新通道”“成渝地区双城经济圈”等国家重大战略和全省“一干多支、五区协同”“四向拓展、全域开放”等区域发展战略紧密衔接，抓住成渝地区双城经济圈、三江新区、宜宾综合保税区建设等重大战略机遇。短短三年，宜宾市投入 180 多亿元，按照“城市围绕大学建、产业依托教育兴”的学教研产城融合发展思路，高质量、高标准、高速度建设“双城”。目前，已累计签约高校达 18 所，在宜宾市办学高校达 11 所，在校大学生达 5.7 万人，其中，后两者数量较 2016 年实现了“两个翻番”，提前两年超额完成办学高校招引目标。此外，2019 年 3 月宜宾市科技创新中心（高新技术产业园）正式开园，采取市校企共建、补贴运营经费、实施科研项目激励等措施吸引科研机构入驻。引入中国人民大学长江经济带研究院、同济汽车研究院等11所产研院和欧阳明高院士、邓中翰院士2个工作站在“双城”落地挂牌。2020年3月，宜宾市获批国家级智能终端产业发展示范基地，中兴、康佳、极米等115家智能终端企业规划项目入驻……一系列建设成果预示着“双城”将推进地域文化与科教建设深度融合，充分展现城市文化底蕴，不断丰富“双城”内涵，提升城市品质。“双城”这片高校及科研院所高度聚集的区域，必将是宜宾市知识、人才、资源宝地，更是宜宾市引以为傲的城市名片。

（二）主要做法

1. 保障组织有力，优化服务管理

一是强化组织保障。宜宾市委、市政府高度重视“双城”建设工程的高效推进，举全市之力、谋全市之智，为确保“双城”建设有序推进，成立了高规格“双城”建设推进领导小组及办公室，市委书记、市长任组长，市委分管领导任常务副组长，6名副市级领导为副组长，1名市领导兼任办公室主任；在机构改革中创新设立宜宾市大学城科创城建设服务局（简称双城局），并将市“双城”建设推进领导小组办公室设在该局，组织精兵强将打造高水平、高素质的工作队伍。

二是服务管理分工合作。市委、市政府出台了“双城”建设意见，对有关部门的工作职责进行了详细说明，全面布局“双城”建设，不留工作“死角”。双城局全面负责“双城”建设推进工作，充分发挥统筹、协调、牵头联络、督促检查等职能，加强对“双城”发展重大政策、重点问题和重要事项的研究，定期召开联席会议或工作协调会议，及时研究解决相关问题；临港开发区管委会负责“双城”规划初审、用地保障、行政审批、社会管理等工作；宜宾市科教产业投资集团有限公司（简称科教集团）具体负责“双城”项目招引、融资、投资、建设、管理、运营和推进科技成果转化、加强人力资源开发等相关工作。市委、市政府还要求有关县（区）、市直部门要围绕“双城”建设这一重大部署，主动有为、敢于担当、多作贡献。

三是紧扣需求优服务。坚持一线工作法，对招引高校和科研院所实行一个专班跟进、一名联络员具体联系、一条龙全程代办的“1 + N”联系服务方式，做到全身心投入、全天候服务、全过程跟踪，全力为高校、师生和各类

人才扎根宜宾市、人尽其才提供方便，营造来了就是宜宾人的氛围，提升高校、企业、人才的归属感、幸福感。

2. 整合空间布局，高效开发土地

一方面，局部规划与总体规划相结合。宜宾市“双城”建设规划36平方公里，根据“双城”建设区域自然特点、土地利用现状和产业发展定位，以宜宾市土地利用总体规划和城市总体规划为前提，在合理的规划范围内实现产业、教育、科研的高质量融合发展。推动“双城”一期规划整合和二期概念规划与正在编制的宜宾市国土空间规划、“三江新区”总体方案以及国家级高新区等规划紧密对接。

在面对城市土地空间日渐紧缺的情况下，“双城”建设一直秉持“规划先行、节约集约、分步实施”的发展原则，根据人口规模、配套完善的具体情况合理确定开发节奏，将“双城”进行分期建设，而不是一哄而起。对于落地的高校，严格按照教育部标准进行规划设计，在满足教学功能的同时还兼顾了研发、中试生产、实习实训等功能，最大限度提升教育用地的土地利用效率。

另一方面，合理规划配套服务设施。宜宾市“双城”在总体规划上就充分考虑了综合配套，在“双城”周边建设宜宾成都外国语学校、省级机关幼儿园分园等品牌学校，市第二人民医院分院，以及文化公园、商业综合体、跨境保税商品中心、教师周转房、专家公寓、人才公寓等配套设施。相对集中规划区域内公共图书馆、公共体育中心、公共文化中心等公共服务设施，实现规划区内公共设施共享共用。科学布局教学、科研、产业、生态、生活组团，按照5分钟、10分钟、15分钟生活圈规划配置公共服务设施，塑造“开放融合、城校互促、山水相融”的城市形态，激发区域活力，避免就大学建大学、就园区建园区的分割模式。践行总书记提出的“公园城市”发展理念，将“双城”不仅建设成为科教之城、产业之城，也建设成为开放之城、宜居之城。

3. 补齐政策短板，推进产教融合

深入贯彻《国务院办公厅关于深化产教融合的若干意见》《关于印发国家产教融合试点建设实施方案的通知》等相关文件精神，补齐“双城”产教融合建设示范区的支持政策短板。落实“双城”建设过程中的组合投融资、财税、教育和用地等支持政策。在执行好宜宾市已出台政策的基础上，以问题为导向，针对宜宾市“8 +2”重点产业，分别出台了具体支持政策，涉及产业项目符合政策的，将给予相关补助、科研经费奖励、用电用气优惠等一系列支持。

（1）制定投融资政策。开展“助保贷”业务，出台《中小微企业“助保贷”业务管理办法（试行）》《宜宾市民营企业贷款贴息暂行办法》，缓解中小企业融资难、融资贵。设立中小企业转贷资金，出台《宜宾市中小企业转贷资金管理办法（暂行）》，为中小企业提供转贷融资服务，发挥“过桥”资金的作用，缓解中小企业临时资金周转的压力。充分发挥担保公司作用，为新兴产业、科技创新企业提供担保。充分发挥市科教产业投资集团公司融资、投资、建设和运营的作用，市场化方式解决资金瓶颈。出台《进一步鼓励民间资本进入职业教育领域的实施意见》，鼓励社会力量举办职业教育，建立政府、行业、企业和社会资金多元投入机制。

（2）制定财政政策。设立财政专项资金，对来宜举办学历教育的公办普通高校，采取“交钥匙工程”“一事一议”等方式，依法依规，给予建设、运行、科研等专项经费支持，为学校正常运行提供保障；对实体化运作的产教联盟提供运行补贴，对成功申报产教融合试点的企业，给予一次性奖励。

（3）制定人才政策。实施“人才 +”战略构建人才支撑体系。推出“人才新政 30 条”，推进党政、科技和企业家人才高地建设。实施柔性用人机制，出台《宜宾市产教融合“专家库”建设方案》《关于校企人员双向互聘的意见》《关于支持高端人才创新创业的意见》《宜宾市人才绿卡制度实施办法》等文件，在职业院校实行高层次、高技能人才以直接考察的方式公开招聘。建立健全职业院校自主聘任兼职教师的办法，推动企业工程技术人员、高技能人才和职业院校教师双向流动，开辟企业高技能人才与职业院校兼职教师资源共享通道；出台《宜宾市技能技术人才激励措施》，提高技术技能人才待遇；出台《宜宾市职业技能提升行动方案（2019—2021 年）》，全面提升劳动者职业技能水平和就业创业能力。此外，在人才补助、安居落户、配偶就业、子女入学、医疗保健、健身休闲、交通出行、创新创业服务等方面给予支持保障。

（4）制定教育政策。出台《关于开展示范性职业教育集团（联盟）建设的实施意见》《关于深入推进宜宾市职业教育集团化办学的意见》，提升“宜宾职教”品牌。制订《全面推进宜宾市职业教育教师队伍建设改革的实施方案》《宜宾市职业院校教师教学创新团队建设方案》，打造高素质“双师型”教师队伍和引领教学模式改革的教师创新团队。出台《关于宜宾市职业院校专业人才培养方案制订与实施工作的指导意见》《全面推进宜宾市现代学徒制工作方案》，大力弘扬“工匠精神”。

（5）制定产教融合促进政策。制定《关于建设宜宾市产教融合型试点企业实施办法》《宜宾市产教融合型企业评估认证制度》，建立产教融合型企业目录，实施动态管理。出台《关于宜宾市产教融合成效明显的企业激励措施实施办法》《关于促进宜宾市校企合作协同创新的支持办法》，通过财政、金融等激励政策，充分调动校企协同推进产教融合的积极性、主动性和创造性。

4. 构建“1234”格局，打造一体化发展

构建以“双城（大学城、科技创新城）、三园（高教园、高职园、大学科技园）、四基地（‘一带一路’国际留学生实习基地、国家科技创新基地、产教融合实训基地、全国创业孵化示范基地）”为载体和支撑的科教发展新格局，打造新时代四川高等教育区域开放发展新标杆。

一是完善“高教园”办学体系。全力推进大学园区项目等协议落地实施。确保四川外国语大学成都学院宜宾校区、成都理工大学产业技术学院、成都工业学院宜宾园区等按期建成投用；西华大学宜宾校区（二期）、西南交通大学宜宾园区开工建设。完善“高教园”高校体系，填补宜宾高校专业建设空白，采取组建宜宾学院医学院和力争引入 1 所医学类高校办学双管齐下的办法，推动补齐医学类高等教育缺失。

二是推进“高职园”规划建设。抢抓国家发展高职教育重大政策机遇，启动筹划双城“高职园”总体规划。推动银杏酒店管理学院宜宾校区有序运转；加快宜宾职业技术学院整体搬迁至“高职园”，确保 2021 年秋期建成投用；同步招引与我市产业紧缺技能人才需求相关的高职院校到“高职园”办学，引入社会力量，形成多元办学格局，锻造“宜宾工匠”。

三是筹建“大学科技园”。拟在“双城”建设区域内选址建设“大学科技园”，重点围绕人工智能、智能终端、轨道交通、新能源汽车等领域，规划建设制造业创新中心、中试基地和产业基地，重点突出中试、科技企业落地和高新技术企业孵化培育及产业化发展，为宜宾区域经济发展和行业技术进步以及临港新区二次创业提供创新源泉，实现“三江新区”未来发展的“造血”功能。

四是激发“双城”创新活力。搭建市场化、专业化、开放共享的产教融合信息服务平台，聚合产业链、教育链、人才链、创新链的资源要素，实现用户需求供给精准对接。进一步搭建“校友经济”平台，实施校友回引、校友招商、校友服务“三大工程”，大力引导在宜高校校友到宜宾创业兴业。

五是加快打造“一带一路”国际留学生基地。承办各类对外交流文化活动以及相关教育国际活动，促进在宜高校入围教育部100个来华留学生示范基地。力争实现中外合作办学零突破，发挥宜宾学院澜湄汉语学院和四川轻化工大学HSK（汉语水平考试）考点的优势，打造具有宜宾特色的预科教育“语言+产业”（产教融合国际化）品牌项目。积极探索在宜高校“走出去”开展境外办学。

5. 围绕地方产业特色，培养院校专业人才

围绕全省“5+1”以及宜宾轨道交通、汽车产业、智能制造、通用航空、新材料、节能环保、医药器械、页岩气等高端成长型产业和绿色食品加工业、竹产业“8+2”产业，引进上述专业的优势院校进驻大学城，并联合高校设置有针对性的教育课程，培养专业技术人才能够直接服务于宜宾地方产业发展。此外，激励中职学校对接全市新兴产业调整专业，培养符合重点产业发展需求的技能型人才。目前，宜宾市有10个省级重点专业，21个市级重点专业，初步覆盖全市重点产业与行业。引导高校围绕“产业链”设置“专业链”，推动企业将生产线建在校内，引导高校教师到生产一线教学、企业工匠到学校兼任教师。例如，围绕白酒产业，引入四川轻化工大学共建中国白酒学院，开设酿造工程与工艺等专业，打造白酒全产业链、全学科链人才培养体系。

（三）经验启示

宜宾“双城”建设是一项功在当代、利在千秋的民生工程，高度契合中央对于依靠人才引领、科技创新，推动高质量发展的精神要求；符合支撑宜宾市转型发展，弥补科教短板的现实需要；更顺应人民群众享受良好教育科技环境，追求美好生活的迫切愿望。“双城”建设的经验启示主要体现在以下几个方面。

1. 决策部署高瞻远瞩，工作推进果敢坚决

（1）站高谋远，科学决策。充分研判宜宾市高质量发展过程中的短板障碍，各级领导在决策观念方面升华迸发新理念，开创性地作出了宜宾科教薄弱、创新滞后、高水平人才和院校缺失等不利因素是制约宜宾市转型发展最大短板的科学研判。宜宾市委、市政府从战略高度上把人才培养、科技创新作为推动宜宾市实现新一轮大发展的切入点和突破口，建设“双城”基地作为人才、科技、创新发展培育的根据地。

（2）决策果断，一锤定音。宜宾市委、市政府集思广益，集全市之智、聚全市之力，创造性地作出了建设宜宾大学城和科创城的重大部署。破解宜宾市科教发展密码，实现宜宾市未来长远发展。宜宾市委、市政府“撸起袖子”说干就干，在市第五次党代会上，宜宾市委、市政府敲定“产业发展双轮驱动”战略，作出“打造科教强市，建设宜宾大学城和科技创新城”的重大战略部署。

（3）踏石留印，真诚坦率。各级部门携手同心，脚踏实地，逐步完成一项又一项的项目实施落地。不断创造“双城”建设“宜宾速度”。从对接考察、谈判磋商、双方审定、协议签署、项目征地拆迁、招投标、项目建设、设备采购、安装调试、进驻开学开办、后勤保障、持续服务等无不体现宜宾人的效率、诚信、务实、担当，以此向社会各界证明了“双城”建设的决心、境界和魄力。

2. 改革创新机制，实现高质量发展突破

一是改革创新，多元发展。通过改革校企合作模式，由单一型向多元化合作转变。创新多元化办学模式，深化科技创新合作。通过设立大学来宜办学的分校区、建独立学院、建研究生分院等多种建校模式，将高水平院校引进到宜宾服务当地科技创新发展。拓展本地院校建设规模、搬迁部分本地院校至适宜办学位置、建产研院等多种教育发展改革模式创造宜宾科教新一轮大发展。实现与四川轻化工大学、西华大学、四川大学、电子科大等公办高校合作办学，与四川外国语大学成都学院等民办高校合作办学，全力推动宜宾学院和宜宾职业技术学院进驻“双城”，实现两所本地高校提升发展。

二是改革投入，实现增值。政府财政注资 15 亿元、注入 36 平方公里大学城土地资源，组建宜宾市科教投资集团，变政府投入为企业投资，既解决了“钱从哪里来”的瓶颈问题，又避免新增政府债务。

三是改革推动模式，提升服务质量。由临时性向常态化推进转变。以机构改革为契机，2019 年宜宾市成立“双城”建设服务局，作为市政府工作部门高规格推进“双城”建设；成立市委人才工作局，作为“双城”人才服务的重要力量；引进清华启迪控股集团对科创城进行专业化、市场化、国际化的运营，紧扣“双城”建设链条的各个环节，为“双城”发展做好后勤保障服务工作。

3. 提升“双城”知名度，凝聚各界人士关怀

实现“独唱”向“大合唱”发展模式转变。站高谋远，以智为力，“双城”建设以高规格、高速度、高效率、高质量发展向全市人民书写了完美的答卷。通过遴选专业机构开展“双城”宣传品牌策划，新搭建“双城”政府网站，组织“双城”新闻发布会及政府网站在线访谈等活动，得到了各级领导的高度肯定和社会各界的高度赞誉。在四川省上下同频共振、同向而行，倾力推动“双城”建设，奋力开创“双城”新业绩。

4. 占据区位优势，发展特色产业

在“地利”上由“内生”向“大平台”发展，利用长江黄金水道扩展对外交流发展通道。凭借宜宾三江汇合优越的地理位置，随着科技与交通的日益发展，“双城”建设将迎来更广阔的发展天地，走向更大平台。围绕宜宾“8 +2”产业（“8 +2”产业：智能终端、轨道交通、汽车、通用航空、新材料、节能环保、医药器械、页岩气等高端成长型产业和绿色食品加工业、竹产业）拓宽合作领域，推动产学研协同创新，助力共建人才聚集高地、科研创新高地、行业发展高地，为宜宾传统产业转型升级、新兴产业培育壮大增添更多活力、积聚更强动能。

5. 发扬担当作为精神，倡树清廉风气

担当而成，质中显魂。建设“双城”做到了敢为人先，在思想上大解放。突破传统发展模式，摆脱常规路径依赖，摒弃因循守旧思想，以开放包容的宽广胸怀赢取发展大格局。各个部门、工作人员把“担当作为”始终贯穿在“双城”建设全过程，在遇到艰巨任务时，挺身而出、主动承担；在碰到难题时，知难而进、勇往直前；在出现问题时，紧扣矛盾、主动面对。逢山开路、遇水架桥，将“双城”建设进行到底。突出发展机制上的创新，在机制上保持大格局发展姿态。紧跟政策发展趋势，借势用力、高位推进，强化组织结构主角位置，提升制度服务转化率。

固根守魂，行稳致远。坚持党建引领，树牢“四个意识”①，认真落实党的建设、党风廉政建设、作风建设及意识形态工作责任，“双城”建设职责单位开展“三抓提三力”行动②，实施党员干部“三联系”项目制③管理，着力推进全面从严治党落地落实，树牢规矩底线意识，营造风清气正的干事创业氛围，全局干部职工争做担当奉献、攻坚克难、改革创新、廉洁过硬的表率。第一是纪检护航，清廉家庭。向“双城”全体职工家属发出《廉洁齐家树清风倡议书》，不定期开展廉洁家访，组织“晒家训”活动，邀请职工家属参观公司廉洁文化和重点项目，厚植家庭廉洁文化。第二是纪检护航，清风科教。层层签订《党风廉政建设责任书》，全面落实党内监督平台工作任务，常态化进行警示教育。第三是纪检护航，廉洁“双城”。与项目合作单位签订《“双城”项目廉洁共建承诺书》，为重点建设项目派出纪检监督联络员，建立纪检工作周报制、半月工作例会制，整合监理、跟审、过控等第三方监督机构、各项目党支部纪检委员和群众等监督力量，实现监督执纪“全覆盖”，信息反馈“零距离”，问题整改“高速路”。

【思考题】

1. 在产学研改革实践过程中，如何提高创新研发与产业品质发展的契合度？如何使创新成果在当地落地生根并开花结果？

2. 引入知名高水平高等院校对当地经济建设、教育质量、科技创新、职业技能方面带来哪些重大的影响？对一座城市来说，如何有效引入知名高水平高等院校？

3. 根据宜宾市经验，建设大学城科创城如何做好规划建设？如何在有限的空间内充分发挥核心功能作用，形成撬动全市产业发展、科技创新实力提升的强力杠杆？

---

① “四个意识”：政治意识、大局意识、核心意识、看齐意识。

② “三抓提三力”：抓固本培元，提升党内政治生活引领力；抓立规明矩，提升党内政治生活约束力；抓继承创新，提升党内政治生活推动力。

③ “三联系”：联系高校、联系企业、联系研究机构。

参考文献

［1］曹长德．教育学案例教学［M］．合肥：中国科学技术大学出版社，2008.

［2］曹剑光．案例开发：意义、认知及途径——基于党政干部培训需求的视角［J］．中国延安干部学院学报，2010（3）：103－108.

［3］陈春花，刘晓英．组建跨部门的产品开发团队［J］．经济师，2003（2）：12－14.

［4］陈曦．跨部门合作机制对我国政府的启示［J］．学术探索，2015（4）：23－28.

［5］程灵．校长培训案例教学：原理与操作［M］．厦门：厦门大学出版社，2008.

［6］段鑫星、刘蕾．公共管理案例教学的理论与实践［M］．北京：中国矿业大学出版社，2015.

［7］高文举．培训管理［M］．广州：广东经济出版社，2002.

［8］国家行政学院教务办公室．案例教学法资料汇编［Z］．北京：国家行政学院出版社，1994.

［9］李亮，王颖，牛继豪．干部教育培训教学质量评估存在的问题与对策研究［J］．当代继续教育，2018，36（5）：11－14.

［10］李频．理论分析是案例教学的灵魂——《狼图腾》讨论手记［J］．出版科学，2014，22（5）：5－7.

［11］李思志，张倩，王少飞．案例开发与案例教学协同发展探索［J］．上海管理科学，2014，36（6）：99－101.

［12］李兴山，赵理文．环境与可持续发展：加拿大的经验与启示［M］．北京：中共中央党校出版社，2010.

［13］泰勒．原始文化：神话、哲学、宗教、语言、艺术和习俗发展之研

究（重译本）——原始文化经典译丛［M］．连树声，译．桂林：广西师范大学出版社，2005.

［14］梁君．教学案例库建设的问题与对策［J］．科教文汇（下旬刊），2012（3）：35－36.

［15］梁漱溟．东西文化及其哲学［M］．北京：商务印书馆出版社，2009.

［16］梁周敏，章立民，杨宝成．案例编写与案例教学［M］．郑州：河南人民出版社，2007.

［17］刘炳香．干部培训案例教学［M］．北京：党建读物出版社，2007.

［18］刘炳香，张志明．中共中央党校教材：中央党校案例教学教程［M］．北京：中共中央党校出版社，2011.

［19］刘树密．浅谈案例教学的准备工作［J］．天津成人高等学校联合学报，2005（4）：61－63.

［20］刘志强，曾伏娥．如何评估培训［J］．中国人力资源开发，2000（7）：32－33.

［21］罗彪，郑姗姗．国外管理控制理论研究脉络梳理与模型评介［J］．外国经济与管理，2011，33（4）：26－34.

［22］吕峰．培训评估的一般流程［J］．中国人力资源开发，2002（3）：49－50.

［23］马秀玲．中国公务员培训有限市场化探析［D］．武汉：武汉大学，2005.

［24］石金涛．培训与开发［M］．北京：中国人民大学出版社，2003.

［25］帅陆军．思想政治理论课案例教学与实践手册：上册［M］．南昌：江西人民出版社，2014.

［26］孙军业．案例教学［M］．天津：天津教育出版社，2004.

［27］孙璐．论教师在管理案例教学中的角色定位［J］．黑龙江教育学院学报，2007（2）：54－56.

［28］孙庆，高巍．干部培训教学案例开发流程与方法研究［J］．继续教育，2013，27（11）：51－52.

［29］孙玮．我国新能源汽车产业发展的国际经验借鉴［D］．长春：吉林财经大学，2019.

［30］汤敏，鲁燕．加强培训质量评估管理体系建设，有效促进培训质量

的全面提升［J］．科技资讯，2014，12（24）：151，153.

［31］唐世纲．案例教学论［M］．成都：西南交通大学出版社，2016.

［32］王斌．跨职能团队的管理控制问题：一个理论思考［J］．会计研究，2011（7）：38－44，97.

［33］王俊生．国际关系理论的普适性与国别性：一个知识性的梳理［J］.外交评论（外交学院学报），2008（1）：106－113.

［34］王莉，石金涛．企业内训效果评估方法研究［J］．现代科学管理，2005（5）：20－21.

［35］王伟光．论马克思主义中国化的根本经验和基本规律——纪念中华人民共和国成立70周年［J］．世界社会主义研究，2019，4（11）：4－11，93.

［36］王徐波．我国教育干部培训机构评估研究［D］．上海：华东师范大学，2008.

［37］吴丹．基层干部教育培训中运用案例教学的可行性分析及对策建议［J］．亚太教育，2016（17）：108－109.

［38］吴世农，仝允桓．中国MBA教育实践与探索［M］．北京：机械工业出版社，2001.

［39］肖小华．干部教育培训评估必须做到“五个结合”［J］．领导科学，2008（5）：38－39.

［40］小劳伦斯·E. 列恩．公共管理案例教学指南［M］．北京：中国人民大学出版社，2001.

［41］熊敏鹏，杨小东．基于平衡计分卡的培训效果评估初探［J］．中国电力教育，2007（6）：32－35.

［42］徐宝侠．科学评估培训效果　加强企业人力资源开发［J］．经济与管理，2003（3）：44－45.

［43］徐芳．培训与开发理论及技术［M］．上海：复旦大学出版社，2005.

［44］晏秋阳，曹亚克．企业员工培训效果评估模式的探讨［J］．江西行政学院学报，2002（S1）：21－23.

［45］杨迪雅．高校干部教育培训的思考与实践［J］．北京教育（高教），2016（6）：27－28.

［46］杨光富，张宏菊．案例教学：从哈佛走向世界——案例教学发展历史研究［J］．外国中小学教育，2008（6）：1－5.

［47］杨铭，宋明顺．中美电动汽车标准化发展现状研究［C］．中国标准化协会、郑州市人民政府．第十六届中国标准化论坛论文集．中国标准化协会，郑州市人民政府：中国标准化协会，2019：408－414.

［48］叶绪江．当代中国干部教育培训有效供给研究［D］．南京：南京农业大学，2010.

［49］易定红，董伟，戴昌军，董淑玲．干部教育培训质量评估研究［M］．北京：科学出版社，2014.

［50］约瑟夫·罗曼．掌握教学技巧［M］．杭州：浙江大学出版社，2006.

［51］张东娇．比较视野中的中国“案例教学”——基于毅伟商学院案例教学经验的分析［J］．比较教育研究，2016，38（11）：71－77.

［52］张朗．论信息处理在个人发展中的作用［J］．价值工程，2012，31（10）：323.

［53］张廉，李培文．干部培训教学案例［M］．银川：黄河出版传媒集团，宁夏人民教育出版社，2010.

［54］张良．国家治理现代化进程中公共管理教学案例研究［M］．上海：华东理工大学出版社，2017.

［55］张文贤．管理入股——人力资本定价［M］．上海：立信会计出版社，2001.

［56］张志鸿，等．现代培训实务［M］．北京：当代中国出版社，2001.

［57］赵曙明．加强中国案例开发与教学，构建创新型人才培养模式［J］.管理案例研究与评论，2017，10（5）：429－432.

［58］支玖红．教师培训案例开发的研究［D］．上海：华东师范大学，2008.

［59］中共山西省委组织部．党政领导干部培训案例［M］．太原：山西人民出版社，1989.

［60］钟俊．论法学案例教学法的改进［J］．中国法学教育研究，2010，5（1）：147－156，222.

［61］周志平．干部教育培训教学质量评估研究［J］．中国浦东干部学院学报，2009，3（1）：112－116.

［62］周志忍．公务员培训的中外比较——一些宏观层面的思考［J］．北京行政学院学报，2005（3）：1－4.

［63］周志忍．现代培训评估［M］．北京：中国人事出版社，1999.

［64］邹照菊，许世林，刘宝发．Kirkpatrick 的四维培训效果评价框架及其发展［J］．科技进步与对策，2004，21（10）：53－54.

［65］ANTHONY R N. Planning and Control Systems：A Framework for Analysis［J］. Boston：Harvard Business School，1965.

［66］BEARD VICTORIA. Classroom Assessment Techniques（CATs）：Tools for Improving Accounting Education［J］. Journal of Accounting Education，1993，11（2）：293－300.

［67］BLOOM B S. Taxonomy of Educational Objectives：The Classification of Education Objectives［M］. New York：DAVID MCKAY，1956.

［68］CHENHALL R H. Management Control Systems Design within its Organizational Context：Findings from Contingency－Based Research and Directions for the Future［J］. Accounting Organizations and Society，2003，28（2）：127－168.

［69］CHENHALL R H. Theorizing Contingencies in Management Control Systems Research［J］. Handbooks of Management Accounting Research，2006，1：163－205.

［70］FAYOL H. General and Industrial Management［M］. London：Pitman，1949.

［71］LAWRENCE PR. The Preparation of Case Material. The Case Method of Teaching Human Relations and Administration［M］. Cambridge：Harvard University Press，1953.

［72］LYNN L E J. Teaching and Learning with Cases：A Guidebook［M］. Washington：CQ Press，1999.

［73］OTLEY D. Performance Management：A Framework for Management Control Systems Research［J］. Management Accounting Research，1999，10（4）：363－382.

［74］OTLEY D. The Ccontingency Theory of Management Accounting：Achievement and Prognosis［J］. Accounting Organizations and Society，1980，5（4）：413－428.

［75］OTLEY D，BROADBENT J，BERRY A. Research in Management Control：An Overview of its Development［J］. British Journal of Management，1995，

6 (Supplement s1): S31 – S44.

[76] BERGQUIST W H, PHILLIPS S P. A Handbook for Faculty Development (Volume 2) [M]. Washington, D. C.: Council for the Advancement of Small Colleges, 1977, 207.

附录 1　主体班教员教学情况评估

班次名称：　　　　　　　　　　　　　　时间：×月×日—×月×日

评估指标	教学态度（10 分）				理论阐述（25 分）				联系案例（30 分）				课堂气氛（30 分）				教学技术（5 分）			
评估标准	备课充分、授课认真、教态端正、教风朴实、听取意见				培训目标清晰明确、条理清楚、重点突出				案例故事导入与发展状况清晰、决策性启发充分、对案例上升到贯彻落实国家战略指导思想的高度讨论充分				学员讨论参与程度高、提出问题多、教员在教室内走动与互动多、学员培训结束后仍有讨论培训案例				多媒体或板书优美、清晰、直观，易于学员理解			
等级	优秀	较好	一般	较差	优秀	较好	一般	较差	优秀	较好	一般	较差	优秀	较好	一般	较差	优秀	较好	一般	较差
分区	9～10	7～8	5～6	0～4	21～25	11～20	5～10	0～4	21～30	11～20	5～10	0～4	21～30	11～20	5～10	0～4	5	4	3	0～2
得分 1																				
得分 2																				
得分 3																				
得分 4																				
得分 5																				
平均值																				

说明：1. 评估指标分五个方面，每个方面分四个等级，请您在每位授课教员下方相应的等级栏中填写平均值。

2. 如果您对教学有更具体的意见，请写在本表的背面，我们将会认真对待您的意见。

附录2 主体班教员教学评估分数统计

问卷号	教员 1	教员 2	教员 3	教员 4	教员 5	教员 6	教员 7	……
001								
002								
003								
004								
005								
006								
007								
008								
009								
010								
011								
012								
013								
014								
⋮								
总分								
平均分								

说明：本表结合主体班教员教学情况评估使用。根据学员个人的打分情况，按照对应教员客观录入并进行总分、平均分的统计，并将统计结果整理；整理结果保存好，计入培训机构数据库，并应用在当期的评估报告中。

附录3　培训机构综合管理反馈

您好！为了提高培训和服务工作的质量，我们征集参训学员对本期培训班的教学、教辅、后勤管理的意见。请您认真填写本表，在离校之前交给班主任或本班工作服务人员。谢谢您的合作！

填写日期：________________　　表格编号（工作人员填写）：________________

评价方面			得分/单项满分
1. 教学管理（满分60分）	课程管理	课程数目、课堂时间安排等设计状况	_ /12
	教学内容	内容与主题的一致性案例的适用性	_ /12
	教学方式	培训方式、方法的适用性，学员接受程度	_ /12
	课堂纪律	培训机构对纪律的维持状况	_ /12
	课外活动	参观实践、论坛情况	_ /12
2. 教辅工作（满分60分）	学员服务	学员报到服务、课间服务等	_ /15
	课程辅导资料	学员手册、Power Point 资料等	_ /15
	多媒体、音响管理	设备的质量、对教学的辅助作用	_ /15
	图书馆、阅览室	场地环境、资料质量、图书种类等	_ /15
3. 行政后勤（满分60分）	校园环境	绿化环境、吸烟处等设置	_ /20
	餐饮管理	饭食种类、口味、课间饮品等	_ /20
	卫生防疫	教室、食堂、住宿等地的卫生情况	_ /20
4. 对综合管理的意见和建议：			

附录4　培训机构综合管理反馈统计

编号	培训类型	教辅工作	行政后勤	总分
001				
002				
003				
004				
005				
006				
007				
008				
009				
010				
011				
012				
013				
014				
⋮				
总分				
平均分				

附录5　学员培训期间学习效果评价标准

<table>
<tr><th>环节</th><th>主要观测点</th><th>评估方式</th><th>评价指标</th></tr>
<tr><td rowspan="8">教学环节</td><td>读书笔记</td><td>内容丰富，见解深刻</td><td rowspan="8">在教学中观察学员的表现</td></tr>
<tr><td rowspan="4">课堂讨论</td><td>参与程度高，发言多，对讨论展现出热情</td></tr>
<tr><td>围绕案例重点与决策性事项展开讨论，有意识地关注国家战略指导思想的贯彻落实</td></tr>
<tr><td>与其他学员有观点交锋和互动</td></tr>
<tr><td>主动提出问题与质疑，提出挑战性问题</td></tr>
<tr><td rowspan="2">思考题</td><td>积极思考，见解独到，富有创造性</td></tr>
<tr><td>积极思考，认真完成，见解有一定的新意</td></tr>
<tr></tr>
<tr><td>阶段测试</td><td>测验或考试</td><td>检验学员分析案例解决问题的能力、理论与实践相结合的能力</td><td>案例分析或课堂测验中进行评价</td></tr>
<tr><td rowspan="7">研修报告</td><td rowspan="4">小组报告、论文报告</td><td>个人在撰写小组研修报告中发挥的作用</td><td rowspan="7">培训机构、干部教育管理部门、专家学者组成考评小组采取答辩、无领导小组讨论等</td></tr>
<tr><td>选题立意高</td></tr>
<tr><td>论证充分，说服力强</td></tr>
<tr><td>具有较高应用价值</td></tr>
<tr><td rowspan="3">答辩、辩论、演讲、论坛</td><td>观点明确、新颖</td></tr>
<tr><td>条理清晰，逻辑性强</td></tr>
<tr><td>表达清晰流畅</td></tr>
</table>

续表

<table>
<tr><th>环节</th><th>主要观测点</th><th>评估方式</th><th>评价指标</th></tr>
<tr><td>学员自评</td><td>自评</td><td>培训期间所得、体会</td><td>填写自评表</td></tr>
<tr><td rowspan="3">综合测评</td><td rowspan="3">综合表现</td><td>参与培训的纪律性、积极性和主动性</td><td rowspan="3">培训管理机构根据学员整体表现综合评价</td></tr>
<tr><td>具备较高的政治理论及相关知识水平</td></tr>
<tr><td>具有较强的理论联系实际的能力</td></tr>
</table>

附录6　主体班学员百分制考核等级量化标准

考核项目	考核分数	考核标准			
		认真	较认真	一般	差
一、学籍方面（20分）					
1. 填写学员登记表、结业综合考核表、总结	5	5	4	3	2
2. 出勤	15	全勤15分，无故缺勤每天扣2分，请假扣1分；迟到、早退一次扣0.5分			
二、纪律方面（10分）					
1. 课堂纪律	5	违纪一次扣1分			
2. 考场纪律	5	违纪扣3分，作弊扣5分			
三、考绩方面（65分）					
1. 读书笔记	5	5	4	3	2
2. 小测验或考试	10	10	8	6	4
3. 小组研讨	15	15	10	6	4
4. 思考题、问卷	5	5	4	3	2
5. 论文调研报告	10	10	8	6	4
6. 学员自我评估	5	5	4	3	2
7. 答辩、辩论	10	10	8	6	4
8. 学员演讲、论坛	5	5	4	3	2
四、综合表现（5分）					
培训期间整体表现	5	5	4	3	2

附录7　学员学习效果自我评估

姓名：__________　　　　职级：__________　　　　参训时间：__________

<table>
<tr><td rowspan="3"></td><td rowspan="3">评估指标</td><td colspan="4">评估等级</td></tr>
<tr><td>很大</td><td>较大</td><td>一般</td><td>较小</td></tr>
<tr><td>5</td><td>4</td><td>3</td><td>2</td></tr>
<tr><td rowspan="10">您认为此次培训对素质能力方面的帮助如何?</td><td>1. 观念和思维方式的转变</td><td></td><td></td><td></td><td></td></tr>
<tr><td>2. 眼界和思路的开阔</td><td></td><td></td><td></td><td></td></tr>
<tr><td>3. 党性修养的增强</td><td></td><td></td><td></td><td></td></tr>
<tr><td>4. 理论的掌握</td><td></td><td></td><td></td><td></td></tr>
<tr><td>5. 知识的更新</td><td></td><td></td><td></td><td></td></tr>
<tr><td>6. 领导力的提升</td><td></td><td></td><td></td><td></td></tr>
<tr><td>7. 学习能力的提高</td><td></td><td></td><td></td><td></td></tr>
<tr><td>8. 心智模式的改善</td><td></td><td></td><td></td><td></td></tr>
<tr><td>9. 人际交流</td><td></td><td></td><td></td><td></td></tr>
<tr><td>10. 对未来工作的信心与态度提升</td><td></td><td></td><td></td><td></td></tr>
<tr><td colspan="2">总分</td><td colspan="4"></td></tr>
</table>

附录8　学员学习效果评估统计

姓名	学籍方面	纪律方面	考绩方面	综合表现	总分

说明：本量表为学员学习评估统计量表，按照主体班学员百分制考核等级量化标准的要求，对每个学员进行打分，最终录入汇总。成绩进入最终报告。

附录9　中长期跟踪调查

调查日期：______年____月____日

<table>
<tr><td>尊敬的______，您好！
　　您于____月____日参加了国家建设型案例培训，为全面了解此次培训的效果，我单位拟进行中长期的培训效果评估，有关问题请作答。谢谢您的合作，祝工作顺利！
　　培训主题：__________　　　　培训机构：__________</td></tr>
<tr><td>一、学员调查
　　1. 是否还记得此次培训？
　　2. 此次培训中您印象最深刻的环节或内容有哪些？
　　3. 您认为此次培训对您的工作带来了哪些助益？
　　4. 您认为此类培训是否应该定期举办？举办此类培训应注意哪些事项？</td></tr>
<tr><td>二、领导意见
　　1. 自此次培训以来，该员工的工作状况有何改善？
　　2. 您认为此次培训活动成效如何？</td></tr>
<tr><td>三、同事评价
　　自此次培训以来，您认为您同事的工作状况有何改善？您认为是否有必要举办此类培训？您是否有意愿参加此类培训？</td></tr>
</table>

附录10　培训需求调查

第一部分　基本信息

1. 您的工作单位是

（1）党政机关

（2）事业单位

a. 您在哪一级党政机关工作？

（1）中央机关

（2）省部级机关

（3）市局级机关

（4）县处级机关

（5）乡科级机关

b. 您在哪一级事业单位工作？

（1）省部级事业单位

（2）市局级事业单位

（3）县处级事业单位

（4）乡科级事业单位

2. 您的职级是

（1）省部级

（2）市局级

（3）县处级

（4）乡科级

3. 您的年龄是

（1）35 岁以下

（2）36～45岁
（3）46～55岁
（4）56岁以上

4. 您现在的文化程度是

（1）大学专科及以下
（2）大学本科
（3）研究生及以上

第二部分 培训需求

1. 您认为参加此次培训主要目的是

（1）提高理论水平
（2）更新知识
（3）提高工作能力
（4）晋职晋级
（5）利用培训休息一下
（6）结交一些朋友
（7）组织安排，必须参加
（8）其他：________________

2. 针对此次培训，您认为有效的培训方式是

（1）学历教育
（2）培训班
（3）讲座
（4）网络培训
（5）社会调研与考察学习
（6）其他：________________

3. 针对此次培训，您喜欢的教学方法是（可多选）

（1）讲授式教学
（2）研究式教学
（3）案例式教学
（4）模拟式教学
（5）体验式教学

（6）现场教学

（7）其他：________________

4. 针对此次培训，您对授课者的选择是

（1）培训机构教师

（2）领导干部

（3）高等院校教师

（4）专家学者

（5）网上机构教师

5. 针对该内容的培训，您认为合理的考核形式是

（1）开卷考试

（2）小组论坛

（3）撰写论文

（4）调研报告

（5）其他：________________

6. 针对此次专题的培训，您的需求或建议是________________________

____

附录 11　国家建设型案例培训评估报告格式

第一部分　报告主体

报告主体部分包括以下五个模块的内容：

第一，前言。

第二，培训评估概述。

第三，培训评估结果。

第四，评估结果的解释和分析。

第五，附录。

第二部分　教育培训评估报告各部分解释

前言说明被评估培训项目的概况，包括培训项目的目的、性质、执行机构、培训时间、培训地点以及培训执行的影响因素等。

培训评估概述用以概述评估实施的过程，关键在于交代清楚评估方案的设计、方法的选择、资料数据收集的方法及评价指标的确定等详细情况，使报告阅读者对评估过程有清晰的了解。

培训评估结果阐明评估的结果，与评估过程的阐述要符合逻辑关系。具体评估指标应包括培训机构评估、学员自评、学员互评中所涉及的学习层面和反应层面所有指标的综合结果。

评估结果的解释和分析是对评估结果进行解释和评论，并提出参考意见。报告者还可以在此对评估的充分性、培训的改善措施、可替代的培训方案等做进一步的阐述。

附录将收集和分析数据所使用的各种图表、问卷和相关的原始资料等收入附录，使上级领导或专家可以鉴定培训效果评估使用的方法是否有效、结论是否合理。

第三部分　撰写教育培训评估报告的注意事项

第一，评估报告应阐明调查对象的代表性。

第二，评估报告应尽量客观，避免主观倾向的影响。例如，先行认定某个培训已过时需要更新，在进行评估时就会注重负面评价；力图通过评估肯定培训的价值，在进行评估时就会过于美化培训效果。

第三，评估报告要讲究论述技巧，培训的设计往往耗费组织部门大量心血，在涉及负面因素时，要注意避免打击培训相关者的热情。

第四，评估报告的撰写不一定在所有评估都进行完毕后才进行。如果评估时间过长，可以选择评估过程中拟定中期评估报告，否则主管部门难以掌握评估的过程和监督评估的效率。

第五，评估报告切忌以偏概全，必须综观培训的整体效果，这样的评估报告才有说服力。

第六，评估报告的语言尽量简洁、条理清晰、逻辑严密，注意多从直观视角表述，以增加报告的说服力和吸引力。

附录 12　培训评估工作程序性文件

1. 目的

规范培训机构教育培训评估工作流程，做到有序高效，强化培训质量，改进培训效果。

2. 使用范围

国家建设型案例培训课程效果评估工作。

3. 评估流程

任务要求	内容	执行部门	所需量表
培训需求调查	基于有关文件和组织要求评估需求	相关党委组织部	附录 10
培训后评估	班主任跟班；教员教学效果评估	培训科	附录 1 ~ 9
分析评估结果、撰写报告	综合评估；整理分析数据，撰写报告	教学副校长主导，其他科室配合	附录 11
整理、存档	对文件进行整理、归档	—	所有文档

4. 评估文件及量表清单及其属性

属性		文件及量表
评估用表	反应层评估	附录1：主体班教员教学情况评估；附录2：主体班教员教学评估分数统计；附录3：培训机构综合管理反馈；附录4：培训机构综合管理反馈统计；附录9：中长期跟踪调查
	学习层评估	附录7：学员学习效果自我评估； 附录8：学员学习效果评估统计
标准性文件		附录5：学员培训期间学习效果评价标准； 附录6：主体班学员百分制考核等级量化标准； 附录11：国家建设型案例培训评估报告格式

5. 使用说明

量表	使用时间	应用主体	备注
附录10	培训前一个月	组织部下发并整理，参训学员填写	—
附录1	培训中	参训学员	每期课前下发，课程结束时回收
附录2	培训中及培训后	党校等培训机构	培训中对回收的主体班教员教学情况评估进行统计；培训后应用全部数据进行分析
附录6	培训中及培训后	党校等培训机构及培训教员	该表为对学员的评分参照标准，在培训中和培训后使用
附录7	培训后	参训学员	—
附录8	培训后及培训中	党校等培训机构	—
附录3	培训后	参训学员	—
附录4	培训后	党校等培训机构	—
附录11	培训评估结束后	党校等培训机构	—
附录9	培训结束1月后	党校等培训机构	—